产业集群学术译丛

总主编：马璐

U0516275

从集聚到创新
新兴经济体的产业集群升级
FROM AGGLOMERATION TO INNOVATION
UPGRADING INDUSTRIAL CLUSTERS IN EMERGING ECONOMIES

邱永辉 包龙飞　译
【日】朽木昭文 【日】辻正次 主编

经济管理出版社
ECONOMY & MANAGEMENT PUBLISHING HOUSE

北京市版权局著作权合同登记：图字：01-2019-5474

First published in English by Palgrave Macmillan, a division of Macmillan Publishers Limited under the title From Agglomeration to Innovation Edited By Akifumi Kuchiki and Masatsugu Tsuji. This edition has been translated and published under licence from Palgrave Macmillan. The authors have asserted their right to be identified as the authors of this work.
Copyright © Institute of Developing Economies (IDE), JRTRO 2010

图书在版编目（CIP）数据

从集聚到创新：新兴经济体的产业集群升级 / （日）朽木昭文，（日）辻正次主编；邱永辉，包龙飞译. —北京：经济管理出版社，2021.1
ISBN 978-7-5096-7734-6

Ⅰ. ①从… Ⅱ. ①朽… ②辻… ③邱… ④包… Ⅲ. ①产业结构升级—研究 Ⅳ. ①F062.9

中国版本图书馆 CIP 数据核字（2021）第 025448 号

责任编辑：王格格
责任印制：黄章平
责任校对：王淑卿

出版发行：经济管理出版社
　　　　　（北京市海淀区北蜂窝 8 号中雅大厦 A 座 11 层　　100038）
网　　址：www. E-mp. com. cn
电　　话：(010) 51915602
印　　刷：唐山昊达印刷有限公司
经　　销：新华书店
开　　本：720mm×1000mm/16
印　　张：21.25
字　　数：369 千字
版　　次：2021 年 3 月第 1 版　　2021 年 3 月第 1 次印刷
书　　号：ISBN 978-7-5096-7734-6
定　　价：108.00 元

　　产业集群的理论研究广泛地应用于经济学、管理学等专业领域。企业战略管理领域对集群现象的研究最早可以追溯到 1820 年 Weber 的《工业区位论》和 1890年 Marshal 的《经济学原理》。20 世纪 90 年代以来，以波特和克鲁格曼等为代表的学者关于产业集群的研究逐渐在国际学术界产生重要影响。波特 1990 年在《国家竞争优势》一书中最早明确提出"产业集群"（industrial cluster）这一概念；2003 年波特进行修正后更注重描述构成产业集群中各主体之间的内在关系，他认为"产业集群是指某一领域内的企业或机构，在地理上相邻、互相连接、彼此共通"，这一概念随后在学术界被广泛使用。随着科学技术革命的不断推进以及全球经济化的快速发展，国际之间的竞争和国内地区之间的竞争越来越激烈，信息、知识、科技等重要因素在企业生产运行中的作用占据重要地位，不同技术产业在地理上越来越呈现集中趋势。研究发现，在科学技术飞快发展的今天，区域的地理位置在经济发展中的作用不仅没有减弱，反之，地理位置的优势显得尤为重要，产业集群已经变为现代各国竞争中创新产业的一个相同的特点，已经成为世界上引人瞩目的区域经济发展模式和产业发展的重要组织形式，越来越引起国内外学界、商界和政界的广泛重视。

　　产业集群实质上是一种生产组织方式，区域可以对产业集群进行培养和发展来达成区域的经济目标，因此产业集群也是区域经济发展的战略方向。它是现代产业在区域经济发展活动中呈现出的一种新的发展方向，它不仅仅出现在大量的传统工业、制造业中，也逐渐渗透在电子信息、金融、生物制药等高新技术行业领域中。作为一种产业组织形式，产业集群可以发挥规模经济和范围经济效益，不仅能够降低企业的生产、运输、交易、营销等成本，而且有利于企业间共享资源，进而有利于提高企业的技术创新能力，提高生产效率和产品质量，增强产业核心竞争能力。虽然产业集群对经济增长有着重要的作用，但是系统归纳总结产业集群演化规律的研究近几年才引起学者们的关注。中国产业集群起步于改革开放之初，于20世纪90年代中期得到快速发展，已成为促进区域经济发展、提升我国产业国际竞争力的有效驱动。然而，产业集群至今仍没有一个公认的定义，存在许多相似的概念如企业集群（中小企业集群）、区域集群、产业集聚、产业区、新产业区、块状经济等。尽管学术研究中产业集群存在不同的称谓，但研究对象是相同的，即以业缘关系为纽带、具有产业关联性的企业及相关机构在特定地域集聚的现象。

产业集群的研究内容既丰富又复杂，很难用一本著作对其包括的所有议题进行深入的论述。从微观到宏观，从理论到政策，从技术到环境，其所关注的视角既存在差别，又有着密切的内在联系。因此，为更好地指导企业进行相关实践活动，这套丛书主要从国外优秀的产业集群著作中筛选出一小部分，从产业集群的动态发展模型、创新集群以及边远产业集群的营销管理等方面对产业集群的相关问题进行探索式研究。本套丛书主要包括：

《复杂性和产业集群：理论与实践中的动态模型》，从复杂性的一般理论入手，讨论复杂性与动态经济及工业区间的关系以及区域动力学的一般模型，进而用复杂性理论讨论产业集群问题，构建起产业集群复杂动态性的通用模型，并结合全球层面具有标志意义的案例对产业集群的形成和发展进行分析，以期能够为今后研究打开一个新的研究领域。《高技术产业集群增长机制：发达国家与发展中国家的集群企业比较》，通过将集群与集群相关的政策、技术和自然资源、创新区域和创新企业、技术政策和技术管理相结合，基于对发达国家和发展中国家集群中的高技术企业不同增长率的观察，分析了技术政策的有效性和效率，并探讨了解释高技术企业卓越业绩的因素，这将有助于发达国家和发展中国家的技术政策的改进。《从集聚到创新：新兴经济体的产业集群升级》，将研究主题聚焦于在产业集群形成的不同阶段，影响产业集群包括创新过程的制度和经济因素，并对公共干预的可能性以及如何促进产业集群的研发与创新活动加以考虑，旨在更好

从集聚到创新

地理解本地创新体系，从而提出相应的政策建议。《本土产业集群：存在、出现与演进》，从理论与实证层面捕捉本土产业集群的一般性特征和先决条件，通过构建一个数学模型，对集群现象的动态性和本土集群演进需要满足的条件进行分析，并结合德国本土产业集群，对集群的存在、稳定性以及对集群存在有影响力的产业特征进行案例研究。《服务化、信息化和创新模型：两阶段产业集群理论》，聚焦于在产品 IT 化和服务化方面的二阶段产业集群理论及其创新模型，通过提出二阶段集群的形成构想，对中国大陆和中国台湾地区公司的消费电子产品和移动手机这两个产业部门进行实证分析，并着眼于东南亚国家和地区的工业产品服务化领域，分析和探讨了一种存在于新的商业环境中的公司战略行为。《汽车与信息通信技术产业集群：创新、跨国化和动态网络》，将产业集群的研究主题聚焦于欧洲和美国的信息通信技术和自动化产业，通过对具体国家和地区区域创新系统以及集群政策的实证研究，得出一些新的分析结果，并对区域政策制定者提出相关政策意见。《集群与产业集群中的商业网络：全球价值链的管理》，从全球价值链与产业区和集群的知识与创新产生过程两个概念性的方向，分析知识扩散的内外部机制，通过收集在全球化背景下一些产业区和集群通过远程外包链、FDI、远程研发合作等方式重新定义其在企业网络不同的和互补的观点，揭示了在产业区和集群的背景下外部知识获取的过程，为知识扩散的内外部机制及"在边界"学习提供了一些新视角。《边远集群中的市场营销管理：对 B2C 营销的影响》，将研究主题聚焦于边远产业集群中的营销管理问题，通过案例分析方法来研究市场营销管理根植于边远产业集群的运营和策略的原因，对边远产业集群的形成、内部和外部信息需求、市场营销管理业务和策略以及信息科技问题进行了相关分析，以期深化对边远产业集群形成和市场营销嵌入其运营和策略过程的复杂性的理解。

　　总之，在经济全球化趋势下，产业集群对区域经济发展的地位不仅没有被削弱，反而成为区域和产业发展获取持久竞争优势的重要来源。中国当前面临着经济转型的压力，迫切需要理论界和实践界对存在的问题进行理论上的解释和分析，提出合乎产业发展规律的政策措施。国内的一些学者对于产业集群的研究同样进行了有益的努力和探索。但是中国在产业集群方面的研究起步较晚，国内学者们大多数是在国外研究的基础上继续延伸与拓展。翻译并非是一件容易的事，而且是极具责任的一件事，从某种意义上讲，翻译人员所翻译的国外著作能够产生的社会收益要远远大于其个人收益。我们一方面希望这套产业集群译丛能够为中国产业的优化升级提供直接借鉴和比较；另一方面也希望国内的研究人员和政府部门的决策人员都能在这套译丛中得到启迪，以期能够为相关经济政策的制定提供一定的帮助。若读者能从中有所收获，本套丛书的译者和出版社都将深受鼓舞，我们将会对国内外产业集群研究领域的最新动态进行持续追踪，将国外最前沿、最优秀的成果不断地引入国内，进一步促进国内产业集群的相关研究的发展和繁荣，为协调和促进区域经济的发展提供参考价值。

从集聚到创新

致谢

　　首先，编者对町北友广博士、植木安司博士和吉田健太郎先生在本书创作过程中的研究投入和点评致以诚挚的谢意，他们的鼓励和支持是无价的。非常感谢与达什·凯夏博士、后闲敏孝博士、久松义明教授、矶野生云先生、卡拜尔·乔巴德博士、高野久纪博士、仓石一树先生以及冈本由美子教授所进行的富有启示性的探讨。其次，我们也特别感谢匿名审稿人，他们就草稿修改提出了很有价值的评论和建议。最后，编者对桥本真理子女士、八重樫纯子女士、长谷川由美女士的助理工作表示感谢。

作者

朽木昭文：日本大学　生物资源科学学院国际发展研究部　教授

辻正次：兵库大学　应用信息研究生院　教授

艾利克斯·席尔瓦·阿尔维斯：里约热内卢大学　研究员

克劳德森·莫斯奎拉·巴斯图：里约热内卢大学　研究员

安东尼奥·罗斯·加奎亚拉·博特略：里约热内卢大学　教授

丁可：IDE-JETRO 区域研究中心　研究员

胡云萍：新加坡国立大学 NUS 企业家中心　研究主任

町北友广：IDE-JETRO 跨学科研究中心　研究员

宫原昭一：青山学院大学经济学院　教授

冈田彩：名古屋大学国际发展研究生院　教授

安内特·辛格：新加坡国立大学 NUS 企业家中心　研究员

朴康元：新加坡国立大学商学院与李光耀公共政策学院　教授

目录

第一篇

作为集群创建和创新之驱动力的学习联系

从
集
聚
到
创
新

第二篇

作为集群创建和创新之驱动力的市场共享与组织变革

从集聚到创新

辻正次　朽木昭文

第一节　背景与相关研究

一、本书背景

无论是在东亚还是在诸如印度和巴西这样的新兴经济体，产业集群都在形成之中，并逐渐成为全球关注的中心。正是由于集聚，这些各不相同的经济体能够实现经济增长、降低贫困和减少因收入不平等所导致的地区差距。毋庸置疑，全球经济因产品、资金、人力资源和技术的加速流动而享受到经济增长的果实。各经济体之间的相互依赖性与合作关系也将进一步增强。在此情形下，产业集群的一系列新的结构性变化正在出现。东亚的产业集聚最初是由跨国公司（MNC）的外国直接投资（FDI）引起的，其目的是在母国经济之外建立生产基地以使用诸如非技能劳动力这样的相对廉价资源、参与和原材料及简单部件相关的生产环节。产业集聚的持续发展使其功能在东亚和其他新兴经济体内不断升级：①从作为简单工作的分包商到生产中间品；②从生产中间品到生产最终品；③从简单工作到复杂或精准工作；④从低附加值到高附加值商业活动。或者，它们正在从与原材料或简单部件相关的产业，向与复杂部件或研发创新相关的产业进行升级。这种升级之所以成为可能，得益于集聚过程中产生的知识和诀窍的积累或转移。

可以说，这些地区已经跨过门槛而进入基于知识驱动的经济阶段。

东亚和新兴经济体中正在发生的这种由生产驱动型经济向知识驱动型经济的产业转型，需要全面详细地分析，不仅要基于现状调查的视角进行研究，而且需要构建经济理论来解释这种转型。本书尝试对这些主题进行直接分析，这些主题也是经济发展领域中最令人感兴趣的话题。我们的目标有两个：第一，通过对东亚和其他新兴经济体的案例研究，建立一个简单而一致的模型来验证内生创新过程的假说，即产业集群向高研发创新阶段升级的过程。第二，我们关注以下特定问题：①每个产业集群内部，新技术的采用对产品或流程创新的效应；②促进内生创新过程的政策建议。所以，我们试图分析这里提出的假说能在多大程度上论证转型中的反事实证据。另外，我们还使用理论和计量经济学模型来分析那些意在促进产业集聚和创新过程的公共政策的影响。这些方法使我们可以获得不同产业集群间的可比较特征，并形成可供选择的政策建议。最后，因为从经济理论和可信事实出发而得到的政策制定方式是基于经验证据的，故我们利用其来探讨产业集聚和创新培育体系之间的因果关系。

二、概要：与以往研究的关系

即使通信技术的进步在城市和地区之间增加了信息溢出，但创新活动通常发生在本地层面。以往人们在解释这种现象时，往往更加强调本地知识溢出、劳动力流转、副产品和企业家精神等因素的作用。实际上，Saxenian（1994）、Porter（1998，2000）和其他相关学者在该领域已经提出了许多有重要意义的研究成果。Saxenian（1994）认为，中小企业（SMEs）拥有地方性的、水平的、富有弹性的企业间网络结构，这些特征在促进产业集聚和创新方面发挥了重要作用。她的研究不仅关注本地自治的作用，也关注了由大企业主导的垂直一体化的企业间关系。

在东亚和其他新兴经济体的案例中，这种情况是不同的。集聚与渐进创新的关系，一方面与 Saxenian（1994）和 Porter（1998，2000）的案例差异较大，另一方面也与亚洲产业集群的案例有较大不同。一些研究在创新行为的框架下，区分了亚洲和新兴经济体的集群类型与硅谷集群的差异之处。

尽管缺少严谨的实证分析，Hashimoto（1997）强调，在日本产业集群中，垂直一体式的企业间合作要比水平式的企业间网络更为常见。最近，Arita 等（2006）以具体的实证分析检验了日本三个产业集群内部的区域合作。他们有三

从集聚到创新

个重要发现：①区域合作的强度与公司成长率和研发支出存在正相关性；②与大学以及跨产业交易组织的结盟，对企业成长率具有重要的正效应；③这三个集群中，区域合作的内容和伙伴是不同的。这些发现很明显与 Hashimoto（1997）不同，他强调那种垂直一体式企业间联系的作用。自不必说，这一主题还需要实证研究结果的进一步积累。

本书采用 Markusen（1996）关于产业区的分类方法并进一步拓展具体概念，区分硅谷类型的集群和东亚或新兴经济体类型的集群。Markusen 的研究也被用来估计两种类型的集群差异的来源，值得强调的是，尽管在经济空间里信息的流动性得到加强而成本降低（"平滑空间"），对知识创造的空间适用性却由于资源和创新活动所需信息的稀缺而受到制约（"黏性区域"）。

在之前的研究中（Kuchiki & Tsuji，2005，2008；Tsuji et al.，2007），我们广泛分析了东亚目前正在发生的集聚过程，并且提出被称为"流程图方法"的假说。这个假说认为跨国公司作为锚企业将首先建立生产基地，中小企业随后作为供应商或分包商跟进，本地企业则就近建立配套设施。流程图方法也识别出吸引企业到特定特区的要素，包括：①自然资源，如原材料、人力资源、技能劳动力以及职业或非技能劳动力；②物质方面的基础设施，如高速公路、道路、机场、电力、自来水供应和其他设施；③社会方面的基础设施，如法律、金融和知识产权制度、去管制的程度和政府的制度性框架等；④政府提供的如税收补贴以及投资和出口补贴等激励计划。流程图方法也被严格的实证研究所证实，如 Tsuji 等（2006）、Tsuji 等（2008）的研究。这些研究也识别出了前面提到的那些可以促进产业集聚的具体因素。

Kuchiki 和 Tsuji（2008）也提出了波特框架的一个变形。他们认为基于波特框架很难形成具有实际意义的公共政策，因为这个框架只给出了关于产业集聚和本地增长之间关系的一个局部而粗略的分析。Kuchiki 和 Tsuji（2008）的导论部分因此发展了一个基于流程图方法的具有实际意义的模型，这个模型通过产业集聚可以促进创新。这个模型的一个优点是它可以审视集聚对创新的瓶颈效应，因为作者已经识别出"能力建设"和锚企业及相关企业的出现对创新的效应。这个模型也为政策执行和干预提供了精确的目标识别。尽管 Kuchiki 和 Tsuji（2008）在几章中都提出了关于集聚的下一步研究方向，但对于内生研发和创新的机制仍然所知甚少。最近，Tsuji 和 Ueki（2008）以及 Ueki 等（2008）发现，在印度尼西亚、泰国和越南，创新过程产生于产业与本地大学、研发机构或本地商业组织间的技术合作。这些论文阐述了内生创新过程，这一过程由本地联盟产生，包括研究机构、公共部门或散布在发展中国家的本土企业，这些发展中国家会与跨国公司在研发活动环节进行合作。本书的目的是揭示发展中经济体的产业集聚与创新活动的某些因果关系。

第二节　研究问题

一、揭示内生研发和创新的机制

本书的研究问题是：在产业集群形成的不同阶段，影响产业集群包括创新过程的那些制度和经济因素，如政府领导力、全球竞争与比较优势、配套产业等是什么？本土创新体系要求为集群和研发活动设计方案。这一研究主题对理解集群和集群政策是十分重要的。本书同样考虑了公共干预的可能性以及如何促进产业集群的研发与创新活动。产业集群政策的流程图方法可以提供一种途径，简化从集群到创新阶段的环境。

本书共有 10 章，包括导论和其余 9 章，其余 9 章的内容是关于特定国家或地区的产业集聚或创新过程的案例研究。在这一研究问题之下，本书提出了下列特定的子问题，它们是彼此相关的。第二章和第三章描述了从集聚到创新的顺序关系。关于马来西亚和新加坡产业政策所具有的较强主动性的案例研究，为这一研究主题提供了参照基准。很明显，这个研究主题太过抽象以至于很难理解本地创新体系，而且也难以基于经验结果给出政策建议。这就是本书提出两个特定问题来研究本地创新体系的原因。两个特定的子问题强调了本地公共政策在刺激产业集群升级中的作用。首先，我们关注本地大学和本地商业组织之间的学习联系，这种联系是内生研发与创新机制，也就是被称为"本地创新体系"的一个驱动力。下面是本书第一部分的主题。

子问题 1：什么是本地创新体系？我们能区分发达国家和发展中国家的这种体系吗？形成这种体系的关键因素是什么？

从集聚到创新

这些问题引出以下内容：因为本地中小企业可以选择它们的研发伙伴，这将影响研究机构（本地大学）或大型跨国公司之间的创新过程，那么由"大学—产业"联系所产生的创新价值相对于外面由"总部—办公室"所产生的创新价值要达到什么程度，才能使联盟活动产生变化或不同？

第二章提供了流程图的基本框架，通过分析马来西亚汽车产业集群的案例，强调大学/研究机构与商业部门间的本地化联系。第二章也表明了由集群阶段转向本地创新阶段的条件。接下来的四章基于第二章的基本框架对这些问题进行了回答。第三章使用了新加坡的案例，突出了在产业发展不同阶段推动"大学—产业"联系的关键挑战和相关政策含义。第四章通过对日本某产业集群内部或外部的中小企业的案例研究，为中小企业和研究机构间的集中效应提供了直接的经验证据。第五章试图回答上述子问题，这一章研究了本地生产体系和"大学—产业"间的本地联盟是如何驱动巴西里约热内卢的一个信息通信技术（ICT）集群再次发展的。第六章将上述子问题转化为什么类型的信息联系会以何等方式影响创新过程，使用的是印度班加罗尔软件产业的案例。

其次，本书尝试把集聚作为内生研发和创新机制的驱动力来进行分析。下面的子问题与作为集群升级根源的"大学—产业"联系并无直接关系。本书第二部分试图回答下列新问题。

子问题 2：在产业集群的升级阶段，集聚是如何影响商业组织和市场结构的？或者说，由集聚驱动的市场导向型在创新过程中，政府的作用究竟能达到什么程度？

这个问题不仅 Kuchiki 和 Tsuji（2005，2008）没有涉及，本书之前的部分也没有涉及，这里基于大学与商业机构的学习联系视角对该问题进行了关注。第七章通过考察日本不同产业集群中成熟和成长中的中小企业组织再造能力的差异对这个问题进行了研究。第八章通过分析零售市场的微观结构检验了本地政府领导力对企业和市场组织升级的影响。第九章也检验了劳动力市场蓄积效应对集群内创新能力建设的影响。理解零售和劳动力市场交易的重要性由此体现出来。本书在较早的章节展示了协调性集群政策的原因和结果，第十章着眼于单一的企业及其配套产业，基于该企业创新决策的内部证据检验了集群经济（对企业的特定性资源或区位冲击）。

二、研究方法

本书关注了激励集聚和创新的可识别因素，以及它们对东亚和新兴经济体如印度和巴西等国家地区经济增长的有效作用。为研究产业集群中创新的不同来源和结果，我们使用了不同方法，如查阅公共数据集、进行深度访谈、利用一手调研数据进行计量经济分析等。

这项研究的困难在于内生创新过程的假定。创新本身是一个很复杂的过程，包括特定集群中新的默会性创意是如何形成的，它们是怎样变为具体的新产品、新技术和新的商业模式的。事实上，并非所有的新技术都会被成功地引入实际生产过程或内嵌于新产品中。我们知道成千上万个由于种种原因而导致失败的例子。其中一个原因与创新是社会性问题这一事实有关，即它与商业方式和方法有关，而并非是单纯的技术问题。典型的例子可以在硅谷、波士顿的 128 号公路以及得克萨斯州奥斯汀的硅高地这些地方找到。这些产业集群自 20 世纪 90 年代以来的崛起并非只是因为它们创造了信息技术（IT）、生物科技和其他许多领域的高科技，也是由于新商业模式的创造，这代表了在蓬勃的企业家精神激励下技术与商业的成功合体。据称，硅谷的成功是由于该地区原本就存在的技术信息网络、资金和人力资源，而比如新的 IT 技术，只不过是新商业模式的一根绳索而已。因此，任何对创新过程的假设都要注意这种方法要能解释这些社会现象。另外，东亚和其他新兴经济体中的创新过程不同于发达国家，因为两者的背景完全不同。后者在创新条件上是不足的，这些条件包括技术、资金以及充满了企业家精神和工程师的人力资源等。内生创新过程在后者所涉及的国家和地区仍然是"黑箱"，而我们将在本书尝试打开它。

第三节　研究结果

现在来简要介绍这些章节。在第二章，我们用流程图来分析马来西亚汽车产业集群政策以观察产业集群政策是否成功，并提出了一个对政策措施的重要性进行排序的方法。根据流程图方法，可以推荐下面这三种政策方针：①马来西亚厂

从集聚到创新

商应为带自动变速器的小型汽车的出口设置配套设备；②公共部门、半公共部门及私人部门的参与者应一起努力，促进劳动力技能的提升；③中央政府在自由化和去管制过程中应采取主动措施以吸引外国企业进入配套产业。

在第三章，我们考察了新加坡的一个生物医药科技集群和一个离岸海上工程设计的集群。通过比较这两个集群的早期阶段和更成熟阶段，我们强调了在集群形成的不同阶段推动产业集群的关键挑战和相关政策。因为对集群发展的关键步骤对于新集群或已有集群来说是相似的，因此在它们的发展战略中也包含相似的成分。不过，根据集群的发展阶段和性质，特定要素的作用也会有明显不同。

在第四章，尝试验证一个假设，即由区域中小企业组成的集群和创新之间存在一定的关系，此外也要识别推动中小企业升级和创新的因素。通过比较集群内和集群外的中小企业，我们分析了产业集群和区域研发机构是如何影响区域中小企业的创新和升级的。我们得到以下结果：①在最近五年，产业集群的位置正向影响了中小企业的升级；1998年之前，那些离区域研发机构有30~60分钟车程距离的中小企业受到了正向影响。②对于创新来说，离区域研发机构超过2小时车程距离的中小企业会有更少创新。我们因此得到结论，在集聚的不同阶段，影响产业集群升级的因素也不同。

在第五章，我们为流程图方法的第二阶段给出了一个独特的扩展，这一流程图被用于研究计划，这一计划由信息通信技术部门的非层级式集群获得，以便进行创新。我们也特别关注了巴西里约热内卢大都市区的软件和服务产业。我们认为，由于外部经济和集体财产等因素，在本地生产体系中推行高科技型中小企业的有边界式集聚是可以持续的。

在第六章，我们通过分析印度最大的软件产业集群——班加罗尔软件产业，探讨了创新过程中的信息联系。集聚和集群创造了高密度的网络，使个人与企业之间可以进行面对面的互动。进而，这些网络帮助他们产生、分享和扩散知识并引发了创新。我们也考察了印度的离岸软件产业集群，这个集群中的企业大多参与来自国外客户的软件发展和服务外包，而这一集群创新能力的培养却没有借助与客户面对面的互动。通过对班加罗尔的核心厂商进行的扩展案例研究，本章认为本地创新体系（LIS）驱动了知识基础型集群，即使缺乏近距离、面对面的互动，创新也能发生。相反，多种多样的外部联系就像交通工具那样把知识进行运输和扩散，并引起创新。

在第七章，我们使用两组中小企业的调查数据，即能够熟练使用信息通信技术（ICT）和不能熟练使用这一技术的中小企业，分析了由 ICT 引起的组织创新因素。因为 ICT 技术使用程度不同并导致中小企业中组织变革的差异，本章使用 AHP（层次分析方法）构建了一个用 ICT 使用程度来表示简单的创新指数。基于这个指数，我们尝试用严格的计量经济分析来识别那些对创新做出贡献的因素和政策措施，发现更大的中小企业具有更高的指数水平，那些使用数据进行管理并认为 ICT 十分重要的高层管理人员会更为熟练地使用 ICT。

在第八章，我们分析了日常必需品、护目镜和模块这三个行业中最大的专门化市场，发现本地政府在这些市场的发展中起到了重要作用。因此，这种专门化的市场会从一个典型的集市环境演化为能让市场机制更好地开展的交易平台，这种平台就是产业集群。这些专门化市场的经历表明在发展中国家，市场在推动产业集群升级的过程中可以取代大量（零散的）商业活动。

在第九章，我们研究了泰国曼谷大都市区在职培训所引起的挖走人才的外部性，这个研究使用的是不同类型的产业集群，比如食品、汽车配件、个人电脑、硬盘驱动等具有不同职员流动率的行业中的个人数据资料。实证分析显示：①职员流动率更高的产业集群，培训通常是不足的；②职员流动率更高的产业集群，培训期间的回报通常更低。我们也展示了如何扩展这一方法，来估计发展中经济体中那些促进产业集聚的本地公共政策通过在职培训而对产品和流程创新所产生的影响。这一章具有政策含义，表明了本地大学培养的技能劳动力的重要性，因为其可以弥补企业对培训的投资不足。因此，这一含义是强调"大学—产业"联系的流程图分析方法的补充。

在第十章，我们考察了巴西石油和天然气产业集群中的创新，并关注其勘探和生产的分割。我们讨论了地理集聚和坎波斯盆地集群中一些企业创新活动所产生的积极影响这两者之间的关系。此外，我们对本地和国家管理机构的政策效力进行了简单回顾，这些政策都意在最大化行业利润，这些利润因为石油和天然气行业的扩张周期而超过了坎波斯盆地集群的盈利。

从集聚到创新

第四节　总结和政策讨论

下面我们简单总结一下本书的主要贡献与研究结果。本书研究了生产侧和产业升级所依靠的信息资源之间的内部联系和外部联系。集群之间对于内部联系和外部联系的依赖程度具有很大不同。本书发现，即使在发展中国家，从集聚到创新的内部联系对于产业集群起到了重要作用。一方面，班加罗尔的案例表明垂直专业化和企业分拆导致内生研发过程的出现。这也凸显了通过生产过程而产生的内部联系的重要性，如其他章节所展示的那样。另一方面，班加罗尔的案例是一个例外，因为班加罗尔的快速发展依靠的是外部联系，如订单、销售、市场营销和配送。通过比较班加罗尔的案例与其他案例，集群外部的大量需求是决定本地商业增长和专业化分工程度的关键因素。通过把大学和研究结构视为创新的源泉，第一部分研究了本地创新体系的范围。

由本书研究结果带来的政策建议特别强调大学与产业之间或产业与产业之间的平台作用。公共政策只有在构建和维护平台等方面才是受欢迎的，在那里，它发挥学界和产业界之间的协调机能。平台的作用并不局限于"大学—产业"间的联系，也将在零售和劳动力市场发挥协调匹配的作用，为协调企业的投资行为而构建平台需要集群的升级。

本书也关注了公共政策。硅谷类型的集群与亚洲类型的集群之间的对比显示出在这两个地区，公共政策的角色与效率有很多不同之处。恰当的公共政策的原因和结果取决于产业集群的内部结构，比如竞争与合作程度、市场规模或基础设施水平。一般来说，针对大企业和中小企业的创新策略是不同的。对前者来说，典型的政策通常被称为"国家创新体系"，通过把诸如公共、私人和大学等研究机构结合起来，能把基础应用研究、资金、人力资源等全社会的力量动员起来以实现长期的国家目标。对于后者，我们能找出几个例子。比如，新加坡提供了本地平台来构建大学和跨产业组织之间的联盟。日本经济产业省也曾执行过针对高科技型中小企业的"TAMA"产业集群政策，位于东京郊区的 TAMA 区。在这些例子中，政策制定者寻找各种各样的产业集群政策，如本地中小企业能力建设和劳动力市场的人力资本积累等，来增强区域创新能力。

中央和地方政府对于产业集群政策的作用同样重要。如前文所述，既要有分工又要有合作。当涉及特定区域的产业集群政策时，地方政府的作用就比以前重要得多，因为大多数推动集聚和区域创新的政策措施都是由中央政府来执行。地方政府被要求出台新政策以辅助区域创新过程。

参考文献

Arita, T., M. Fujita, and Y. Kameyama（2006）"Effects of Regional Cooperation among Small and Medium Sized Firms on Their Growth in Japanese Industrial Clusters." Review of Urban and Regional Development Studies, Vol.18, No.3, pp. 209-228.

Hashimoto, J.（1997）"Nihon-gata Sangyou-Shuseki Saisei no Houkousei," in Nihon-gata Sangyou-Shuseki Saisei no Miraizou, T. Kiyonari and J. Hashimoto（Eds.）, Tokyo（in Japanese）, Japan: Nihon Keizai Shinbunsha, pp.160-198.

Kuchiki, A. and M. Tsuji（Eds.）（2005）Industrial Cluster in Asia: Analysis of Their Competition and Cooperation. Basingstoke: Palgrave Macmillan.

Kuchiki, A. and M. Tsuji（Eds.）（2008）The Flowchart Approach to Industrial Cluster Policy. Basingstoke: Palgrave Macmillan.

Markusen, A.（1996）"Sticky Places in Slippery Space: A Typology of Industrial Districts." Economic Geography, Vol.72, No.3, pp.293-313.

Porter, M.E.（1998）The Competitive Advantage of Nations. New York: Free Press.

Markusen, A.（2000）"Location, Competition and Economic Development: Local Clusters in a Global Economy." Economic Development Quarterly, Vol.14, No. 1, pp.15-34.

Saxenian, A.（1994）Regional Advantage: Culture and Competition in Silicon Valley and Route 128. Cambridge, MA: Harvard University Press.

Tsuji, M., E. Giovannetti, and M. Kagami（Eds.）（2007）Industrial Agglomeration and New Technologies: A Global Perspective. Cheltenham: Edward Elgar.

Tsuji, M., S. Miyahara, and Y. Ueki（2008）"An Empirical Examination of

从集聚到创新

the Flowchart Approach to Industrial Clustering in Greater Bangkok, Thailand," in Kuchiki and Tsuji (2008), pp.194–261.

Tsuji, M., S. Miyahara, Y. Ueki, and K. Somrote (2006) "An Empirical Examination of the Flowchart Approach to Industrial Clustering in Greater Bangkok, Thailand," in Proceedings of 10th International Convention of the East Asian Economic Association (CD-ROM), Beijing, China.

Tsuji, M. and Y. Ueki (2008) "Consolidated Multi-country Analysis of Agglomeration," in Industrial Agglomeration, Production Networks and FDI Promotion, M. Ariff Ed., Chiba, Japan: Institute of Developing Economics (IDE/JETRO), ch.5, pp.190–222.

Y., Ueki, T. Machikita, and M. Tsuji (2008) "Fostering Innovation and Findings Source of New Technologies: Firm-Level Evidences from Indonesia, Thailand and Viet Nam," in Industrial Agglomeration, Production Networks and FDI Promotion, M. Ariff Ed., Chiba, Japan: Institute of Developing Economics (IDE/JETRO), ch.6, pp.223–289.

第一篇

作为集群创建和创新之驱动力的学习联系

朽木昭文

第一节 导 论

包括亚洲在内的许多国家已将产业集群政策付诸实践。我们之前的研究，如
Kuchiki（2005）、Kuchiki 和 Tsuji（2005，2008）提出了关于产业集群形成的理
论假说，即"流程图方法"。这个方法是按照如下步骤来解释集群形成的："锚企
业"建立生产基地，配套企业会随之围绕这些锚企业建立起相关设施，这是产业
集群初期阶段的核心组成部分；随着集群的发展，有更多的企业集聚到这些区
域，而关于业务、技术、诀窍等方面的信息也越来越多地在这些区域内进行交
流。这一过程导致产业集群中的经济活动日益增多，并在区域和国民经济发展中
起到重要作用。流程图方法便是从许多成功集群的发展过程得来的，如东亚的中
国台湾地区、韩国和中国大陆等国家和地区设立的那些工业园区、经济特区、出
口特区等。这些国家和地区的电子与汽车产业的发展提供了较好的案例。流程图
方法特别强调那些吸引企业进入某地区的因素，包括：①国内需求、自然资源
（如原材料）以及人力资源；②物质方面的基础设施，如高速公路、道路、机场、
电力、自来水供应和其他设施；③社会方面的基础设施，如法律、金融和知识产
权制度、去管制的程度和政府的制度性框架等；④政府提供的如税收补贴以及投
资和出口补贴等激励计划。流程图方法包括设定一个恰当目标、对这些政策按重

要性进行排序以及选定执行政策的各参与主体，因此它可以作为制定政策措施的指导原则。

这里我们探讨一下流程图方法与其他理论的区别，从而更清晰地阐明前者。首先，Komiya 等（1988）将产业政策定义为一国中央政府针对动态无效率导致的市场失灵状况进行干预并对相关战略性产业进行保护（比如，使幼稚产业免于来自国外的竞争）的政策。流程图方法则同时强调了地方政府的作用，地方政府对产业集群政策的成功与否具有重要作用，因为产业集群政策是区域性而非全国性的经济增长战略。在世界范围内，权力下放导致产业政策正在向产业集群政策转变，因此地方政府相对中央政府的作用越来越重要。

其次，Porter（1998）构建的钻石模型认为有四个因素为产业集群的创新提供了充分条件：①国内需求；②要素禀赋；③企业战略、市场结构和同业竞争；④相关和配套产业。然而这四个因素很难同时满足。流程图方法的目标是，以线性方式而非"钻石型"的水平方式为这四个条件的重要性进行排序。Markusen（1996）把产业区域分成三种类型：马歇尔式产业区、点—轴式产业区和卫星平台式产业区。在点—轴式类型中，她发现锚企业和相关企业间存在某种关系，但是她并未给出产业集群形成的条件，也没有对影响这些条件的因素进行排序。Kuchiki（2005）提出了产业集群政策的流程图方法，以线性方式对相关政策措施按重要性进行了排序，使之可以应用于实际情况。

最后，与空间经济学相关理论进行对比来看，比如 Fujita（2008）构建了一个一般均衡模型，而流程图方法是一个局部均衡模型，上述四个涉及产业集群政策成功的条件是外生的、由其他模型来决定的。在这个意义上，流程图方法和空间经济理论是互补的。

总的来看，目前尚没有建立一个明确且具备实际操作性的方法用来指导产业集群政策。因此，本章把马来西亚的汽车产业作为案例，通过进一步考察和细化流程图方法来尝试解决这个问题。在东亚，泰国作为"亚洲底特律"而持续增长，马来西亚则计划实施名为"国家汽车计划"的产业集群政策来打造汽车产业集群。但是马来西亚的政策却不像泰国那样成功，这为我们从流程图方法的视角来探讨产业集群政策是否有效提供了一个较好的契机。

让我们简单描述一下马来西亚为促进汽车产业发展而实行的产业政策。马来西亚政府于 1981 年开始实行国家汽车计划。宝腾是 1983 年建立的第一家全国性

从集聚到创新

汽车公司，第二家全国性汽车公司派洛多建立于 1993 年。第三个马来西亚产业总体规划（2006）中涉及汽车产业集群，第九个马来西亚计划（2006~2010）更详细地讨论了包括汽车行业在内的产业集群规划。但在 2006 年不再与大众汽车合资之后，宝腾遇到了管理上的困境。据称因为不与外国企业合资生产，宝腾在世界市场上将不再具备竞争力。同时，马来西亚的汽车集群与其他国家（如东盟国家中的泰国）的集群相比也并不具备竞争优势。因此我们需要考察马来西亚汽车产业集群的发展需要什么样的条件，为其产业集群政策提供建议而不是仅仅保护无效率的汽车产业。为使流程图方法免于这种情形，本章会提出流程图方法在政策执行期间的一系列应用之处，也就是说，流程图方法除了在计划期间用于决策制定之外，在发生问题时，流程图方法也可以用来解决问题。

我们用下述方法来分析马来西亚汽车产业。第一步，通过使用日本国际合作银行与日本对外贸易组织提供的调查问卷，判定流程图进程中的哪些因素构成了产业集群政策的问题所在。第二步，在对马来西亚汽车产业相关人士访谈的基础上，确定解决问题的政策措施和参与方。第三步，沿着流程图，指定具体的政策措施和参与方，从而为产业集群政策提供解决方案。

流程图方法的目标在于确定参与者以及对政策解决方案的重要性进行排序，通过这一方法得出的结论可以简要总结为三个政策举措：第一，马来西亚的汽车厂商应该建立专门的场所，用于出口带自动变速器的小型汽车；第二，公共部门、半公共部门和私人部门应积极投入，以提升技能劳动力的素质；第三，马来西亚中央政府应放松管制来吸引外国企业进入配套产业。

本章安排如下：第二节给出流程图模型的样式；第三节描述了马来西亚的产业政策与产业集群政策；在第四节，我们列出相关调研数据以及就马来西亚汽车产业竞争力这一问题所进行的深度访谈；第五节基于流程图方法的视角提出汽车产业集群政策的解决方案；第六节涉及"大学—产业联系"和国家创新体系；第七节是对本章的总结。

第二节　流程图模型的样式

本节给出流程图方法，这一方法有利于促进高科技和汽车产业集群中企业的集聚和创新。第一步指出产业集群政策要促进企业集聚所需要的条件，第二步指出促进企业创新所需要的条件，如图 2-1 所示：

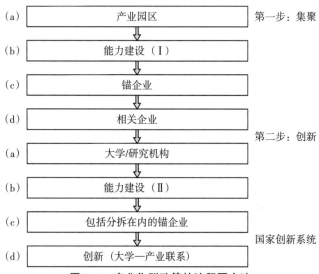

图 2-1　产业集群政策的流程图方法

资料来源：笔者整理。

一、一个集群政策流程图模型的范本

无论是归纳还是演绎的方法都不能严格证明我们的假设，即流程图方法是有用的。我们的目的是为一个成功的产业政策提出所具备的充分条件。也就是说，如果流程图所列出的充分条件都能得到满足的话，则我们希望通过这样一个流程图来成功地促进产业集群的形成。

应当指出，可以通过案例来阐释使流程图方法得以成立的假设。我们可以展示大量的案例，但不能运用归纳或演绎的方法来证明我们的假设是一个充分条件。进一步地，我们的流程图并不表明其他的因素排序方法就不起作用。但是可

从集聚到创新

以表明，通过增加案例的数量，这一流程图可以逐渐应用于其他地区的产业政策当中。

假设是具有实操性的，因为通过下面四个步骤可以形成一个集群。第一，决定 A、B、C、D、E 五个部分的组成要素。第二，从上述组成要素中选择数目最小的要素来构建流程图（见图 2-2）。第三，将其在流程图上进行排序（见图 2-3）。第四，如果流程图的某个步骤指向"否"而非"是"，我们会指定参与者来推进该步骤（见图 2-4）。

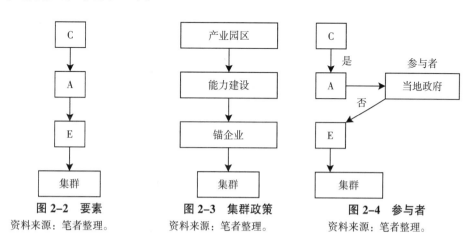

图 2-2　要素
资料来源：笔者整理。

图 2-3　集群政策
资料来源：笔者整理。

图 2-4　参与者
资料来源：笔者整理。

关于汽车产业政策的流程图按以下步骤进行。第一，当地政府建立产业园区吸引外国投资者。第二，政府要建设相关的"能力"以改善外国投资者在园区的商业和生活居住条件。能力建设包括：①基础设施建设；②制度建设；③开发人力资源；④营造外国投资者宜居的条件。基础设施涉及道路、港口、通信等。制度建设，如通过一站式服务简化投资手续、放松管制以及优惠的税收机制。人力资源通常是外国投资者首先考虑的因素，包括非技能劳动力、技能劳动力、经理人、研发人员和专家等。生活环境，比如提供医院和国际学校等来吸引外国企业。当上述能力方面的建设出台之后，锚企业将会准备来此投资。

第一步：集聚。

流程图方法在图 2-5 中进行了阐述。首先，我们要询问产业园区是否已经建立。如果没有，我们必须决定由哪个参与者来建立。识别了参与者之后，再返回流程图的枝干上来。

接下来应用流程图方法的第二步，即能力建设，这发生在产业园区建成之

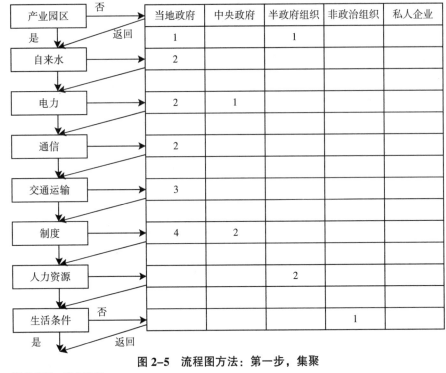

	当地政府	中央政府	半政府组织	非政治组织	私人企业
产业园区	1		1		
自来水	2				
电力	2	1			
通信	2				
交通运输	3				
制度	4	2			
人力资源			2		
生活条件				1	

图 2-5 流程图方法：第一步，集聚

资料来源：笔者整理。

后。要检查在产业园区是否有充足的自来水供应（见图2-6），然后沿着流程图来检查电力供应、通信和交通运输状况。

考察完基础设施情况后，我们要看制度是否已经到位。中央政府必须将国税系统制度化，而地方政府需要将地税系统制度化。众所周知，一站式投资流程对于成功吸引外国投资者是至关重要的。

一方面，在人力资源开发领域，充足的非技能劳动力和较高的识字率是吸引那些想雇佣廉价劳动力的外国投资者的必要条件。另一方面，产业集群有时会面临工业化进程中的技能劳动力短缺问题，有利于集群创新的大学和在岗培训机构，是长远发展所需要的。

生活条件对于吸引外国投资者很关键。如果能享受（产业园区的）生活，投资企业里的研发人员将有动机努力工作，所以提供诸如住宅、医院和其他令人满意的生活设施是十分重要的。这是吸引锚企业进入必须满足的最后一些条件。

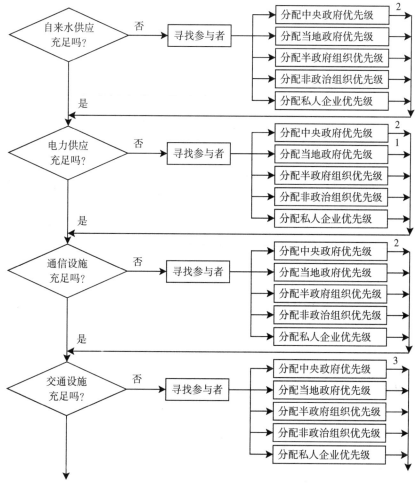

图 2-6　流程图方法：第二步，创新

资料来源：笔者整理。

第二步：创新。

应执行知识产权保护政策以推动第二步的创新。第二步的先决条件如下：
①相关服务：金融与保险、物流、营销企业、修理厂、二手车厂；②专业人员和
其他服务：律师、餐馆、零售店、旅游业。

如图 2-1 所示，推进第二步创新的要素为：①大学和研发机构；②相关的能
力建设：基础设施、制度变革、人力资源和生活条件；③主持人。

接着，第二步的联合行动如下：①促进集群的技能中心；②建立集体项目；
③创建商业联盟；④采取品牌战略。推动创新的政策工具，采用线性手段和互动

的方法，包括如下几方面：线性手段：①直接的研发扶持；②将基于研发的知识转移至企业；③金融支持。互动方法：①改善那些提供知识转移服务的制度与规划；②制定可以激励网络组织构建和商业集群的政策。

我们阐释了如下这些要素的最小数目：①大学和研发机构；②能力建设；③主持人。这样做的目的是简化第二步的流程图并对政策措施进行排序。大多数亚洲国家处于第二步的入口处，因此我们在亚洲并未找到第二步的经验证据。第二步仍是一个有待检验的假设。

图 2-7 总结了每个参与者的政策次序。当地政府在建立产业园区、提供电力、促进交通运输和改革制度方面发挥主要作用。图 2-7 中，当地政府的第一要务就是成立产业园区来吸引外国投资者。在此期间的第二件事情是提供电力、促进交通运输和改革制度。中央政府的主要任务是提供电力和改革制度。在图 2-7 中，半政府组织首先要做的是建设产业园区，其次是开发人力资源。非政府组织的首要任务是改善生活条件。

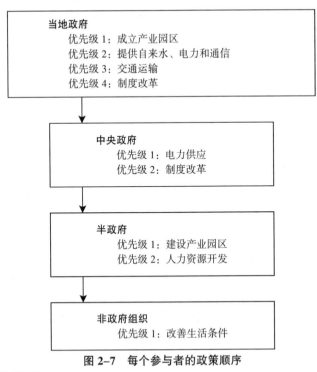

图 2-7　每个参与者的政策顺序

资料来源：笔者整理。

一个典型的产业集群政策要得以理论化，应首先将产业园区定义为"准公共物品"，这表明政策将使锚企业拥有报酬递增的生产函数进而促进经济增长。相关企业按照规模经济原则所生产的数量，其临界值将决定企业是否在集群内进行投资，这一点也有证明（Kuchiki，2008）。

Tsuji 等（2006）发展了使用计量经济学方法对政策措施进行排序的思路。除基础设施这一因素并不显著之外，他们的研究支持了流程图的排序方法。

二、需求条件

应当注意，流程图方法明确地讨论了制造业的需求状况，并且有两种情况需要探讨：

案例 1

（1）一个锚企业设立在出口加工区并出口其产品。在这个案例中，其需求不受制约，因为其工厂可以通过将产品出口至全世界而实现最小最优的生产水平。在这里，锚企业所面对的物流状况对其达到这一水平是至关重要的。

（2）锚企业的供应商因此也能达到它们最小最优的生产水平。对供应商的需求因而就是对锚企业的引致需求。

案例 2

（1）锚企业在当地销售产品。在这个案例中，当地的市场规模应该足够大以使其达到最小最优的生产水平。只有当锚企业认为当地的需求满足这一条件时，它才会在该地区进行投资。

（2）供应商的条件与案例 1 中相同。

我们在这里先说明，案例 2 的情况在马来西亚的案例中将不成立，因为其国内汽车市场的规模不够大。除作为出口者之外，马来西亚别无选择，这一点后文将更加详细地进行分析。

三、流程图模型的差异：汽车产业与信息技术产业

本部分将厘清汽车产业、信息技术（IT）产业和生物技术产业的流程图模型之间的差异。IT 产业与生物技术产业的流程图几乎完全相同。知识密集型产业包括 IT 产业、生物技术产业和纳米技术产业。知识产业与汽车产业的流程图模型是不同的。人们注意到，知识产业需要大学的存在作为先决条件。

汽车产业与知识产业流程图的一个很大的差别在于，在执行汽车产业集群政策的过程中，锚企业发挥重要作用；在执行知识产业集群政策的过程中，超级明星企业发挥重要作用。原因如下：知识产业需要智力间的合作关系，而作为一家锚企业的汽车装配公司则是汽车产业集群政策的核心，因为一辆汽车由 20000 多个独立的部件组成。超级明星企业是知识产业集群政策所需要的，因为知识是嵌于人力资源之中的，所以要提供优惠待遇来吸引它们。数字技术创新要求大学、大型企业、初创企业、跨国公司和实验室之间具有合作关系。超级明星企业是奥斯汀市产业集聚与伙伴关系取得成功的关键。当地政府首脑与知识产业中世界知名的超级明星企业，这两者的领导力是集群政策的取胜之匙。

对于知识产业集群政策来说，科技园和能力建设是必要的。在执行某个知识产业集群政策时，以下三点应予以考虑：第一，管制不能太严苛；第二，专利与创新的联系机制需要得当；第三，专利所有人和创新者需要匹配。

第三节　马来西亚的产业政策与产业集群政策

这一节阐述了马来西亚及其与汽车产业相关的产业集群政策的情况。第一部分和第二部分介绍了宝腾公司和派洛多公司的历史，两者都是国家汽车计划产业政策的对象。第三部分和第四部分引用了 2006 年第三个产业总体规划和 2006~2010 年第九个马来西亚规划中有关产业集群政策的内容。第五部分和第六部分概述了东盟（ASEAN）国家之间的运输成本和马来西亚的投资条件。

一、宝腾公司的历史

马来西亚国家汽车计划是作为一项产业政策提出的。1981 年，马来西亚政府与日本三菱汽车公司组建了合资企业，进行国产汽车的生产。马来西亚内阁在 1982 年批准了国家汽车计划，同年，马来西亚重工业公司（HICOM）与三菱签署协议。宝腾作为一家国有汽车公司成立于 1983 年 5 月 7 日，其工厂建于 HICOM 的围地中。它的第一辆汽车为 Proton Saga，于 1985 年下线并在 1986 年开始出口到孟加拉国。1987 年累计生产汽车 50000 辆，1993 年达到 500000 辆。Proton 研

从集聚到创新

发中心建立于 1993 年；1996 年，宝腾汽车已出口至 31 个国家。国家汽车计划就是所谓的产业政策，或者说是为培育国有企业而进行的选择性政府干预政策。

然而，宝腾公司在 2004 年取消了与三菱的协议。在马来西亚的市场份额中，宝腾在最高时曾经占据了约 90%，却在 2005 年跌至 24%。2006 年，宝腾与其他几家汽车制造商共同降低了在马来西亚市场上的汽车价格，这一降价行为是政府政策的一部分，意在降低汽车价格。2007 年，在放弃与国外厂商的联盟之后，宝腾公司发现其正面临管理方面的困难。

1996 年，Proton City 建立起来并成为宝腾供应商的集聚基地。马来西亚政府为保护包括宝腾在内的国产汽车而对外国厂商设置了投资障碍，但这些政策或许打消了外国投资者在马来西亚的投资计划并阻碍了外国厂商的集聚。

二、派洛多公司的历史

派洛多是一项国家计划，在马来语中的意思是"第二个国产汽车"。日本企业通过以下方式为派洛多公司的资本化做出了贡献。当派洛多公司的 POSB（Perusahann Otomobil Kedua Sdn. Bhd.）在 1993 年成立的时候，马来西亚政府和日本企业分别投资了 73% 和 27%。POSB 全额投资了 PSSB（派洛多的营销公司）及其交通工具制造公司（或 PMSB）。总体来看，日本企业拥有 PSSB 和 PMSB 的 47.04% 的股份，但拥有派洛多公司 51% 的股份。

生产过程由冲压、着色和装配组成。有 32 名日本员工在这些生产工序中的重要岗位上工作（2006 年 11 月）。

派洛多汽车的产量在 2004 年稳步增长到 102000 辆，2005 年为 116000 辆，预计 2006 年可达 134000 辆。宝腾汽车的产量在 2004 年和 2005 年分别为 141000 辆和 139000 辆，但在 2006 年跌至 102000 辆。派洛多汽车的市场份额由 2004 年的 25% 上升至 2006 年的 34%，而宝腾汽车的市场份额一度曾超过 80%，但逐渐降低到 2006 年的 24%。

Kancil 和 Myvi 两种车型是由派洛多生产的，其本地容量比率约为 80%，另外两种车型 Rusa 和 Kembara 的数值约为 50%。供应商的数量为 145 家，其中 59 家为本地供应商，占 40%；19 家日本供应商占 13.1%。一旦第一步里阐释的某个产业集聚的流程完成之后，图 2-1 所展示的反馈流程将被用来检查是否有可能发生进一步的产业集聚。

派洛多公司的管理发展可以总结如下：作为国产汽车，马来西亚方面持有控股公司和营销公司的大部分股份；在制造方面，大发公司持有 51% 的份额来进行生产方面的领导。

三、马来西亚第三个产业总体规划 [IMP3：MITI（国际贸易与产业部）2006]

正如在 MITI（2006）中解释的那样，马来西亚第三个产业总体规划为制造业及其子行业部门在 2006~2020 年的规划提供了总体发展框架。汽车集群将建在霹雳州、吉打州和彭亨州，这些地方的零部件供应商和分销商网络都已经建立了起来。其他一些有集群特征的地区包括槟城州、雪兰莪州和马六甲州。

四、第九个马来西亚规划（2006~2010）

第九个马来西亚规划总结如下：

（1）总理府（2006）发布的第 4 章将以下公司列为汽车集群的锚企业：宝腾、派洛多、TNB 以及一些跨国公司。它列出了从事制造业和相关产业的 200 多家一级供应商企业。

（2）尽管跨国公司对电力和电子产业的贡献十分重要，电力和电子活动现有的与新的技术能力，以及本地投资都将得到加强。这些措施将影响巴六拜和槟城的网络城市、吉打州居林地区高科技园区的发展。

（3）在规划期间，共享服务和外包（SSO）的定位是经济增长的一个新的主要源泉。为进一步增强 SSO 产业集群，也应采取一些辅助措施，如合资基金获取、兼并和收购等（总理府，2006）。

五、东盟国家之间的交通运输成本

派洛多的生产体系是从其在亚洲的供应链管理的角度来设计的。考虑到亚洲区域一体化在目前状况下的物流水平，丰田将其生产体系分别放在中国和东盟国家。换句话说，它有两个供应链管理体系，一个在中国，另一个在东盟国家。在 AFTA（东盟国家自由贸易协定）框架下，关税税率的降低影响了马来西亚对其东盟公司的管理。大发汽车在印度尼西亚和泰国的工厂现在负责向其在马来西亚的工厂提供零部件。特别地，其印度尼西亚工厂还向其他东盟国家提供零部件，

从集聚到创新

这一定程度上是因为印度尼西亚工厂的规模足够大，因此可以出口。

关于马来西亚的工厂是否需要从其他国家进口零部件的决策，是根据运输成本和马来西亚国内需求规模来做出的。比如，从泰国进口汽车到马来西亚，已喷漆车身的打包费用很高。汽车外观是销售时很重要的因素，因为消费者的选择部分是出于对车身外部喷漆的偏好，所以从泰国运送到马来西亚的喷漆车身不能有划痕。卡车可以将这些汽车运来以实现精益生产体系的 JIT（Just-in-Time）要求，但是派洛多并不能使用卡车，因为从泰国到马来西亚的路况不好，从而无法保证在运输过程中不产生划痕。轮船可以运载这些车辆而不会产生划痕，并且只要运送的数量不少于一个最低限度，平均运费会更低。

六、马来西亚的投资条件

下面我们看一下马来西亚供应商的情况。外国投资者决定是否搬到马来西亚的一个决定因素是他们锚企业的需求状况，或锚企业的生产规模。1997 年亚洲货币危机之后，马来西亚的汽车需求回升，在 2005 年达到 550000 辆。汽车销售量如此大幅度地增加是没有被预料到的，因为马来西亚人口在 2005 年只有约 2500 万人。马来西亚一位汽车公司的人士预计，汽车销量在未来十年会增加 100000 辆。马来西亚的供应商很难实现基于最小最优生产水平的最低平均成本。这也是为什么日本供应商对进入马来西亚犹豫不决的原因。确保实现最小最优生产水平的需求条件，是开始应用图 2-1 的先决条件。我们推断，目前马来西亚汽车产业在其国内市场上所具备的 500000 辆的生产水平，不能满足最低需求条件。

还有两个原因使日本供应商难以进入马来西亚：①劳动力短缺；②制度不稳定，如税收体系。

1. 劳动力短缺

马来西亚政府从 20 世纪 90 年代起就致力于开发汽车产业供应商所需的人力资源，日本政府曾就这些人力资源开发计划进行过合作。与中国公司相比，马来西亚企业在获取技术方面并不十分积极，中国企业则靠自身积极获取日本的技术。据称，日本和韩国企业通过模仿外国技术来实现获取，中国企业目前正经历这一相似过程。但是马来西亚企业通常并未走这一步。在马来西亚的外国企业，包括日本企业，经常抱怨技能劳动力短缺问题。因此在产业政策中，采取进一步措施之前，流程图中的人力资源开发或能力建设是必要的。

派洛多生产工序中机器人自动化的比率就能说明技能劳动力的短缺。该比率在日本是99%，而根据我们在2006年10月对派洛多一位雇员的采访，这个比率在马来西亚只有9%。他告诉我们，尽管派洛多向宝腾提供诸如汽缸之类的部件，但几乎没有可以熟练维修机器人的当地工人。他说，人力资源开发是急需的。

2. 制度的不稳定性

马来西亚的税收制度经常随时间变化而非常不稳定，以至于外国企业难以预测利润。这种不稳定的税收体系在外国企业看来是难以接受的，尽管类似的不稳定性在许多发展中国家也都能见到，如中国的增值税体系和越南的进口关税税率。我们可以将马来西亚2006年关税系统改革作为一个例子。在此次改革中，汽车部件的关税税率在事先没有通知的情况下突然提高，企业因此难以计算其投资回报率，并且对在马来西亚的投资变得抵触。从长期来看，马来西亚政府需要稳定其税收体系。

第四节　基于调查数据和深度访谈的马来西亚在东盟国家中的情况

一、分公司活动在未来的扩张：JBIC 的调查

日本国际合作银行（JBIC，2007）调查了597家企业，如表2-1所示。通用机械、电力和电子、交通工具、汽车和精密仪器占制造业的60.8%，汽车产业占15.3%。该表显示了以三年为期、最具商业前景的国家和地区的排名变化。相对全部国家和地区来说，泰国的得票率2002年为28%，2006年为29%，2002年到2006年的数据几乎相同。越南的得票率则从2002年的15%上升到2006年的33%。印度尼西亚的份额从2002年的15%下降到2006年的8%。类似地，马来西亚从2002年的8%下降到2006年的5%。本节会解释为什么马来西亚的得票率会下降而泰国却没有。图2-8表明，那些计划加强和扩大其分公司在泰国、印度尼西亚、越南和马来西亚活动的汽车企业的数目分别为55家、24家、15家和10家。其中在马来西亚的数量最少。

从集聚到创新

表 2-1 中期内（三年）作为最具商业前景的国家和地区的排名变化

单位：%

排名	2002 年 （问卷回复数目）		2003 年 （问卷回复数目）		2004 年 （问卷回复数目）		2005 年 （问卷回复数目）		2006 年 （问卷回复数目）	
1	中国大陆	89	中国大陆	93	中国大陆	91	中国大陆	82	中国大陆	77
2	泰国	28	泰国	29	泰国	30	印度	36	印度	47
3	美国	26	美国	22	印度	24	泰国	31	越南	33
4	印度尼西亚	15	越南	18	越南	22	越南	31	泰国	29
5	越南	15	印度	14	美国	20	美国	20	美国	21
6	印度	13	印度尼西亚	13	俄罗斯	10	俄罗斯	13	俄罗斯	20
7	韩国	8	韩国	9	印度尼西亚	10	韩国	11	巴西	9
8	中国台湾	8	中国台湾	7	韩国	9	印度尼西亚	9	韩国	9
9	马来西亚	8	马来西亚	6	中国台湾	8	巴西	7	印度尼西亚	8
10	巴西	5	俄罗斯	5	马来西亚	6	中国台湾	7	中国台湾	6
11	新加坡	4	新加坡	5	新加坡	3	马来西亚	5	马来西亚	5

注：加粗黑体表示泰国和马来西亚。

资料来源：JBIC（2007）日本制造企业海外商业运营调查报告。

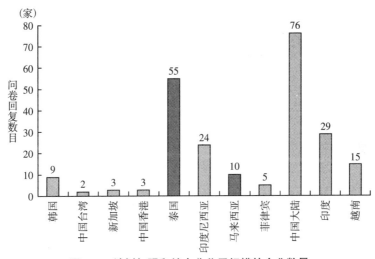

图 2-8 计划加强和扩大分公司规模的企业数量

资料来源：同表 2-1。

二、投资流向国：JETRO 的调查

日本外贸组织（JETRO 2006）调查了 966 家企业。如表 2-2 所示，在这些企业中，44.2% 的企业属于通用机械、电子电器、电力与电子零部件、交通装备等产业，17.2% 属于交通装备和零部件产业。在所有这些企业中，有 937 家企业

回答了这样一个问题，即从中期和长期来看，哪里是合适的生产基地。认为是泰国、越南、印度、中国大陆和马来西亚的回答者分别为237家、199家、110家、100家和79家。

表 2-2　中长期内合适的生产基地

单位：家

企业所在国		选作合适生产基地的国家和地区								
国家 （东盟/印度）	有效 回复	泰国	马来 西亚	新加坡	印度尼 西亚	菲律宾	越南	印度	中国 大陆	其他 （中国香港/ 中国台湾）
泰国	199	124	0	0	4	1	30	20	16	4
马来西亚	169	28	68	0	2	1	30	10	18	12
新加坡	95	16	5	23	8	0	20	5	14	4
印度尼西亚	149	21	2	2	53	0	21	18	20	12
菲律宾	180	30	3	0	3	54	50	10	19	11
越南	84	9	1	0	0	0	48	9	7	10
印度	61	9	0	1	3	0	0	38	6	4
总计	937	237	79	26	73	56	199	110	100	57

注：①总计是企业数目的加总，即选择该国或地区作为合适生产基地的企业。②加粗黑体表示选择泰国与马来西亚的企业数量，这一数值对两国的比较很重要。

资料来源：日本外贸组织，亚洲制造业中日本企业的管理条件，2006 年 3 月。

从 JBIC 和 JETRO 的调查来看，我们认为日本企业希望在泰国、越南或印度投资，而不是在马来西亚。本部分就马来西亚和泰国在促进集聚和形成产业集群的因素方面的差异进行了阐述。

Fourin（2009）阐述了主要东盟国家国内的汽车销售情况，表明这些数据在马来西亚、印度尼西亚和泰国几乎相同，分别为 487000 辆、483000 辆和 626000 辆。JAMA（2005）展示了主要东盟国家汽车生产的情况，表明马来西亚 2004 年的汽车产量为 480000 辆，而泰国几乎是其两倍，为 920000 辆。Fourin（2006）论述了汽车产量与国内销售量之间的差异。对泰国来说，这一差异在 2005 年为 460000 辆，因为企业有出口汽车的生产基地。马来西亚没有这样的出口生产基地，部分是因为其配套支持产业能力不足。

表 2-3 展示了雇员、产品和技术的本地化问题。雇员本地化问题包括以合适的工资能雇佣的本地经理人以及可以推动本地化的高级经理人的短缺。马来西亚和泰国都面临本地经理人和高级经理人的短缺问题。表 2-3 中所有国家都面临的产品本地化问题是本地企业的技术短缺。技术本地化问题包括以合适工资能雇佣

到的技能劳动力的短缺。总之，所有国家面临的共同问题是本地经理人、高级经理人和本地技能劳动力的短缺。表 2-3 表明这些问题在泰国要比在马来西亚更严重。因此，仅仅依据人力资源短缺并不足以解释两国在出口能力上的差异。

表 2-3　雇员、产品和技术本地化中的问题

单位：%

雇员本地化问题（回复数量）	中国大陆 (462)	泰国 (265)	马来西亚 (145)	印度尼西亚 (152)	越南 (93)	印度 (77)
以合适工资能雇佣到的本地经理人的短缺	50.2	45.3	33.1	48.0	44.1	27.3
可以促进本地化的高级经理人的短缺	39.4	37.7	36.6	52.0	39.8	28.6
顺畅沟通的困难	37.9	27.9	18.6	28.9	32.3	26.0
机密信息流向其他企业的阻碍（包括跳槽）	34.0	18.9	17.2	19.1	16.1	23.4
制定工作流程手册的困难	16.2	14.0	12.4	12.5	19.4	14.3
建立适合本地雇员的职员评价体系	16.7	9.8	9.7	12.5	12.9	18.2
其他	3.5	3.8	8.3	3.9	5.4	14.3
没有问题	8.0	18.5	21.4	9.9	14.0	14.3
产品本地化问题（回复数量）	中国大陆 (400)	泰国 (218)	马来西亚 (116)	印度尼西亚 (136)	越南 (78)	印度 (61)
当地企业的技术短缺	55.3	45.0	32.8	51.5	38.5	41.0
机密信息流向其他企业的阻碍（包括图纸外泄）	35.0	12.8	12.9	12.5	15.4	18.0
日本和外国企业在成本方面缺少竞争	17.0	12.4	20.7	15.4	17.9	14.8
本地企业在成本方面缺少竞争	14.8	15.6	11.2	17.6	16.7	13.1
本地缺少配套支持产业	12.3	6.9	11.2	16.9	34.6	24.6
日本和外国企业技术的短缺	9.5	9.2	3.4	11.0	12.8	4.9
其他	7.5	6.0	5.2	4.4	3.8	13.1
没有问题	14.3	33.0	34.5	20.6	15.4	14.8

资料来源：同表 2-1。

表 2-4 显示出为何有些国家和地区是比较有前景的。表 2-4 中的 10 个国家和地区都把发展有销路的本地市场放在优先地位。较大的本地市场是跨国公司区位选择的先决条件。越南和印度尼西亚市场在未来有望超过泰国市场。这 10 个国家和地区都有充足的劳动力。

表 2-5 通过与中国大陆的对比，展示了评估东盟国家和印度投资环境的指数。指数的计算公式如下：

A =（回答为"优"的企业数目）–（回答为"劣"的企业数目）

表 2-4　国家和地区具有前景的原因

单位：%

2006 年调查 （回复数量）	中国 大陆 (362)	印度 (223)	越南 (154)	泰国 (133)	美国 (101)	俄罗斯 (94)	巴西 (44)	韩国 (41)	印度 尼西亚 (37)	中国 台湾 (26)
对其他国家的风险规避	1.9	10.8	36.4	21.1	1.0	4.3	9.1	2.4	5.4	2
出口日本的基地	15.2	2.2	11.0	12.8	2	1.1	4.5	2	18.9	3.8
出口第三国的基地	19.3	9.4	18.2	28.6	1.0	2	11.4	7.3	27.0	7.7
目前较大的本地市场	24.9	11.7	5.2	24.1	70.3	14.9	15.9	41.5	27.0	50.0
本地市场的增长潜力	**82.3**	**83.0**	**46.8**	**42.1**	**44.6**	**93.6**	**81.8**	**73.2**	**59.5**	**69.2**
本地市场的营利性	7.2	4.0	3.9	10.5	21.8	8.5	13.6	17.1	13.5	11.5
政治与社会稳定性	1.4	5.8	15.6	24.8	37.6	3.2	6.8	7.3	2.7	3.8
发达的基础设施	5.8	1.8	3.9	27.8	42.6	4.3	4.5	17.1	8.1	15.4
发达的物流服务	3.0	0.4	1.9	6.8	24.8	2	2	9.8	8.1	11.5
优惠性的税收体系	13.5	5.4	16.9	24.1	2.0	4.3	4.5	12.2	2	19.2
稳定的政策	1.4	1.3	8.4	16.5	5.0	1.1	2.3	4.9	2.7	3.8
优质的人力资源	16.6	35.0	35.1	17.3	15.8	5.3	6.8	9.8	8.1	11.5
廉价劳动力	**57.2**	**44.4**	**71.4**	**45.9**	**2.0**	**17.0**	**22.7**	**7.3**	**54.1**	**15.4**
廉价零配件与原材料	23.5	9.0	5.8	9.0	4.0	3.2	6.8	2.4	16.2	11.5
组装企业的供应基地	27.3	21.1	22.7	36.8	18.8	16.0	18.2	12.2	18.9	15.4
产业集聚	16.6	6.3	4.5	30.1	19.8	2.1	4.5	12.2	10.8	11.5
产品发展基地	4.4	2.2	1.3	5.3	12.9	2	2	2.4	2	2

注：加粗黑体表示投资环境的关键因素。

资料来源：日本对外直接投资展望，2007 JBIC（日本国际合作银行）研究所，2007 年 5 月。

表 2-5　东盟国家及印度和中国对比得到的投资环境评价指数

单位：%

	评估项目（2006)	泰国	马来西亚	新加坡	印度尼西亚	越南	印度
先决条件	基础设施	64.5	67.0	95.6	▲59.8	▲74.6	▲77.5
	税收体系	50.4	61.7	97.1	▲35.2	7.0	▲13.2
	与投资相关的法律透明度	68.9	66.1	92.6	▲17.2	6.9	22.5
	汇率波动性的风险	13.1	30.2	52.2	▲68.1	28.1	▲13.2
	进口手续	42.0	64.2	95.6	▲14.4	▲7.0	▲40.5
	知识产权保护	34.2	38.5	94.1	▲12.1	▲6.9	39.5
	劳动力管理的放松	52.0	21.2	85.1	▲4.4	48.3	0.0
	研究与技能劳动力的水平	▲7.4	▲9.5	75.0	▲65.6	▲20.7	33.3
	政治和社会稳定性	90.8	84.8	95.7	▲22.7	73.8	50.0
	雇员的沟通能力	34.6	52.7	88.2	▲7.4	20.3	71.8
集聚	配套支持产业的发展水平	27.5	▲6.6	22.1	▲71.1	▲85.2	▲31.6

注：▲代表负值。

资料来源：JETRO，亚洲日本制造业的现代管理，2006 年 3 月。

从集聚到创新

B =（回答为"劣"的企业数目）+（回答为"优"的企业数目）

评估指数 =（A/B）×100

除了马来西亚配套支持产业的发展水平（–6.6）大大低于泰国（+27.5）之外，两国的其他指数很相近。表 2–3 也表明，在产品本地化问题方面，泰国本地配套支持产业的缺乏率为 6.9%，马来西亚为 11.2%。

三、调查总结

通过检验 JBIC 和 JETRO 的问卷数据，可以得到有关马来西亚汽车产业集群的两个事实。首先，马来西亚缺乏可以吸引外国投资者的技能劳动力。考虑到马来西亚未来产业集聚的形成，技能劳动力的短缺是一个非常严峻的问题。马来西亚已经从印度尼西亚、孟加拉国和其他国家向棕榈油产业和建筑业引进外国工人，但这并不够，而且这也与社会稳定性问题有关。其次，与泰国相比，马来西亚缺乏发达的配套支持产业。阻碍外国投资者在马来西亚投资的因素之一是其制度的不稳定性，这一点将在流程图方法应用的背景下进行充分讨论。

四、关于马来西亚汽车产业的深度访谈

在应用流程图方法的基础上，为引出马来西亚汽车产业的解决方案，十位与马来西亚汽车产业有关的业内人士参与了深度访谈。所用问卷总结如下：

（1）马来西亚的汽车市场足够大吗？

（2）马来西亚能作为出口基地吗？

（3）在当前的管制条件下，外国汽车企业愿意向马来西亚投资吗？

（4）尽管非技能劳动力短缺，外国汽车企业是否愿意向马来西亚投资？

（5）在配套支持产业方面，马来西亚能赶上泰国吗？

（6）对那些流入国产汽车的外国资本所实行的控制被充分放松了吗？

我们将这六个问题的结果总结在表 2–6 中（十名参与访谈者包括：一名国产汽车计划的成员、两名 Malaya 大学的教授、一名国产汽车供应商的职员、两名中小型企业的讲师、三名日本半政府组织的成员和一名日本驻马来西亚的官员）。

1. 市场规模

考虑到国内汽车市场的规模，预计马来西亚不会购买更多的汽车。因为其人口规模很小，2007 年为 2500 万人，人均收入为 5000 美元且平均每个家庭拥有

表 2-6　关于流程图方法对产业集群政策应用的问卷调查（2007 年 5 月）

问题	访谈者 1	访谈者 2	访谈者 3	访谈者 4	访谈者 5	访谈者 6	访谈者 7	访谈者 8	访谈者 9	访谈者 10	%
（1）马来西亚的汽车市场足够大吗	×	×	×	○	×	×	×	×	×	×	10
（2）马来西亚能作为出口基地吗	×	○	×	○	○	×	○	×	○	×	50
（3）在当前的管制条件下，外国汽车企业愿意向马来西亚投资吗	×	○	×	○	×	×	○	×	×	×	30
（4）尽管非技能劳动力短缺，外国汽车企业是否愿意向马来西亚投资	○	×	○	○	○	×	○	○	○	×	80
（5）在配套支持产业方面，马来西亚能赶上泰国吗	×	○	×	×	×	×	×	×	×	○	30
（6）对那些流入国产汽车的外国资本所实行的控制被充分放松了吗	×	○	×	×	×	×	×	×	×	×	30

资料来源：笔者整理。

一辆汽车。对汽车的国内总需求不会在现有的每年接近 500000 辆的水平上增加。十名被采访者中只有两名认为马来西亚的需求并不小。

2. 出口可能性

关于马来西亚是否能作为出口基地，十人中的六人回答为"能"。泰国、印度尼西亚和马来西亚之间的劳动分工是其成为出口基地所必需的。泰国和印度尼西亚分别专业化生产皮卡车和多用途交通工具。马来西亚可以专业化生产带自动传感器的紧凑型汽车，但自动汽车在亚洲仍然不是很流行。但是，马来西亚必须同印度竞争，后者预计会增加紧凑型汽车的生产；与中国也要进行竞争，因为中国拥有紧凑型汽车的过剩产能。

3. 外国投资和管制

考虑到在目前的规制状况下，即为了保护国产汽车如宝腾和派洛多，外国汽车企业是否愿意向马来西亚投资的问题，其中三人给予了肯定的回答。大多数被采访者认为如果要吸引外国投资者，则去管制化和自由化是需要的。马来西亚应通过去管制来促进外国直接投资的流入。

4. 外国投资与非技能劳动力

就非技能劳动力短缺的情况下外国汽车企业是否愿意到马来西亚投资的问题，八个人做出了肯定的回答。在过去的 20 年里，马来西亚从国外引进了许多非技能劳动力。在 20 世纪 90 年代，这些国家主要是印度尼西亚和孟加拉国；在

2007 年则为越南、缅甸和尼泊尔。中国台湾地区也像马来西亚那样从国外引进非技能劳动力。其中一名受访者称，由于 2007 年外国人占总人口的比重超过了 20%，因此社会成本正在增加。

5. 配套支持产业

对于马来西亚在配套支持产业方面能否赶上泰国这一问题，其中三人表示可以。泰国一直积极引进外国直接投资，马来西亚则尽力保护和培育其国内企业。因此，两国配套支持产业的发展存在较大差异。但是，泰国的配套支持产业的发展依赖外国资本，马来西亚则注重扶持国内企业。马来西亚正在逐步培育其本地供应商。

这个问题清晰地表明，建议马来西亚在配套支持产业中引入外国企业，而不是培育国内企业。一些受访者建议马来西亚政府效仿泰国，通过放松法律管制来吸引外国企业。去管制是马来西亚解决配套支持产业短缺的政策措施之一。

6. 去管制

对于那些流入国产汽车的外国资本所实行的控制是否已经充分放松这一问题，三个人表示肯定。一些受访者谈到，通常来说，向宝腾和派洛多提供零配件的供应商没有达到世界质量标准。一些与国产汽车有关的本地供应商会将其产品提供给日本在马来西亚的锚企业，并可能与世界上的其他供应商进行竞争。

五、深度访谈的总结

表 2-6 显示了从问卷中得到的三个结果：首先，在马来西亚的企业应建立出口基地；其次，技能劳动力在马来西亚是稀缺的；最后，需要放松管制来吸引配套支持产业中的外国企业。

一些受访者建议采取如下三种政策措施。第一，在马来西亚的企业应为带自动传感器的紧凑型汽车建立出口基地。第二，参与者应努力提升技能劳动。第三，政府应放松管制规则来吸引配套支持产业中的外国企业进入。

受访者建议在汽车产业集群政策中采取如下方法：①马来西亚的目标应该是成为紧凑型汽车的出口基地，而印度尼西亚和泰国则分别出口皮卡车和多用途交通工具；②作为参与者，准公共部门与私人企业应升级劳动力的技能而不是去培育非技能劳动力；③中央政府需要进一步放松国产汽车政策的管制，以吸引外国直接投资进入马来西亚的相关配套支持产业（见图 2-9）。

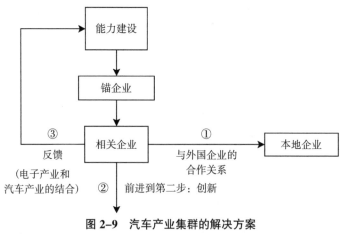

图 2-9　汽车产业集群的解决方案

资料来源：笔者整理。

毋庸置疑，上述三个方法对于马来西亚汽车产业的进一步发展十分重要，但一个实际的问题是如何去实施。在下一节，我们将应用流程图方法对此进行探讨。

第五节　基于流程图方法的马来西亚汽车产业解决方案

流程图方法规定了参与者或行动者以及政策措施的顺序，这里我们将考察如何使用流程图方法来重振马来西亚的汽车产业。

一、目标顺序

马来西亚国产汽车计划有两个目标：①促进汽车产业发展；②加强马来西亚本地企业和汽车及相关零配件产业的商业活动。前者也是产业与集群政策的一个目标。一方面，汽车产业是高度资本和技术密集型的产业，通过培育汽车产业的发展，整个国民经济的技术水平和劳动力质量会由于外部效应而得到提升，这不仅会提高汽车产业也会提高其他一系列产业的国际竞争力。这些产业政策的成功范例在日本、韩国和近年来中国的汽车产业中得到体现。另一方面，马来西亚还有另外一个目标，即上述②，也就是说，它被赋予了增强 "bumiputra"（当地语

从集聚到创新

036

中马来人的意思）经济和政治地位的政治性角色。如上文提到的，国产汽车，即宝腾和派洛多，都被较低的特许权税高度保护，这使其与非国产汽车以及高关税的外国汽车存在较大的价格差异。从另一角度来说，由于缺乏竞争压力，这些保护措施导致了无效生产并弱化了国产汽车的国际竞争力。

流程图方法将产业集群和其他一些特别政策的目标按照经济学标准进行了排序，即建立在效率和成本—收益的基础上。回顾之前的内容可知，马来西亚政府应将汽车产业的发展放在首要位置，针对汽车产业的发展，政府也应实行其他政策来促进与配套支持产业有关的当地企业以及马来西亚本土企业的发展。目前，由于东盟自由贸易区（AFTA）的成立，东盟国家的汽车产业正在重构其商业战略，不仅要瞄准东盟市场，也要关注全球市场。马来西亚汽车产业也身处这个趋势之中，因此它需要从这些角度出发来选择自己的目标。这些就是流程图方法推荐的政策。

二、选择锚企业

选定一个合适的目标后，流程图方法接着要选取锚企业和相关企业。这个过程如图 2-10 所示，该图适用于马来西亚汽车产业集群政策。根据流程图方法，东道国筹备相关条件，如能力建设，来邀请跨国企业，外国企业就建立生产基地的事项做出决策。在马来西亚汽车的案例中，本地政府已经选定了锚企业，外国企业将作为本地锚企业的合作伙伴。宝腾的伙伴是三菱汽车公司，派洛多的伙伴是大发汽车。此外，根据之前提到的马来西亚的政策，平衡的力量是倾向马来西亚公司的，这破坏了拥有技术和管理优势的外国合作伙伴的领导力。换句话说，东道国无法充分利用自身优势来促进经济发展。

宝腾的所有权随时间在变化：在 1995 年建立宝腾的时候，其归马来西亚重工业公司（HICOM）所有，HICOM 收购 DRB 之后，BDR-HICOM 成为其第二大股东。2000 年，宝腾被马来西亚石油公司收购，后者是一家国有石油和天然气公司。这些事实意味着宝腾公司不适合作为锚企业，因为其商业根基并不牢固。

从 2000 年开始，日本的汽车制造商，如丰田、本田和日产等增加了其在马来西亚的活动。它们目前正在实施全球化战略，包括在哪里组装、在哪里制造汽车零部件、在哪里销售以及在哪里研发。它们对在马来西亚制造的兴趣和目标与过去也有所不同。

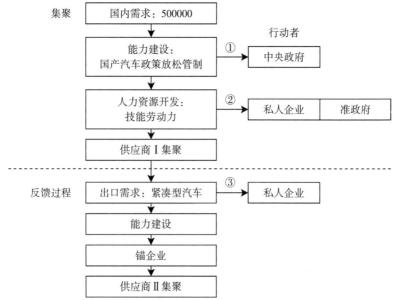

集聚

| 国内需求: 500000 |
| 能力建设:
国产汽车政策放松管制 | ① | 中央政府 |
| 人力资源开发:
技能劳动力 | ② | 私人企业 | 准政府 |
| 供应商 I 集聚 |

行动者

反馈过程

| 出口需求: 紧凑型汽车 | ③ | 私人企业 |
| 能力建设 |
| 锚企业 |
| 供应商 II 集聚 |

图 2-10　马来西亚汽车产业集群政策的解决方案

资料来源: 笔者整理。

三、市场规模: 需求条件

市场规模对汽车产业很重要, 因为它与规模经济有关, 即汽车的产量越多, 其平均成本越低, 产量因此成为竞争力的来源。马来西亚国产汽车规划背后的依据是将汽车生产集中到宝腾, 这样可以实现规模经济。就这方面来说, 政策是对的。从表 2-6 的专业人士问卷的回答来看, 马来西亚国内市场规模较小。

相对其人口来说, 马来西亚在 1997~2002 年 (见表 2-3) 曾是东盟国家中最大的汽车市场。在汽车产量方面, 马来西亚小于泰国, 其在 2004 年的产量比泰国的一半还要少。产量与国内销量之间的缺口就是出口量。如前所述, 由于较小的生产规模, 马来西亚汽车产业不具备国际竞争力。

考虑到国内市场的规模, 促进汽车产业发展的产业政策应在一开始就瞄准国际市场。这个问题与前面锚企业的选择有关。如果我们此时用流程图方法选择锚企业, 当汽车产业处于全球重构中时, 拥有全球生产网络和竞争力的企业应被选为锚企业, 马来西亚的定位将由其全球竞争框架所决定。

将其与印度塔塔汽车公司作比较是有趣的, 塔塔公司的国际合作伙伴是铃木汽车公司, 后者与大发很相似。塔塔公司近来的发展得到印度庞大的国内市场的

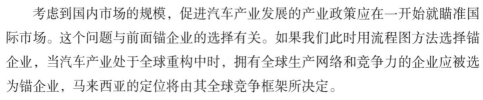

支持。当宝腾可以在全球舞台上竞争的时候，国际市场将为其提供同样的机遇。

四、根据流程图方法提出的改革建议

这里我们将流程图方法运用到马来西亚汽车产业中去，并检验这些政策以使其在全球市场中具有竞争力。为邀请锚企业，即汽车组装企业和相关企业到马来西亚，马来西亚需要具备相关条件，这些条件在本章开头已经展示。它们是：①国内需求和自然资源，如原材料和人力资源；②物质基础设施，包括高速公路、道路、机场、电力和自来水供应；③社会基础设施，如法律、金融和知识产权保护体系，以及管制放松的程度；④由政府提供的可以激励投资的措施。其中有些因素已经得到满足而另外一些则没有。为了更具体地关注某些特定因素，我们查看表2-5，该表显示了亚洲投资环境的评估指数。指数较低的因素如下：①研发和技能劳动力的水平；②配套支持产业；③宽松的人事管理；④知识产权保护；⑤外汇波动。此外，表2-6显示了通过采访专业人士所得到的问题，下面这些问题得分较低：在当前的管制条件下，外国汽车企业愿意到马来西亚投资吗？在配套支持产业方面，马来西亚能赶上泰国吗？

从上述两个调查的结果来看，有必要重构能力建设，如：①技能劳动力；②社会基础设施，如法律和知识产权保护体系；③放松对组装和支撑产业的管制。需要重新考虑"bumiputra"政策，因为它与全球竞争的趋势是相矛盾的。一个较好的范例在日本汽车组装企业向美国移植的过程中有所体现。它们没有选择北方各州的传统汽车集群地，而是在美国南方的州建立组装工厂，因为 UAW（联合汽车工人）在那里的影响较弱。它们选择避开工会，而非出于经济收益在汽车集群的中心落脚。

如前文所述，国产汽车项目原本意在促进汽车产业的发展，但是作为一项产业政策，其倾向于导致负面的效果，即保护某一特定行业免于国外竞争并维护其缺乏竞争力的局面。为使马来西亚汽车产业具备竞争力，应通过废除对进口车和汽车零部件较重的消费税来放松管制，向外国企业打开市场，就汽车产业的配套支持来说，根据本地状况，宝腾零部件中有70%靠国内供应商提供，但它们的技术和质量水平依赖于日本和其他外国企业。根据流程图方法，有多个次级零部件供应商的汽车组装企业应作为锚企业。

五、总结流程图方法的解决方案

让我们总结一下上述对基于流程图方法的解决方案的讨论，这一方法体现在图 2-10 中。首先，应重新考虑锚企业或它们的合作伙伴。具有较强竞争力和产业关联的汽车组装企业应被选为锚企业。其次，为邀请这些企业，准公共部门和私人企业必须作为行动者参与到人力资源开发之中。最后，中央政府必须参与和执行经济合作协议（EPA）与东盟国家的自由贸易协定（FTA），通过开放市场来增强马来西亚的产业竞争力。从这些角度出发，马来西亚产业可以通过外国直接投资获得前沿技术和诀窍。

第六节　大学—产业联络与国家创新体系

本书提供了一个可操作框架来解释产业集聚的形成以及产业集群向研发升级的内生创新过程。产业集群政策的流程图方法包括第一阶段的集聚和第二阶段的创新。图 2-11 通过大学—产业联络（UILs）和国家创新体系（NIS）展示了第二阶段的创新流程。

在 Hershberg 等（2007）、Brimble 和 Doner（2007）的研究中，UILs 和 NIS 对于解释创新起到了关键作用。Hershberg 等（2007）通过对大量的集聚经济学文献的研究发现，正如在西欧那样，大学—产业联络的例子在亚洲相对很少。

Brimble 和 Doner（2007）在泰国的案例中发现几乎不存在 UILs，NIS 也较弱。从历史上看，泰国的产业对于创新并无兴趣。除了在某些特定部门和组织中存在一些有意思的例外以外，几乎不存在可以给公共部门和私人部门带来收益的大学—产业联络。这反映出被称为"脆弱和碎片化"的国家创新体系。

Chen 和 Kenney（2007）指出，中国的高科技园区建立在离大学和公共研究机构较近的地方，目的是促进 UILs。也就是说，大学的存在是建立高科技园区以促进 UILs 的前提。

Wu（2007）在国家创新体系下分析了 UILs，发现 UILs 在北京特别活跃。三个关键的制度参与者是产业、研究组织（大学/公共研究机构：URIs）和政府。

从集聚到创新

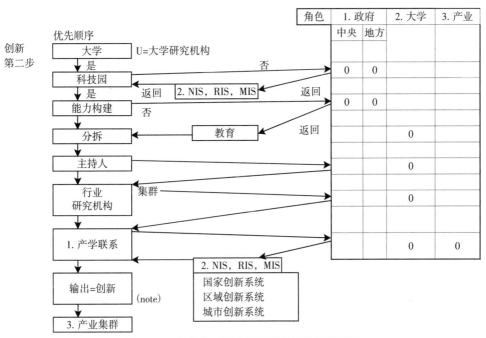

图 2-11　由大学—产业和集群参与的创新流程

UILs 通过两种机制建立。第一种是通过许可以及其他安排，如咨询、联合或承包研发、技术服务等实现技术转移。第二种机制是大学企业。中国特色的 NIS 就是 URI 独资企业，如联想以及北京中关村高科技园区的创办企业。北京大学和清华大学成立了分拆出来的企业，并将其研发和技术进行商业化。这些分拆使企业集聚。通过联合项目、专业咨询和培训，北京的高校与产业之间建立了紧密的联系（UILs）。Kukichi（2007）从北京中关村高科技园区中导出了第二阶段创新的流程。

但是，北京的案例只是个例外，在中国几乎没有 UILs。Wu（2007）认为，以大学为基础的创新以及企业家精神，它们的本地影响不应被过分强调。2001年，只有约40%的大学企业从事科技活动。它们的销售收益仅占全国范围内高科技企业收益的 2.3%。

在马来西亚方面，其第九个总体规划意在提升知识和创新能力。开发本国人力资本的努力将得到加强，以促进向知识型经济的转变。相关的计划项目将被执行，以显示改善教育体系、增强创新能力和确保人力资本发展的国家任务顺序。马来西亚将建立全国教育培训咨询委员会，对加强国家创新体系提供政策指导。

为进一步激励创新、技术转移和商业化，现有的知识产权保护框架会得到强化，以促进知识产权的配套设施和缩短知识产权审批流程。知识产权保护是马来西亚从第一阶段集聚走向第二阶段创新的前提条件。

马来西亚的汽车产业集群并没有经历太多的 UILs 和 NIS。在 Kuchiki（2007）的基础上，图 2-11 中的流程图总结了本节所引文章的分析。本书其他章节将进一步分析第二阶段的创新。

Hershberg 等（2007）认为，在亚洲经济体当中，新加坡最密切地追随着美国的 UIL 模式。Poh-Kam Wong 在第三章分析了新加坡生物产业集群。我们将流程图方法运用到这一案例中，如图 2-12 所示。图 2-11 是流程图方法的标准模

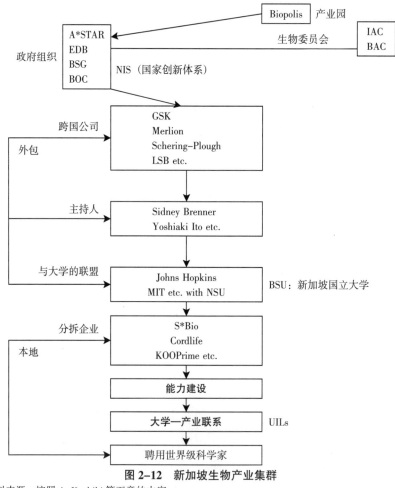

图 2-12　新加坡生物产业集群

资料来源：按照 A. Kuchiki 第五章的内容。

型，而图 2-12 是标准模型的一个变体。关于第二阶段创新的进一步分析将在其他章节展开。

第七节 总 结

在这一研究中，我们将流程图方法应用于马来西亚汽车产业集群中，通过规定行动者以及对政策措施进行排序，目的是论述产业集群政策中的问题。我们就有关问题进行了访谈和问卷调查，并通过让行动者按流程图方法解决这些问题来提供处理方案。

在阶段一，发现了与马来西亚有关的如下三个事实。第一，马来西亚对汽车的国内需求不足；第二，技能劳动力短缺；第三，相比泰国来说，其配套支持产业不发达。

在阶段二，为了使用流程图方法，我们定义了如下六个问题：马来西亚的汽车市场足够大吗？马来西亚能作为出口基地吗？在当前的管制条件下，外国汽车企业愿意向马来西亚投资吗？尽管非技能劳动力短缺，外国汽车企业是否愿意向马来西亚投资？在配套支持产业方面，马来西亚能赶上泰国吗？对那些流入国产汽车的外国资本所实行的控制被充分放松了吗？为找到答案，我们就马来西亚汽车产业的这些问题访问了专业人士。

从问卷中得到的结果如下：第一，在马来西亚的企业应该建立出口基地；第二，通过进一步引进国外的非技能劳动力，马来西亚的非技能劳动力将不可得；第三，需要放松管制来吸引配套支撑产业中的外国企业。

在阶段三，规定了行动者和政策解决方案优先次序的流程图方法得到了以下三个政策措施：第一，马来西亚应选择锚企业或者具有竞争力的国际合作伙伴，也要选择配套支撑产业的生产网络；第二，公共部门、准公共部门和私人部门应该积极提升技能劳动力水平；第三，中央政府必须参与和执行经济合作协议（EPA）与东盟国家的自由贸易协定（FTA），通过开放市场来增强马来西亚的产业竞争力。

马来西亚汽车产业集群政策给流程图方法带来了何种借鉴呢？在不考虑需求

条件的情况下是否有可能在任一地区培育汽车产业？亚洲的出口加工区和自贸区可以满足需求条件，因为园区内的产品可以出口到包括美国在内的全世界。比如，Fujita（2008）检验了国内需求创造与产业集群之间的循环因果关系。循环因果关系也发生在支撑产业的创造与产业集群之间（Venables，1996）。流程图方法为这个问题提供了一个视角。20世纪70年代，中国台湾、韩国和中国大陆的产业集群政策都是为了在特定区域集聚企业，培育诸如电子、ICT、汽车等战略性产业。这些政策的成功是流程图方法的基础，其尝试对这一过程做出假设。这些国家的经济发展是产业集群的结果，在集群中，锚企业有利于生产更好更便宜的产品，这促进了出口并通过提高收入水平创造了就业和需求。除此之外，与技术、诀窍和商业模式有关的信息流进一步促使集聚的企业形成集群。这个过程是一个良性循环而非恶性循环，而这始于产业集群政策。此类集群促进了需求和配套支撑产业的进一步发展。流程图方法因此解决了循环因果问题，被视为空间经济学的一个贡献。

　　本章试图从实际应用的角度，通过马来西亚汽车产业的案例来检验和进一步阐述流程图方法，这一方法对集群形成所需要的本地和最低限度的商业环境提出了建议。在执行政策期间，未预料到的情况和冲击可能会发生，但流程图方法并未考虑这些因素，因为它是一个事前的概念并为构建特定的产业集群政策提供了理论模型。它们对产业集群的形成可能是非常关键的。一个典型的例子，就是政府这样的政策执行者与锚企业和配套支持产业之间的协调失灵，这会阻碍产业集群的发展。当未预料到的因素发生之后，如果没有反馈过程来检验政策，一项产业集群政策可能会变成对无效率产业的保护措施。本章通过对国内需求条件和配套支撑产业的考察，分析了马来西亚汽车产业集群的成功和失败之处，从而对这一问题进行了研究。这一分析不仅为流程图方法进行了详细说明，也为构建和执行一个特定的产业集群政策提供了借鉴。

参考文献

Brimble P. and R. Doner（2007）"University-Industry Linkages and Economic Development: The Case of Thailand." World Development, Vol.35, No.6, pp. 1056-1074.

Chen M. and M. Kenney（2007）"University/Research Insititute and Regional

Innovation Systems: The Cases of Beijing and Shenzhen." World Development, Vol. 35, No.6, pp. 1021–1036.

Fourin (2006) Monthly Report on the Global Automotive Industry, Nagoya: Fourin, April.

Fourin (2009) Asia Automotive Industry 2009 Yearbook. Nagoya: Fourin.

Fujita, M. (2008) "Formation and Growth of Economic Agglomerations and Industrial Clusters: A Theoretical Framework from the Viewpoint of Spatial Economics," in The Flowchart Approach to Industrial Cluster Policy, A. Kuchiki and M. Tsuji eds, Basingstoke: Palgrave Macmillan, pp.18–37.

Hershberg, E., K. Nabeshima, and S. Yusuf (2007) "Opening the Ivory Tower to Business: University-Industry Linkages and the Development of Knowledge-Intensive Clusters in Asian Cities." World Development, Vol.35, No.6, pp. 931–940.

Jama (2005) 2005 Annual Automobile Statistics of the World. Tokyo: JAMA.

Japan Bank for International Cooperation (2007) Survey Report on Overseas Business Operations by Japanese Manufacturing Companies. Tokyo: Japan Bank for International Cooperation.

Japan External Trade Organization (2006) Current Management of Japanese Manufacturing Industries in Asia. Tokyo: Japan External Trade Organization.

Komiya, R., M. Okuno, and K. Suzumura (eds.) (1988) Industrial Policy of Japan. London: Academic Press Inc.

Kuchiki, A. (2005) "The Flowchart Approach to Asia's Industrial Cluster Policy," in Industrial Cluster in Asia, A Kuchiki and M. Tsuji Eds, Basingstoke: Palgrave Macmillan, pp.169–199.

Kuchiki, A. (2007) "Clusters and Innovation: Beijing's Hi-technology Industry Cluster and Guang-zhou's Automobile Industry Cluster." Chiba: IDE-Japan External Trade Organization, D.P., No.89.

Kuchiki, A. (2008) "Theory of the Flowchart Approach to Industrial Cluster Policy," in the Flowchart Approach to Industrial Cluster Policy, A Kuchiki and M. Tsuji eds., Basingstoke: Palgrave Macmillan, pp.285–311.

Kuchiki, A. and M. Tsuji (eds.) (2005). Industrial Cluster in Asia Analysis of

Their Competition and Cooperation. Basingstoke: Palgrave Macmillan.

Kuchiki (eds.) (2008). The Flowchart Approach to Industrial Cluster Policy. Basingstoke: Palgrave Macmillan.

Malaysia Trade and Industry (2006) . Third Industrial Master Plan 2006–2020. Kuala Lumpur.

Markusen, A. (1996) "Sticky Places in Slippery Space: A Typology of Industrial Districts." Economic Geography, Vol.72, pp.293–313.

Porter, M. E. (1998) The Competitive Advantage of Nations. New York: The Free Press.

Prime Minister's Department (2006) Ninth Malaysia Plan 2006–2010. Putra Jaya.

Tsuji, M., Y. Ueki, S. Miyahara, and K. Somrote (2006) "An Empirical Examination of Factors Promoting Industrial Clustering in Greater Bangkok, Thailand." 10th International Convention of the East Asian Economic Association, 18–19 November, Beijing.

Venables, A. J. (1996) "Equilibrium Location of Vertically Linked Industries." International Economic Review, Vol.37, No.2, pp.341–359.

Wu, W. (2007) "Cultivating Research Universities and Industrial Linkages in China: The Case of Shanghai." World Development, Vol.35, No.6, pp.1075–1093.

从
集
聚
到
创
新

朴康元　胡云萍　安内特·辛格

第一节　导　论

在发展中经济体中，新加坡自 1965 年实现政治上的独立后取得了 40 多年令人瞩目的经济增长。1960~2006 年新加坡的 GDP 平均增速为 7%。尽管其在 2001~2003 年经济放缓（2004 年实现强势复苏），新加坡的人均 GDP 在 2006 年为 29474 美元，仍然高居亚洲第二，约为美国的 67%（IMD，2006）。

产业结构的持续变化与技术进步使新加坡实现了快速的经济增长。在独立后的第一个十年中，其经济增长在很大程度上由劳动密集型制造业拉动。接下来的 20 年中，增长的驱动力来自日益增加的技术密集型制造业活动，这些技术密集型企业大多为外国的跨国公司，同时高科技产品在总增加值中的比重不断上升。20 世纪 80 年代开始，新加坡成为亚太地区重要的商业、金融、交通和通信服务中心，这为其经济增长提供了新的引擎。但是，制造业对于经济仍然十分重要，在过去的 20 年中，其制造业占 GDP 的份额在大多数时候一直维持在 25% 左右。2006 年，制造业部门贡献了 27.7% 的 GDP，另外 26.5% 的份额来自信息计算机技术产业（ICT）和金融/商业服务业。在制造业内部，支柱性产业为电子、化学、工程和生物医药科学产业，这些产业的国内生产总值共计 2190 亿美元，占整个制造业产出的 93%。

伴随着经济的快速增长，新加坡的技术能力得到了较大发展。直到 20 世纪 80 年代后期，新加坡的研发（R&D）投入都非常少。1987 年，其国内研发支出（GERD）占 GDP 的比率只有 0.86%，这一数值远低于发达国家的平均水平。自那时起，新加坡极大地增加了研发投资强度，1987~2006 年，新加坡国内研发支出增加了 13 倍，占 GDP 的比率在 2006 年达到 2.4%，与 OECD 国家的平均水平持平。

第二节　创新与知识型产业集群发展两者间关系的分析框架

一、知识型产业集群

一个知识型产业集群是指从先进知识的创造和利用中获得重大价值的产业集群。这两个方面均十分重要，其要求该集群不仅能够生产出知识密集型产品，也能利用产生这一结果的知识密集型生产过程。

这样一个集群的特征就是集群的每个组成部分都是知识密集型的。首先，需要有知识创造源来生产知识产权（通常嵌在专利、版权、商标中等）和默会性诀窍（比如技能、默会性知识和活动等）。有形诀窍和无形诀窍的创造发生在集群内每个组成部分之中。比如，技术技能的发展可以通过正规的教育和培训机构来实现，也可以通过"用中学"和"干中学"效应在企业和研发机构内产生。仅有知识创造是不够的，如果知识不能被有效利用，系统内会留下大量未利用（或错误利用）的技术资源，这将导致技术收益较低从而不能补偿创造过程的费用。因此，知识利用过程在集群中同样重要，它内嵌于企业的运营能力与创新能力之中。即使做到这一点也仍有不足，企业之间还需要进行知识交易来刺激创新成果的创造与利用，如供应商和消费者或使用者之间的紧密互动，或者企业之间的战略性技术联盟。

知识型产业集群有一系列不同的组成单元。第一，知识基础设施是必备的。它包括公共研究机构（PRIs）和大学，后者是知识的引领者，特别是在基础研究

从集聚到创新

领域，此外还包括人力培训，其最终将作用于集群内的其他组成部分。第二，上述基础设施与知识使用者之间的联络十分关键。如果没有这种联络，公共研究机构和大学将承担研发的风险，而人力资源也将与产业需求不相关。这些联络包括大学/公共研究机构与产业研发间的合作，产业高度参与到培训机构的计划设计之中。在集群发展的早期阶段，知识的领先用户可以从海外而非国内市场中发现，使那些国家中企业和机构间联络的构建成为必要。第三，为了使集群可持续发展，需要有大量的知识商业化/创新企业。第四，集群需要配套支撑产业和服务。这种支撑包括可以为企业提供特定行业支持的产业（如供应商），以及可以为所有知识密集型集群提供服务的企业，比如律师事务所和专利事务所。第五，整个集群需要有一个监管框架和商业环境的支持从而得以运行。

二、发展知识型产业集群的关键流程

本章采用的框架是流程图方法在产业集群形成中的应用（Kuchiki，2005），该框架突出强调了对知识型产业集群特别重要的一些政策措施。

为创建一个知识型产业集群，下述各组成部分必须落实到位：

（1）建立公共知识基础设施，即大学和公共研究机构。这可能涉及新机构的创建，也包括重建现有的机构，或在这些机构中提出新的规划，旨在为产业集群发展所需的研究和教育提供优先保障。

（2）吸引私人部门行动者到集群中来。包括知识密集型企业和将知识商业化的企业，它们将是集群中私人部门的核心，同时还有围绕这些企业的配套支持服务。私人部门的发展可以采取两种方式：通过 FDI 吸引外国企业在本国开展经营；或者通过激励和发展计划培育本地企业，这些计划会吸引企业进入这一产业，并鼓励那些已在该产业中的企业升级它们的技术强度。

（3）建立与"领先用户"市场之间的联络。这通常涉及与海外市场的联络，特别是对于那些小型或后发经济体而言。集群中的企业需要通过商业联络拓展市场，也需要创新联络来获取更先进的产品和诀窍。这种联络可以先瞄准本国市场的外国领先用户企业，然后激发跨国公司总部和海外分支之间的企业内技术转移。新进入者便可通过学习和技术转移获得先进入者的专业技能，进而促进集群增长。一个补充性的战略是通过诸如国际研发合作联盟、通用技术标准联合体、技术交叉许可或长期的供应商—消费者关系等来建立国际联系。

（4）促进集群内部的知识流动和关键参与者之间的网络联系。这将包括部门内网络，如大学/公共研究机构和私人企业之间（如通过技术转移、联合研发和培训），也包括为私人部门间的企业内合作创立平台和机制。这样的范例就是研发联盟和产业联合体。

（5）建立一个规制框架/商业环境。上述举措对应着产业集群政策的流程图方法中的关键组成部分（Kuchiki, 2005）。对知识型产业集群来说，创新、知识创造和知识转移尤为重要，因此研发联络的作用特别是大学—产业联络是要着重强调的。这是对流程图方法中能力建设部分的一个扩展，它重视创新和研发机构所需的基础设施，包括公共研究机构和大学。

三、国家在发展知识型产业集群中的作用

国家通过运用政策和投资规划，在促进知识型集群的发展中发挥着重要的作用。这一点对于那些整体商业或创新基础设施不发达的经济体来说尤其如此——这些案例中，国家在集群发展方面扮演重要角色。此外，给定那些可以应用于集群发展的多样化战略，国家最终采取的战略抉择将对集群发展的动态结果产生重大影响。

对公共政策制定者来说，可以采纳如下战略抉择：

（1）促进集群发展的行动者的选择：在集群发展过程中，国家可以选择将注意力放在本地或外国资源上。包括私人企业（吸引外国企业 VS 培育本国企业）、人力资源（雇佣外国人才 VS 开发本国人才）以及大学/公共研究机构（吸引外国机构 VS 建立本国机构）。

（2）掌握获取新技术的时机：国家要选择何时发展新集群和新技术。它可以在技术依然比较新的时候进入全球市场，这要求采取先进入战略，或者等市场和技术更加成熟时再进入，这要求采用后进跟随战略。

（3）知识基础设施的发展：国家要在发展公共研究机构和大学之间做出选择。集群发展的动态也受到如公共研发投资时机（比如，国家是让集群首先更依赖私人研发，还是更早更积极地对公共研发进行投资），以及研发科学家和工程师（RSEs）培训的影响（国家是通过公共机构培训这一群体，还是让私人部门在这方面发挥更大作用）。

从集聚到创新

四、知识型产业集群发展：现有集群升级 VS 发展新集群

在发展知识型产业集群的过程中，国家也面临这样一个选择，即升级现有集群的知识强度还是创建一个全新的拥有新技术的集群。尽管如此，两者在战略运用方面仍存在共同之处，因为对新集群和现有集群来说，促进集群发展的关键流程是相同的。但是，就像下一节的案例阐述的那样，对两类集群来说，国家参与的角色和时机有明显不同，这取决于集群的成熟度和性质。

第三节　新加坡知识型产业集群发展的两个案例解读

本节考察了新加坡国内两类基于知识和创新驱动的产业集群的形成动态：生物医药科技（BMS）集群和离岸海上工程集群。前者代表了处于形成初期的新兴技术集群；当政府在 2000 年宣布将本国发展为生物医药科技中心的时候，新加坡实际上并没有可以拿得出手的生物医药科技基础设施或产业。后者代表了一个更加成熟的集群，它从早期的造船和维修产业演化而来。从另一个角度来说，前者也代表了新加坡为赶上其他发达国家高端产业集群而采用的后发进入策略。后者则已经成为世界上领先的离岸石油和天然气平台制造中心之一，以本国为基础而成为全球领导者的品牌如吉宝岸外与海事集团；因此，新加坡海运服务集群向国际海运中心的转型就涉及现有产业知识强度的升级。通过对比这两个集群，我们强调了在促进知识型产业集群发展的不同阶段所面临的关键挑战和相关政策启示。

一、创造新集群：生物医药科技（BMS）集群

（一）新加坡生物医药科技集群的发展

在其经济高速增长的大部分时间里，新加坡依靠的战略是吸引跨国公司的直接投资并利用它们来开发新技术和诀窍（Wong，2001；Wong et al.，2005）。通过促进新加坡成为全球领先的信息技术（IT）以及电子制造和服务中心，这种跨国公司杠杆战略在过去实行得较好（Wong，2002）。同样的杠杆战略也被医药部门采用，尽管其使用的规模较小并且比 IT 产业和电子制造业起步更晚一些，这

种战略仍产生了类似的效应而且使新加坡成为一个主要的医药制造中心。正如表3-1（a）所示，新加坡医药制造业的产出自 1980 年以来增长迅速（年增长率为18%），在 2006 年达到 209 亿新加坡元。同样地，这一阶段其增加值以年均18.8%的速度增长，在 2006 年达到 124 亿美元。这一规模占整个制造业部门增加值的比重从 1980 的 2%上升至 2006 年的 22.4%。作为反映此类制造业活动的资本强度和运营规模，产业内的人均资本在 2005 年为 95 万新加坡元，企业的平均产出为 3.76 亿新加坡元，两项指标均高于制造业平均值。

在新加坡创造生物医药科技集群的动机始于 2000 年，新加坡政府宣称要实现向促进生物科技发展的方向转移，减轻对 IT/电子产品制造业的高度依赖。主要目的是使生命科学与电子、工程和化学产业一样，成为新加坡经济的支柱。政府的愿景是把新加坡打造为亚洲顶级的生物医药科技中心，拥有从基础研究到临床试验、产品/工艺开发、全方位制造和上门式医疗保健等全产业链的世界级能力（Biomed-Singapore 2003）。

为实现生物医药科技集群的跨越式发展，一系列相关的倡议和行动陆续出台（见表 3-2，新加坡生物医药科技集群的主要倡议行动与发展的总结）。一笔 10 亿美元的基金被划拨给数个新成立的生命科学研究机构，以促进公共投资，并与国际医药企业的新研发项目成立共同基金，同时开始建立名为 Biopolis 的新生命科学综合建筑群。为保证 2006 年之后生命科学集群的持续发展，追加的公共融资也将启动。

我们将在下文具体讨论的这些行动对新加坡生物医药部门产生了显著的影响。生物医药部门有了较大扩张，医药制造产出在 2000~2006 年增长了 4 倍多。不仅如此，医药技术制造产业也已出现，尽管其规模仍然只有药物部门的 1/10，其产出却从 1980 年的 3140 万美元上升到 2006 年的 21 亿美元（表 3-1（a）~表3-1（c）和表 3-3）。综合这两个部门，生物医药科技集群整体在 2006 年拥有 230 亿美元的产出，自 1980 年以来的年均增长速度为 17.9%。其年均增长速度最快的阶段是在 2000 年之后（2000~2006 年的 23.8% VS 1980~1990 年的 15.2%以及1990~2000 年的 17.2%）。与此类似地，集群的附加值在 1980~2006 年也以年均19%的速度增长（2000~2006 年为 23.5%），并在 2006 年达到 136 亿美元。生物医药科技集群吸纳的就业在 2000 年之后几乎翻了一番，在 2006 年达到 10571人，同时劳动生产率也稳步提升，从 2000 年的人均 65 万美元提高到 2006 年的

从集聚到创新

130 万美元。

表 3-1（a）　新加坡医药部门资料（1980~2006 年）

年份	企业数量	雇员数量	产出（百万新加坡元）	净增加值（百万新加坡元）	净固定资产（百万新加坡元）	人均增加值（千美元）	人均固定资产（千美元）	企业平均产出（百万美元）	增加值/产出（%）
1980	17	1270	285.1	138.8	54.5	109.3	42.9	16.8	48.7
1985	16	1463	507.9	333.2	176.5	227.7	120.6	31.7	65.6
1990[a]	18	1645	1013.1	745.2	193.4	453.0	117.5	56.3	73.6
1995	18	1855	1342.5	1063.5	583.7	573.3	314.7	74.6	79.2
2000	25	1928	4839.1	2999.0	858.6	1555.5	445.3	193.6	62.0
2001	28	2375	5134.2	2797.1	2085.3	1177.7	878.0	183.4	54.5
2002	38	3203	8170.7	4893.7	2607.1	1527.8	813.9	215.0	59.9
2003	40	3584	10216.9	5746.5	3200.7	1603.4	893.0	255.4	56.2
2004	43	3857	15605.8	8927.9	3705.6	2314.7	960.7	362.9	57.2
2005	43	3903	16208.8	8110.5	3697.6	2078.0	947.4	376.9	50.0
2006	na	4020	20934	12355	na	3073	na	na	59.0
平均年增长率（%）									
1980~1990	0.6	2.6	13.5	18.3	13.5	15.3	10.6	12.9	
1990~2000	3.3	1.6	16.9	14.9	16.1	13.1	14.3	13.1	
2000~2006	11.5	13.0	27.6	26.6	33.9	12.0	16.3	14.3	
1980~2006	3.8	4.5	18.0	18.8	18.4	13.7	13.2	13.2	

注：若 2006 年数据不可得则用 2005 年数据计算，na 表示数据不可得。

资料来源：制造业活动统计；EDB，BMRC（2007）.新加坡生物医药科技产业的惊人增长，http://www.biomed-singapore.com/bms/sg/en_uk/index/newsroom/pressrelease/year_2007/6_feb_-_exceptional.html.

表 3-1（b）　新加坡医药技术部门资料（1980~2006 年）

年份	企业数量	雇员数量	产出（百万新加坡元）	净增加值（百万新加坡元）	净固定资产（百万新加坡元）	人均增加值（千美元）	人均固定资产（千美元）	企业平均产出（百万美元）	增加值/产出（%）
1980	7	878	31.4	10.0	na	11.4	na	4.5	31.9
1985	6	1192	103.2	75.0	na	62.9	na	17.2	72.7
1990[a]	14	2793	293.8	151.9	189.7	54.4	67.9	21.0	51.7
1995	16	3404	641.8	305.1	215.9	89.6	63.4	40.1	47.5
2000	21	3952	1543.0	820.9	338.6	207.7	85.7	73.5	53.2
2001	24	4510	1655.4	904.9	303.5	200.6	67.3	69.0	54.7
2002	55	4520	1853.2	992.3	329.5	219.5	72.9	33.7	53.5
2003	55	5058	1967.1	1061.7	324.0	209.9	64.0	35.8	54.0
2004	58	5536	1977.0	884.2	342.4	159.7	61.9	34.1	44.7
2005	62	6268	2103	1115.6	509.7	178.0	81.3	36.5	49.2

年份	企业数量	雇员数量	产出（百万新加坡元）	净增加值（百万新加坡元）	净固定资产（百万新加坡元）	人均增加值（千美元）	人均固定资产（千美元）	企业平均产出（百万美元）	增加值/产出（%）
2006	na	6551	2069	1210	na	184.7	na	na	58.5
平均年增长率（%）									
1980~1990	7.2	12.3	25.1	31.3	na	16.9	na	16.7	
1990~2000	4.1	3.5	18.0	18.4	16.1	14.3	2.4	13.3	
2000~2006b	24.2	8.8	5.0	6.7	33.9	−1.9	−1.0	−13.1	
1980~2006b	9.1	8.0	17.5	20.3	18.4	11.3	1.2c	8.7	

注：na 表示数据不可得。a 表示使用 1991 年数据得到。b 表示若 2006 年数据不可得则用 2005 年数据计算，"na" 表示数据不可得。c 表示 1991~2005 年。

资料来源：制造业活动统计；EDB，BMRC（2007）. 新加坡生物医药科技产业的惊人增长，http：//www.biomed-singapore.com/bms/sg/en_uk/index/newsroom/pressrelease/year_2007/6_feb_-_exceptional.html.

表 3-1（c）　新加坡生物医药科技（BMS）部门资料（1980~2006 年）

年份	企业数量	雇员数量	产出（百万新加坡元）	净增加值（百万新加坡元）	净固定资产（百万新加坡元）	人均增加值（千美元）	人均固定资产（千美元）	企业平均产出（百万美元）	增加值/产出（%）
1980	24	2148	316.5	148.8	na	69.3	na	13.2	47.0
1985	22	2655	611.1	408.2	na	153.7	na	27.8	66.8
1990a	32	4438	1306.9	897.1	383.1	202.1	86.3	40.8	68.6
1995	34	5259	1984.3	1368.6	799.6	260.2	152.0	58.4	69.0
2000	46	5880	6382.1	3819.9	1197.2	649.6	203.6	138.7	59.9
2001	52	6885	6789.6	3702	2388.8	537.7	347.0	130.6	54.5
2002	93	7723	10023.9	5886	2936.6	762.1	380.2	107.8	58.7
2003	95	8642	12184	6808.2	3524.7	787.8	407.8	128.3	55.9
2004	101	9393	17582.8	9812.1	4048	1044.6	431.0	174.1	55.8
2005	105	10171	18311.8	9225.9	4207.3	907.1	413.7	174.4	50.4
2006	na	10571	23003	13565	na	1283.2	na	na	59.0
平均年增长率（%）									
1980~1990	2.9	7.5	15.2	19.7	na	11.3	na	11.9	
1990~2000	3.7	2.9	17.2	15.6	12.1	12.4	9.0	13.0	
2000~2006b	17.9	10.3	23.8	23.5	28.6	12.0	15.2	4.7	
1980~2006b	6.1	6.3	17.9	19.0	17.3c	11.9	11.0c	10.9	

注：na 表示数据不可得。a 表示使用 1991 年医药技术的数据得到。b 表示若 2006 年数据不可得则用 2005 年数据计算，na 表示数据不可得。c 表示 1990~2005 年。

资料来源：制造业活动统计；EDB，BMRC（2007）. 新加坡生物医药科技产业的惊人增长，http：//www.biomed-singapore.com/bms/sg/en_uk/index/newsroom/pressrelease/year_2007/6_feb_-_exceptional.html.

从集聚到创新

表 3-2　新加坡生物医药部门发展过程中的里程碑事件

年份	事件
1987 年	• 成立分子和生物细胞研究所（IMCB）
1995 年	• 成立生物处理技术研究所（BTI）
1998 年	• 成立药物评估中心（CDE） • 世界知名的约翰·霍普金斯大学设立约翰·霍普金斯新加坡项目
1999 年	• 设立基因变体顾问委员会（GMAC）
2000 年	• 新加坡成为亚洲第一个正式加入位于日内瓦的药物检查合作计划的国家 • 成立新加坡基因组研究所（GIS） • 成立生命科学行政委员会 • 科技研究局（A*STAR）成立生物医药研究委员会（BMRC） • 成立生物伦理学顾问委员会（BAC） • 成立生物医药科技国际顾问委员会（IAC） • 瑞士生物医药园区
2001 年	• 组建生物医药科技人力顾问委员会（BMAC） • Lilly 建立系统生物学的生物研发中心 • 成立生物信息研究机构（BII） • 生物医药研究园破土动工 • 成立诺华热带疾病研究所（新加坡） • 生物医药科技"n"创造计划
2002 年	• 成立新加坡组织网络 • 合并信息技术实验室与通信研究机构，组建信息通信研究所（IIR） • 成立生物工程和纳米技术研究所（IBN） • 成立癌症辛迪加
2003 年	• 将自然产品研究中心私有化，变为鱼尾狮制药 • 新加坡医药启动 • POC 计划启动 • 生物医药研究园开业 • 新加坡登革热联合体成立
2004 年	• 成立地区潜在疾病干预（REDI）中心 • 成立分子医药中心（CMM） • 成立化学处理技术中心（CPTC） • 瑞士屋开业 • 新加坡研究人员数据库启动 • 通过了人类克隆法案和其他被禁止的实践法案 • 成立 GSK 公司研发中心 • 新加坡生物计划启动 • 实验室动物研究国家顾问委员会（NACLAR）宣布修正动物和鸟类条例，以阻止实验室动物遭受的非人道待遇 • BAC 发布"人类课题研究：IRBs 指南"

2005 年	• 启动医疗技师概念
	• 成立医疗技师本地供应集团
	• 位于生物医药研究园的化学合成实验室开张
	• 政府接受了生物伦理学顾问的研究报告"基因测试与基因研究"
	• 成立新加坡干细胞联合研究团队
2006 年	• 新生物成像和干细胞实验室在生物医药研究园成立
	• GMAC 发布了针对 GMOs 研究的新加坡生物安全指南
	• 新加坡政府批准了生物医药科技二期所需的 5.5 亿新加坡元拨款
	• 由新行政委员会来主导生物医药科技二期事项——该期获得注入资金 14.4 亿新加坡元
	• StaR（新加坡转化研究）调查奖与转化和临床研究龙头计划启动
	• 生物医药研究园二期正式开业
2007 年	• 新加坡临床科学研究所（SICS）成立
	• 11 所研究就成立新加坡登革热联合体签署备忘录
	• 成立临床研究职业联合会（ACRP）新加坡分会
	• 由 A*STAR 和 NUS 组建的临床成像研究中心成立，并引入西门子作为产业合作伙伴
	• 在"技术升级的成长型企业（GET-UP）"规划的基础上，启动设备共享计划，允许中小型企业直接使用 7 家 A*STAR 研究机构的设备
	• 由生物医药科技 IAC 批准的行动事项
	• A*STAR-Duke-NUSGMS 神经学研究合作伙伴关系
	• 发展位于 KentRidge 校区和 Outram 校区用作新研究的基础设施
	• 建议成立国家临床研究学术组织（ACRO）来为基础设施提供核心服务，以及新加坡临床研究后续时期的知识领导能力
	• A*STAR-Duke-NUS GMS 神经学研究合作伙伴关系正式公布
	• 路德维格癌症研究所在新加坡建立分所，进行转化和临床癌症研究
	• 医药生物研究所成立（IMB）

资料来源：A*STAR，Bio-med Singapore.

表 3-3 新加坡生物医药部门中制药和医药技术的份额（1980~2006 年）

单位：百万新加坡元，%

	1980 年	1990* 年	2000 年	2006 年	1980 年	1990* 年	2000 年	2006 年
	产出							
制药	285.1	1013.1	4839.1	20934	90.1	77.5	75.8	91.0
医药技术	31.4	293.8	1543	2069	9.9	22.5	24.2	9.0
BMS 总计	316.5	1306.9	6382.1	23003	100	100	100	100
	增加值							
制药	138.8	745.2	2999.0	12355	93.3	83.1	78.5	91.1
医药技术	10	151.9	820.9	1210	6.7	16.9	21.5	8.9
BMS 总计	148.8	897.1	3819.8	13565	100	100	100	100

从
集
聚
到
创
新

续表

	1980 年	1990* 年	2000 年	2006 年	1980 年	1990* 年	2000 年	2006 年
				就业				
制药	1270	1645	1928	4020	59.1	37.1	32.8	38.0
医药技术	878	2793	3952	6551	40.9	62.9	67.2	62.0
BMS 总计	2148	4438	5880	10571	100	100	100	100

注：* 表示医药技术的数据为 1991 年数据。

资料来源：制造业活动统计；EDB, BMRC（2007）. 新加坡生物医药科技产业的惊人增长，http://www.biomed-singapore.com/bms/sg/en_uk/index/newsroom/pressrelease/year_2007/6_feb_-_exceptional.html.

相关的行动倡议也对研发产生了影响。新加坡的生物医药科技研发支出从 1993 年的 4310 万美元上升到 2006 年的 10 亿新加坡元（见表 3-4）。尽管这表明研发增长在这段时间较快（年均增长率为 28.3%），但 2000 年之后尤其如此。2000~2006 年，新加坡生物医药科技研发支出的年均增长率为 38.2%。总研发支出在生物医药领域的份额也大幅提高，从 1993 年的不到 5% 上升到 2006 年的 20% 多（见表 3-5）。但是，生物医药研究需要长期性孕育，这一特征使得与生物医药有关的专利在新加坡发明者制造的全部专利产出中的份额，仍然落后于其研发支出所占的份额。从表 3-6 可以看到，尽管授予新加坡发明者和组织的生物医药美国专利的累计数量在 2000~2007 年比 2000 年之前增长了 4 倍，但生物医药专利在全部所获专利中仍只占 2.6%。

表 3-4　生物医药部门的研发支出与人力资源 [a]（1993~2006 年）

年份	私人部门（百万新加坡元）	高等教育部门（百万新加坡元）	政府部门（百万新加坡元）	公共研究机构部门（百万新加坡元）	总计（百万新加坡元）	RSEs 总人数 [b]
1993	3.6	32.1	7.4	0.0	43.1	447
1994	5.0	39.5	14.8	0.0	59.4	386
1995	29.1	37.0	15.3	0.0	81.8	570
1996	7.8	42.4	18.2	0.1	68.5	507
1997	15.0	47.5	25.2	3.5	91.2	556
1998	24.8	52.1	35.6	5.9	118.3	625
1999	37.1	53.1	29.1	3.6	122.9	654
2000	47.0	62.5	32.5	15.6	157.6	1333
2001	88.4	87.3	57.9	77.1	310.7	2055
2002	147.4	106.8	87.5	121.5	463.1	2150
2003	149.3	87.6	91.8	46.7	375.4	2504

年份	私人部门（百万新加坡元）	高等教育部门（百万新加坡元）	政府部门（百万新加坡元）	公共研究机构部门（百万新加坡元）	总计（百万新加坡元）	RSEs 总人数 b
2004	238.1	124.9	116.7	280.7	760.4	2238
2005	312.5	150.2	101.4	324.8	888.9	2700
2006	530.7	178.0	114.2	276.6	1099.5	3049

注：a 表示包括生物医药科技和生物医药工程。从 2002 年开始，为生物医药和相关科技与生物医药工程。

b 表示 RSEs：全职从事研究工作的科学家和工程师的人数。

资料来源：新加坡研发状况全国调查（多个年份），A*STAR（前身为国家科学技术委员会）。

表 3-5　新加坡生物医研发 ª 支出和 RSEs 的份额（1993~2006 年）

年份	生物医药研发支出（百万新加坡元）	全国总研发支出（百万新加坡元）	生物医药研发占总研发的份额（%）	生物医药 RSEs	全国所有 RSEs	生物医药 RSEs 占全国 RSEs 总数的比重（%）
1993	43.1	998.2	4.3	447	6629	6.7
1994	59.4	1175.0	5.1	386	7086	5.4
1995	81.8	1366.6	6.0	570	8340	6.8
1996	68.5	1792.1	3.8	507	10153	5.0
1997	91.2	2104.6	4.3	556	11302	4.9
1998	118.3	2492.3	4.7	625	12655	4.9
1999	122.9	2656.3	4.6	654	13817	4.7
2000	157.6	3009.5	5.2	1333	14483	9.2
2001	310.7	3232.7	9.6	2055	15366	13.4
2002	463.1	3404.7	13.6	2150	15654	13.7
2003	375.4	3424.5	11.0	2504	17074	14.7
2004	760.4	4061.9	18.7	2238	18935	11.8
2005	888.9	4582.2	19.4	2700	21338	12.7
2006	1099.5	5009.7	21.9	3049	22675	13.4

注：a 表示包括生物医药科技和生物医药工程。从 2002 年开始，为生物医药和相关科技与生物医药工程。

资料来源：新加坡研发状况全国调查（多个年份），A*STAR（前身为国家科学技术委员会）。

与公共部门在生命科学研究中发挥了更大作用这一事实相符合的是，新加坡 2000~2006 年 2/3 的生物医药研发支出来自公共组织，与之相对，1/3 的非生物医药支出来自其中（见表 3-4）。考虑到某些私人部门医药企业出于盈利动机的研发，新加坡研发支出中公共资金的份额可能要超过 2/3。还要注意另外一个有趣的地方，2006 年，新加坡生物医药研发所使用的科学家和工程师（RSE）只占总数的 13%（见表 3-5），但这一数量却占所有具有博士学位的科学家和工程师人数的 61%。此外，公共部门所起到的更大作用并没有在专利所有权的分布中体现出来；生命科学专利的所有权被私人部门和公共部门相当平均地瓜分了（每个部门约占 44%，其余为外国研究机构或个人所有，或者无所有权）（见表 3-7）。

表 3-6　新加坡生命科学专利份额（1977~2007 年）

年份	生命科学专利	新加坡全部专利	生命科学专利/全部专利（%）
1977~1999	31	1156	2.7
2000~2007	125	4795	2.6
总计	156	5951	5.3

注：新加坡所获专利，以及至少有一名新加坡发明者的专利。按照 NBER 技术分类标准，生命科学专利涉及药物、手术和医疗设备、生物科技和各种医药。

资料来源：从 USPTO 数据库中整理计算得到。

表 3-7　按授予人划分的新加坡生命科学专利（1977~2007 年）

	专利数量	百分比（%）
私人部门	68.5	43.9
NUS	32.5	20.8
政府和 PRIC	37.5	24.0
个人/未指定	13	8.3
其他外国机构	4.5	2.9
总计	156	100.0

注：新加坡所获专利，以及至少有一名新加坡发明者的专利。按照 NBER 技术分类标准，生命科学专利涉及药物、手术和医疗设备、生物科技和各种医药。

资料来源：从 USPTO 数据库中整理计算得到。

虽然新加坡生命科学研发在近年来获得了快速增长，但重要的是认识到这一点，即与那些在生物医药科技领域世界领先的发达国家相比，新加坡生物医药研发支出的规模和强度仍处于中等水平。比如，新加坡生物医药研发的总年度支出为 6.9 亿美元，这一规模只占美国生物医药研发联邦年度支出的一小部分（2002年估计数值为 380 亿美元）。在研发强度方面，新加坡生物医药研发占全国总研发支出的 22%，这一比例仍低于英国与美国（超过 25%）。

（二）启动一体化生物医药科技（BMS）中心行动

为了把新加坡建设成为生物医药科技中心，政府有两个可以依靠的"武器"，一个是科学技术研究局（A*STAR），其前身是国家科学技术委员会；另一个是经济发展委员会（EDB）。A*STAR，或者更确切地说，A*STAR 中的生物医药研究委员会（BMRC）负责出台和落实适当的政策、分配资源以及构建研究教育体系，这些举措将建立起生物医药科技能力，包括资助和支持公共研究事项。EDB负责引进投资并促进生物医药科技部门长期经济价值的创造，其主要通过生物医药科技集团（该集团主要为新加坡生物医药科技发展产业、知识和人力资本）和Bio*One资本（其功能在投资方面）来实施。总的来说，生物医药科技集团和Bio*One资本将吸引生物医药科技公司来新加坡建立研发运营中心，并发展本地生物医药科技制造部门（Finegold et al., 2004）。如图3-1所示的流程图总结了A*STAR和EDB为发展新加坡生物医药科技集群而采取的战略，关于其行动事项则将在下一部分讨论。

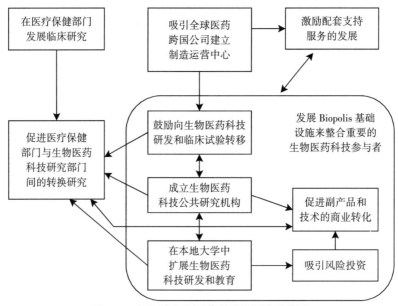

图3-1 新加坡生物医药科技集群发展战略

　　由于缺少现有的本地生物医药科技集群，新加坡在集群发展过程中使用了国际人才。领导新加坡生物医药科技行动事项的生物医药科技执行委员会从国际顾问协会（IAC）那里得到了建议，后者由来自全世界的知名科学家组成，包括理查德·萨克斯先生（帝国理工学院院长，英国）、约翰·门德尔松博士（M. D. 安德森癌症研究中心主席，美国）、艾伦·伯恩斯坦博士（加拿大健康研究局主席，加拿大）、苏珊妮·考利博士（沃尔特和伊莱莎药物研究所主任，澳大利亚）、彼得·格鲁斯教授（马克思·普朗克学会会长，德国）、菲利浦·库瑞斯基博士（巴斯德研究所主任，法国）以及哈里特·沃尔博格·亨利克森博士（卡罗林斯卡学院院长，瑞典）。

另一支高水平顾问团队是成立于 2000 年的生物伦理学顾问委员会（BAC），其成立时美国干细胞研究正处于争议之中，因此其主旨是为人类生物学研究提供法律、伦理和社会等方面的建议。该委员会提出的建议被政府所接受，并引导新加坡建立了广为生物医药科技领域所支持的监管环境。BAC 建议禁止从事人类克隆，但是干细胞研究以及将克隆技术作为治疗方法来应用是允许的[1]。这条对干细胞研究较早和较清晰的法律支持，结合并遵照了严格的国际指南的要求，即应该征得配偶双方的同意并且只能使用从试管授精得到的多余胚胎[2]。这些建议使得新加坡在干细胞研究方面相对更有优势。因此美国卫生研究所允许联邦政府资助那些使用新加坡生产的干细胞而进行的研究（Finegold et al.，2004）。

（三）生物医药科技中心发展：发展战略的关键因素

1. 吸引外国医药行业跨国企业进入制造、研发、临床试验和其他知识密集型服务业之中

经济发展委员会（EDB）成功地将跨国公司的投资引入新加坡，由于数量较多，生物医药科技集群在很大程度上由外国企业主导。2005 年，新加坡最大的医药制造企业都是外国资本持主要股份（见表 3-8）。像 Glaxo Smith Kline（GSK）、Schering-Plough 和 Merck 这样的企业到新加坡来主要是为利用新加坡在制造业领域良好的相关能力。这些企业中的大部分，其总部位于美国，它们制造散装活性药物或者中间药物产品。诸如 Genencor、Astra Zeneca 和 Bristol Myers Squibb 等企业也在新加坡设立了地区总部，因为这里是亚洲的主要商业中心（表 3-9）。

表 3-8 新加坡顶级医药公司（2005 年）

公司	国家	2005 年销售额（百万新加坡元）
Glaxo Wellcome Manufacturing Pte Ltd.	英国	30419.6
Merck Sharp and Dohme Asia Pacific Services Pte Ltd.	美国	2079.4
Beecham Pharmaceuticals（PTE）Ltd.	英国	562.4
DSM Nutritional Products Asia Pacific Pte Ltd.	荷兰	585.1
JMS Singapore Pte Ltd.	日本	120.2
Becton Dickinson Medical（S）Pte Ltd.	美国	114.4
总计		33881.1

资料来源：新加坡 1000。

为促进这些跨国企业的投资向生物医药产业价值链的高附加值环节提升，EDB 鼓励外国企业在新加坡设立研发或临床研究中心。新加坡优良的研发基础设施，以及从公共研究机构和大学里可获取的研发资源都为 EDB 的工作提供了一臂之力。一些著名的与跨国公司合作的例子包括 S*Bio、Merlion 和 Lilly System Biology。S*Bio 是 EDB 和 Chiron 建立的合资企业，利用 Chiron 公司的技术平台来开发抗癌药物特别是在亚洲流行的传染病的药物。Merlion 最初是 EDB 和 Glaxo 的合资企业，从事更传统的药物发掘，并为药物靶标在亚洲范围内筛选自然样本。在并购组成 GSK 公司之后，这一部分业务被分拆出来并私有化为一个标准的商业企业，它获得了 GSK 公司馆藏的所有亚洲样本自然合成品。如今，Merlion 拥有世界上最好的自然样本集之一，将近 50 万提取物可供潜在药物进行筛选，并通过与 Merck、British Biotech 和 NovImmune 等国际医药企业的合作而取得增长。Lilly System Biology（LSB）是 Lilly 公司于 2002 年在新加坡成立的全资子公司，并获得了 EDB 慷慨的、持续数年的金融支持。LSB 的业务是整合多样化的生物数据，并从细胞与体系的更全面的视角来研究复杂疾病问题的解决之道。通过可计算生物理论的应用，LSB 期望发现新的药物靶标和生物标记并更好地理解细胞内部的运动机制（Finegold et al., 2004）。

　　医药研究领域一个重要的新兴分支是"转换研究"，它是药物和理疗发展的新方法，并试图将基础研究与病人护理直接联系起来。新加坡生物医药科技正朝着建立基础生命研究基础设施和转化与临床研究产业的方向发展。相应地，EDB 在近年来鼓励向这些领域投资。比如建立了 West Clinic 的癌症研究中心（2006 年在新加坡成立）和 Eisai 公司的地区临床研究中心（2007）（见表 3-9）。

表 3-9　新加坡主要的外国医药企业

	企业	业务重点	成立时间[a]	运营规模
制造业	Glaxo Smith Kline（GSK）	批量活性生物制造和地区总部	1989 年	2004 年投资超过 10 亿新加坡元，GSK 宣布再次投资 1 亿美元和 5000 万美元分别用于扩充现有的制造设备和发展工艺技术中心（于 2005 年竣工） 2006 年：疫苗制造工厂（大于 3 亿新加坡元），于 2010 年竣工

	企业	业务重点	成立时间 [a]	运营规模
制造业	Schering-Plough	批量活性生物制造（氯雷他定能）	1994 年 1997 年开始生产	6 个制造工厂中的 3 个设在新加坡，总投资 7.3 亿美元，在全世界有 29000 名员工
	Genset Singapore	少核苷酸制造	1997 年	2000 年在全世界有 536 名员工，并在美国、日本和新加坡有制造基地
	Wyeth-Ayerst	生物制造（婴幼儿营养倍美安）	1999 年 2002 年开始运营	产能全部利用时有 600 名员工
	Aventis	散状活性药物 生物制造（依诺肝素）	2000 年	在全世界有 65000 名员工
	Pfizer	活性成分 生物制造	2000 年（2004 年全面投入运营）	2003 年中旬在新加坡有 241 名员工，世界范围内共 98000 名员工
	Merck Sharp & Dohme	散状活性药物	1993 年 [b]	在新加坡超过 200 名员工，全世界共 62000 名员工
		生物制造（万络和顺尔宁）	（2001 年投入运营）	2007 年扩增生产设备，1 亿新加坡元
	Proligo	少核苷酸制造	2002 年 2004 年少核苷酸制造开始运营	13 名员工
	Novartis	医药生产	2005 年设施开建（2008 年竣工）	3.1 亿新加坡元，将雇佣 200 名员工
	Ciba Vision	隐形镜片制造	2004 年设施建造开工	将雇佣超过 500 名员工
	Lonza	生物医药生产	2006 年	2.5 亿美元
	Fluidigm Corporation	射流电路的研发和制造	2006 年	2.5 亿美元
	Edwards Lifesciences Corp	心瓣膜制造	2006 年	场地面积 8000 平方英尺，将雇佣超过 500 名员工（预计）
	MDS Sciex	细胞分析产品制造，质谱仪器生产线和 V 离子源涡轮的部件制造	2006 年（2008 年末全面投入运营）	场地面积超过 30000 平方英尺，雇佣人数将超过 100 人（预计）
	Waters Corp	高性能液相色谱系统的制造	2006 年（1994 年设立亚洲总部）	
	Abbott	营养粉制造	2008 年	2.8 亿美元

	企业	业务重点	成立时间 [a]	运营规模
临床研究和实验	Novo Nordisk	行政、临床试验协调	1989 年地区总部	在新加坡有 50 名员工，全世界有 18221 名员工
			1999 年临床试验中心	
	Quintiles	临床研究组织	1995 年	在新加坡有 60 名员工，亚太地区有 800 名员工，全世界共 18000 名员工。为临床试验供应设备投资 1000 万美元
	Covance	临床研究组织	1996 年临床发展	在新加坡有 118 名员工，全世界共 7900 名员工
			2000 年实验室场地	
			2006 年扩建实验室场地	投资超过 100 万美元
	Pharmacia & Upjohn	临床研究与医药服务	2000 年	见注 [c]
	Genelabs Diagnostic	诊断生物技术	1985 年	2001 年在新加坡有 42 名员工，在全世界有 70~90 名员工
	Becton Dickinson	仪器、药物产品	1986 年：药物产品	在新加坡有 1000 名员工，亚太地区有 2500 名员工
			1991 年：地区总部	
	Oculex Asia	眼科药物输送系统	1995 年	在新加坡有 13 名员工，全世界有 59 名员工（2000 年中旬）
研发中心	Perkin Elmer	热循环仪	1998 年	1000 万新加坡元的制造和研发设备
	Sangui Singapore	血液供应与治疗方法	1999 年	在新加坡有 5~15 名员工，在全世界有 30 名员工（2002 年中旬）
	Cell Transplant International	心脏成肌细胞治疗方法	2000 年	在新加坡有 15 名员工
	Schering-Plough	试验工厂、开发实验室，为后期临床试验提供材料	2000 年	建设了 2500 万美元的化学研发中心
	Surromed	生物标记探测工具	2001 年	在新加坡有 25 名员工（2002），2004 年倒闭
	Affymetrix	微阵列	2001 年	2500 万美元的研发中心，在全世界有 877 名员工（2002）
	Lilly System Biology	系统生物研发	2001 年	在新加坡有 29 名员工，全世界共 41000 名员工
	ViaCell	干细胞治疗方法	2002 年	在 5 年内投资 400 万美元，全世界共 138 名雇员（2001）

从集聚到创新

	企业	业务重点	成立时间[a]	运营规模
研发中心	Pharmalogicals Research	亚洲人的癌症和其他疾病	2002 年	在未来三年投资 1.42 亿新加坡元用于药物研究
	Novartis	热带疾病研究机构	2002 年	将在新加坡雇佣 70 名科学家，在全世界有 77200 名员工
	GlaxoSmithKline	神经组织退化疾病和精神分裂症的治疗	2004 年	投资 6200 万新加坡元用于临床前研究设备。将雇佣 30~35 名科学家
	Isis Pharmaceuticals	治疗严重急性呼吸综合征（SARS）、癌症和血液疾病的微 RNA 和反义药物	2004 年	2005 年末有 12 名科学家
	Essilor	新涂料和材料技术	2004 年	员工 8 名，2007 年增加至 25 名
	Olympus[d]	高阶脑功能	2004 年	
	Albany Molecular Research	化学技术	2005 年	
	Biosensors International	药物支架的开发与生产	2005 年	
	SpineVision	为非融合脊柱手术开发下一代植入组织和仪器	2005 年	
	CombinatoRx	开发传染病的药物候选分子	2006 年	2000 万美元，20 名全职研究员（预计）
	Welch Allyn	为病人的生病体征监测开发下一代技术		
	Oxygenix	研究药物疗法，包括小分子和生物制剂	2006 年	约 15 名全职研究员
	Codexis	针对产品发展的生物催化剂研发	2007 年	50 名研究员
	Ferrosan	改善生活品质的药物和补充品	2003 年（2004 年被授予国际总部奖）	
	Miltenyi Biotec	磁性细胞分离（总部运营）	2004 年	
总部和分支	Philips Medical	药物成像设备（地区分支中心）	2004 年（2007 年进行药物治疗仪器训练学习中心）	
	Schering AG	医药	2005 年	
	West Clinic Excellence Cancer Center	对东南亚病人的癌症治疗和管理	2006 年	
	Joint Commission International	病人护理质量和安全的评估和改进（亚太办事处）	2006 年	
	Invitrogen Corp	对研究人员的科技支持（100 万新加坡元）	2006 年	

	企业	业务重点	成立时间 [a]	运营规模
其他	Eisai	地区临床管理办公室（近10名员工）	2007 年	
	SGS	药物质量控制实验室，生物制药和医疗设备		
	PT Kalbe Farma	研发协调与授权	2006 年	

注：a 表示数据在新加坡创建。b 表示建立销售和营销机构的数据。c 表示 2003 年 4 月 16 日，Pharmacia 被 Pfizer 收购。d 表示奥林巴斯与早稻田大学合作创立早稻田—奥林巴斯生物科学研究所。

资料来源：基于 Bio-med Singapore（http://www.bio-singapore.com）和相关公司网站的信息，更新自 Finegold 等（2004）。

2. 发展一体化的物质基础设施为生物医药科技研究集群提供场所（"生物医学研究园"）

新加坡已经具备了优良的通用基础设施（有效的交通运输、高速网络、安全和清洁的城市）；但在建造生物医学研究园这样一个投资 5 亿新加坡元的生命科技中心的场所时，其又前进了一步。生物医学研究园是用来进行生物医药研发活动的场所，并培育当前诸多制度之间以及附近的新加坡国立大学（NUS）、国立大学医院（NUH）和新加坡科技园之间的合作文化。不仅如此，生物医学研究园也为许多被吸引到研发机构工作的外国科学家提供一体化的居住和休闲娱乐场所。

新加坡的七所生物医药公共研究机构（PRIs）都在生物医学研究园中，它们希望吸引生物医药领域的跨国公司、新创企业及律师和专利局等配套服务进驻此地（Finegold et al.，2004）。政府期望通过打造这样一个集群为知识共享创建非正式网络并加速新加坡生物医药专业能力的成长，将新加坡发展为亚洲地区的生物医药科技研发中心。当前入驻生物医学研究园的私人企业包括 GSK、Novartis 和 Isis Pharmaceuticals。

3. 七所生物医药科技公共研发机构（PRIs）的成立

新加坡有七所生物医药科技公共研发机构，均由 BMRC 监管和资助（见表3-10）。从基础研究到临床试验由四种拨款支持：项目拨款为新研究员提供种子基金；计划拨款则支持资深研究员更为广泛的研究；合作拨款资助跨学科研究；核心能力拨款支持公共研发机构在具有战略重要性的领域发展和增强相关能力。

从集聚到创新

表 3-10　A*STAR 旗下的生命科学公共研究机构

公共研发机构	成立时间	简要描述
分子和细胞生物研究所	1987 年	成立目的是发展和支持新加坡生物医药研发。在细胞周期循环、细胞信号、细胞死亡、细胞运动和蛋白质运输方面具有核心能力
生物工程和纳米技术研究所	2002 年	从事生物工程和纳米技术的前沿研究。有六个研究领域：纳米生物技术、药物，蛋白质和基因输送，组织工程，人工器官和移植组织，医疗设备，生物和生物医药成像
新加坡基因组研究所	2000 年	最初成立时为新加坡基因组计划。GIS 的目标是将技术、基因和生物整合进个性化药物中。它主要研究后位序列基因组学；亚洲人口的基因结构，并重点关注癌症生物学、遗传药理学、干细胞生物学和流行疾病
生物工艺技术研究所	1990 年（为生物工艺技术部门）	开发人力资源能力以及与生物工艺群落相关的技术。其核心专业领域为基因工程、动物细胞技术、干细胞、微生物发酵、产品性能设置、下游处理、提纯和加固方面，并具有配套的蛋白质组学和微阵列平台技术
	2001 年重新组建	
生物信息研究所	2001 年	培训人力资源与构建生物信息学方面的能力。BII 研究的中心是生物数据的知识发掘、在生物医药中使用高端计算方法、推进生物工艺分子成像技术、为药物设计和输送建模、可计算蛋白质组学和系统生物学
新加坡临床科学研究所	2007 年	其主要任务是在其关注的疾病领域开展临床和转换研究计划
医药生物研究所	2004 年（为分子医药中心）	其任务是研究人体疾病的机制以发现新的、有效的治疗策略，进而改善生命质量。研究重心是基础科学和医药学的交叉领域
	2007 年	其目标是通过建立临床和基础科学间的连接来促进转换研究的发展

资料来源：个人研究机构/中心的网站。

　　公共研究机构中成立时间最长的是分子和细胞生物研究所（IMCB），于 1987 年在新加坡国立大学成立。2000~2002 年，四所新的公共研究机构成立，分别致力于生物信息学、基因组学、生物工艺和纳米生物技术领域，这期间 IMCB 也扩大了规模。近来，新加坡临床科学研究所（SICS）成立，以拓展临床研发能力；分子医药中心重组为医药生物研究所（IMB），以促进转换方面的研究。

　　4. 吸引外国顶尖人才（"巨鲸"），培养本土年轻人才（"小鱼"）

　　由于新加坡生物医药科技集群颇具规模的发展态势和速度，吸引外国人才已经成为政府生命科学战略的一个不可或缺的内容。这是因为本地大学训练和培养新研究机构所需的科学家需要很长时间，而且新加坡也缺少具有显赫的国际声誉和地位的本土研究员，这样的人是吸引其他年轻研究员的招牌（Zucker & Darby, 1996）。因此，新加坡采取的战略是吸引一批国际知名的科学家（"巨鲸"）来做生物医药科技公共研发机构的领头人，这些科学家进而会从他们自己的人脉圈子中招徕更多的青年科学家，并在世界范围内吸引其他的年轻科学家来此工作。吸引到新加坡的顶级科学家有：

- 西迪尼·布雷纳，诺贝尔奖得主（BMRC 主席，IAC 联合主席）；
- 艾伦·库曼，转基因动物克隆方面的领军科学家，来自苏格兰 Roslin 研究所（现为新加坡干细胞研究联合会执行董事、IMB 首席研究员）；
- 爱迪生·刘，前美国国家癌症研究所所长（现为 GIS 执行董事）；
- 大卫·莱恩，前英国细胞转换研究集团癌症研究主任（现为 BMRC 主席、IMCB 执行董事、试验治疗方法中心首席执行官）；
- 伊藤义章，日本癌症研究顶级研究员（现为 IMCB 首席研究员）；
- 杰基·尹，来自麻省理工学院的一位年轻的新星研究员（现为生物工程与纳米技术研究所执行董事）；
- 阿克塞尔·乌里奇，来自马克思·普朗克研究所生化研究室的一位著名的分子生物学家（现为新加坡基因组实验室主任）；
- 布吉特·莱恩博士，邓迪大学解剖学和细胞生物学主席（现为 IMB 执行董事）；
- 尼尔·库普兰德博士，肿瘤形成分子遗传学领域的带头人，国家癌症研究所小鼠肿瘤基因计划项目主任（现为 IMCB 首席研究员）；
- 南茜·詹金斯，国家癌症研究所分子遗传学领域的专家（现为 IMCB 首席研究员）；
- 朱迪·斯温博士，转移医药领域的资深专家，加利福尼亚大学整体生命科学学院创办负责人（现为 SICS 执行董事）；
- 马库斯·温克，来自耶鲁大学的著名生物物理学家和脂质方面的研究员（现为新加坡国立大学副教授）。

　　除了这些明星级的科学家外，政府还把从新加坡教育体系下培养出的优秀学生（"小鱼"）送到世界上顶尖的研究型大学中去，接受科学和商业方面的研究生教育。如果他们学成毕业之后返回新加坡工作，政府将负责其教育费用。由 A*STAR 创办的奖学金针对不同的年轻人才而设定，从接受本科和研究生教育的学生到有志于成为临床科学家的医学博士。2007 年，有超过 100 名学生接受了国外教育和培训，2015 年的目标是培养 1000 名博士。

　　从长期来看，政府希望新加坡本土的大学和研究机构通过它们与诸如约翰·

从集聚到创新

霍普金斯大学和麻省理工学院建立的联盟关系，培养出自己的生物科学人力资源（Finegold et al.，2004）。

5. 培育风险资本和促进专业生物技术公司（DBFs）与生物医药设备新创企业的发展

整体来说，就像图 3-1 展示的那样，为了在新加坡创造一个有活力的生物医药科技研发集群而采取的措施，主要目的是通过新创企业和从大学及公共研发机构分拆出来的企业促进技术的商业转化活动。针对技术型企业的风险基金是支持此类活动的重要因素。

就像对新加坡生物医药科技集群其他方面所做的那样，政府在发展专业化的生物医药科技风险资本产业方面同样发挥着重要作用。生物医药科技产业是高风险和高度资本密集型的部门，大部分的风险资本都未能实现投资回报。由于历史上没有出现过在新加坡国内成长起来的高科技型公司，新加坡没有发展出风险资本家群体或者是对生物医药初创企业有足够了解和兴趣的私人投资者。那些对这个领域感兴趣的投资者都倾向于投资美国企业，因为这些企业有更多可追查的历史记录和更低的可预见的风险。因此，政府需要带头成立一系列与生命科学有关的基金，这些基金由 Bio*One Capital 集中管理。

Bio*One Capital 管理着约 12 亿新加坡元的基金，并投资于药物发掘/开发、生物和细胞疗法、医药技术企业和初创企业。在其投资组合里有超过 60 家公司，其中许多是在新加坡之外创立的。通过采取这样一个策略，即投资于那些可以为新加坡带来关键新技术并催生高附加值研发工作岗位的企业，该基金在促进这些企业将其部分运营活动搬至新加坡的过程中发挥了重要作用。其中一个例子是 S*Bio。EDB 提供了一个数百万美元的交易方案，将 Chiron 公司的技术平台转移到新加坡的一个药物发掘初创企业，Chiron 则持有该企业重要的股权。另一个例子是 Bay Area-headquartered Fludigm，该公司选择新加坡作为其亚洲第一个制造活动中心（Wong 2007）。

除了将海外的生物医药科技投资带到新加坡之外，Bio*One 和其他支撑机构的工作也在新加坡催生了初具雏形的专业生物科技公司（DBFs）（见表 3-11）。这包括一系列从本地大学分拆出来的企业（见表 3-12，从新加坡国立大学分拆出的 DBF）。新加坡 DBFs 的业务重点是药物发掘和开发（如成立于 2000 年的 S*Bio、Merlion Pharmaceuticals（2002）、Pro Therapuetics（2004））、医疗设备

（如 Bio Sensors International（1990，2005 年上市）、Merlin Medical（2002））、干细胞（ES Cell International（2000）、Cordlife（2002））以及生物信息学（KOO Prime（2000）、Heli Xense（2000）、Receptor Science（2000））。

表 3-11　在新加坡成立的专业生物科技公司（DBFs）

	公司	业务重点	产品/服务	成立时间（年）
药物发掘	S*Bio	药物发掘	na	2000
	Lynk Biotechnology	药物发掘和开发	护发产品、血清、数种铅类	2000
	AP Genomics	基因组方面的产品、服务和技术	登革热诊断设备	2000
	Qugen	基因理疗	3 种产品接近临床试验阶段	2001
	Agenica	乳腺癌治疗	na	2001
	Merlion Pharmaceuticals	药物发掘	na	2002
	Pro Therapeutics	舌下传输肽疗法	镇痛肽	2004
	Sing Vax	针对亚太地区传染病的预防免疫药物	预防日本脑炎病毒传染的免疫药，预防手足口病的 EV71 免疫药（开发中）	2005
医疗设备	Bio Sensors International	微创手术设备	导尿管、传感器、移植片固定膜	1990
	SiMEMS Pte Ltd.	制造和销售支持临床诊断的基于 MEMS 的高级产品	加速和最小化缩短 DNA 提取与探测过程的芯片系统	1999
	Forefront Medical Technologya	用于麻醉的医疗设备	承揽订单制造	2000
	Attogenix Biosystems	使用微流体技术的一体化分子解析芯片	高通过率反应阵列生物芯片（Attochip），实时序列探测系统（2005 年上市）	2002
	Merlin Medical	微创医疗设备	冠状动脉支架	2002
	Veredus Laboratories	针对亚洲地区传染病预防的诊断分析设备	诊断所有流感类型的 VereFlu™ 芯片	2003
	Amaranth Medical	针对神经末端和冠状动脉血管的生物可吸收支架	生物可吸收泌尿支架和动脉血管支架	2005
	Health STATS International	针对高血压控制的连续无创生物监测设备	BPro，该设备使高血压无论在宏观还是微观层面都可进行分析	2005
	Curiox Biosystems	对 Drop Array 技术进行开发和商业化	Drop Array 可将水生生物鉴定时间缩短，用来进行药物发掘并应用于生命科学的其他领域	2007
干细胞	Promatrix Biosciences	造血干细胞（HSC）疗法	开发出了一种方法，可以构建与正常组织类似的多细胞组织	2002/2003
	ES Cell International	干细胞研究和生产	人类胚胎细胞系	2000
	Cordlife	干细胞库和疗法	样本采集和顾问服务	2001

续表

公司		业务重点	产品/服务	成立时间 (年)
生物 信息	Receptor Science	生物信息学软件	ReceptoMiner™ 数据库和工具	2000
	KOO Prime	针对生命科学的信息技术解决方案	平台、引擎和数据库	2000
	Heli Xense	生物信息平台	基因组研究网络架构	2000
	Mycosphere	真菌多样性，生物勘探	承揽研究	1997
	AP Metrix	医疗保健与病人监控	RemoteC@re（TM）（病人—护理管理平台）	2000
其他	Bio Surfactants	表面活性剂的制造和开发	na	2001
	Maccine	临床前服务、配套药物开发以及安全评估	GLP 实验室装备将在 2006 年第一季度就绪	2003
	A–Bio Pharma	生物制剂订单制造商	与 GlaxoSmithKline 公司合作开发和制造免疫药物	2003
	NeuroVision	为低度近视和弱视提供非手术疗法	NeuroVision 矫正技术	2004 治疗中心
	Davos Life Science	从自然生育三烯酚类得到的活性成分	生育三烯酚异构体，健康补充品 Co3E 和 Co3E+CoQ10	2004

注：Forefront Medical Technology 是新加坡 Vicplas International 公司与英国 Laryngeal Mask 公司的合资企业，双方各占 50%的股份。

资料来源：Finegold 等（2004）将外国直接投资战略应用于知识经济：新加坡新兴生物技术集群的案例；Biomed Singapore. http：//www.bio-singapore.com 和公司网站。

表 3–12　与生物医药有关的新加坡国立大学分拆企业的资料

成立时间	名称	业务性质	来自 NUS 的创办者	部门
1995 年	Allegro Science Pte Ltd	生产和销售序列与 DNA 标签元件	王永泰博士	生物
1999 年	Bio Medical Research and Support Services	医疗设备与器械的生物学评估	尤金·霍尔副教授	化学
2001 年	BioNutra International Pte Ltd	营养食品和生物医药	翁业成先生、保罗·亨副教授	药物
2002 年	Chiral Sciences & Technological Pte Ltd	医药、生物医药中间产品和高纯度化学药品	秦凯邦教授、聂苏春副教授	化学
2000 年	ES Cell Pte Ltd	胚胎干细胞技术	科技顾问、亚力夫·庞索博士	医药—产科学和妇科医学
2000 年	KOOPrime Pte Ltd	为生命科学提供 IT 解决方案、生物挖掘软件	林泰新先生	自然产品研究中心
2000 年	LYNK Biotech Pte Ltd	药物开发技术	李车伟副教授	医药—生理学
1997 年	Oribiotech Pte Ltd	开发肿瘤标志物	聂伟凯博士	医药
2003 年	OsteoPore Pte Ltd	可进行生物降解的骨组织支架	陶绥鑫教授、达尔曼·霍姆凯尔博士	生物工程

成立时间	名称	业务性质	来自 NUS 的创办者	部门
2003 年	Quantagen Pte Ltd	用于基因分析的无标签探测技术	凯西·常教授	整形外科
2003 年	BioNano International Singapore Pte Ltd	用多层碳纳米管制造的生物传感器	徐吴珊副教授、叶见山博士	生物科学
2004 年	Pro Therapeutics	舌下传送缩氧酸药物	曼努萨·基尼教授、葛罗伟副教授、王彼得副教授	生物科学、医药学
2005 年	Bio Mers	针对多种生物医药应用的聚合物复合产品	雷努瓦·戈帕尔夫人、陶开琳夫人、莫尔夫·费斯南德博士	机械工程、牙修复学

资料来源：新加坡国立大学。

尽管与世界上领先的生物技术集群相比新加坡 DBFs 的数量还相对较少，但考虑到 2000 年之前新加坡没有此类公司，因此记录事实上是可信的。确实，直到最近才有 Lynk Biotechnology 和 AP Genomics 这两家企业生产出了产品。其他一些公司仍然只有管道中的候选药物，或停留在更早期的研发阶段。所有生物信息公司都在市场上有自己的产品，因为软件方面的产品开发周期要大大短于药物开发。但是，商业上的成功正在新加坡 DBFs 中出现。

6. 在医疗保健服务部门扩大临床研究能力

新加坡生物医药科技集群发展的第一阶段（2000~2005 年）的重点是构建生物医药研究的基础。从 2006 年开始，新加坡生物医药科技进入第二个发展阶段，这一阶段的重点是培育临床和转换研究的能力，同时继续加强基础科学的研究（A*STAR，2007b）。

新加坡在临床研究方面具有许多优势，包括良好的医疗保健体系。共有 7 所公立医院，其中 6 所分别为针对癌症、心脏病、眼睛、皮肤、神经科学和牙齿保健的国立专业治疗中心，以及 16 所私立医院。新加坡也具备初级医疗保健网络，由 18 所公立联合诊所与 2000 多名私人执业医生组成。新加坡的医疗保健体系因其优质的服务而享有很高的地区声望，2005 年共吸引外国患者 370000 名，这一数字在 2012 年达到了 100 万名。其他方面的优势包括狭小的国土面积以及由多元化的亚洲人种构成的人口群体，这有利于新疗法和新技术的开发以及专门针对亚洲人的药物试验。

在生物医药科技集群发展的早期，新加坡就开始将自身作为地区临床试验中

从集聚到创新

心来宣传和推销。这较早地成功吸引了如 Pharmacia、Novo Nordisk 和一些大型的接单型研发组织（CROs）来新加坡成立临床试验中心。约翰·霍普金斯大学和新加坡国立大学成立国际医药中心，为病人提供保健服务并进行肿瘤学方面的临床试验。这个中心与新加坡国立大学合作，提供临床教育项目和相应的学位。尽管有早期的成功案例，新加坡的临床试验仍然相对较少。这或许一方面是由于受到来自中国台湾地区、澳大利亚和日本等亚洲临床研究市场的激烈且持续升温的竞争所致，这些地区的优势在于具有较大的本地市场；另一方面是由于缺乏可证实的追踪记录，医药公司不愿意使用这些临床试验中心（Finegold et al.，2004）。

近来，临床研究能力获得了显著的突破和发展。为此，临床研究在 2006 年被明确纳入卫生部（MOH）的任务当中，卫生部下属的国家医药研究委员会（NMRC）大幅增加了对医疗保健部门临床研究的资金支持。SICS 的成立是沿这个方向迈出的新一步，该机构的研究重点是发展基因医药、肝脏疾病和新陈代谢疾病领域内的疾病导向型临床研究和转换研究项目。临床研究的发展也涉及转换研究；所以 SICS 和其他一些新成立的公共研究机构、IMB 等都把基础科学和临床研究项目二者之间的连接建设作为目标，这二者则分别由公共研究机构与新加坡的公立医院、疾病中心和大学主导。

正如生物医药科技集群中的其他部门一样，临床研究也面临人力资源短缺的情况；因此，发展临床科学家人力资源也成为工作重点。其中一个计划是由 A*STAR 设立的国家科学奖学金，该奖学金特别针对那些愿意成为临床科学家的医学博士。近来 A*STAR 又出台了两项人才吸引与发展规划，一是新加坡转换研究调查项目，意在招募世界级临床科学家和临床研究人员来参与新加坡的临床和转换研究；二是设立临床科学家奖，主要针对在研究领域有领军潜质的本土顶尖临床专家（A*STAR，2007b）。

7. 促进转换研究以及研发机构、大学和医疗保健部门之间的其他联络

在临床和转换研究能力的发展中，有一种构建和促进不同机构之间的临床专家和科学家合作的稳妥战略。近来这样的例子是 BMRC 为促进生物医药科技公共研究机构/大学与医疗保健部门之间转化研究联系而成立的联营组织。这些联营组织通过巩固加强现有的研究活动和科技技能、优化利用关键的研究资源、填补研究能力的缺口和建设充足的辅助措施，在国家层面上协调和驱动转换研究，进而使新加坡的转化研究具备国际竞争力。

目前已经成立的联营组织包括：

- 新加坡癌症研究辛迪加
- 新加坡生物成像联营体
- 新加坡干细胞联营体
- 新加坡世代研究联营体
- 新加坡免疫学网络

这些联营组织涉及包括联合项目融资、联合培训、研究基础设施的建立以及本土和海外研究机构联络等一系列活动。

新加坡已经成为国际生物标记联合会的成员，该机构由位于西雅图的弗雷德·霍奇森癌症研究中心的主席兼主任利兰德·哈特维尔博士牵头成立。该机构通过提供合作机会、数据和技术平台以及联合会成员之间的信息共享，来启动大规模协调一致的行动去发掘应用于癌症早期探测的生物标记。新加坡项目的重点是胃癌的生物标记，并涉及 NUH、NUS、GIS、IMCB 和 BII 之间的合作研究。新加坡也有计划成立一个生物标记联营体，这将使基础研究和临床研究团队共同致力于癌症和其他疾病的生物标记的发掘（A*STAR 网站）。

尽管评估这些联营体的效果还为时尚早，但它们的组建是值得肯定的。从整体上说，新加坡创新体系的一个弱点是缺少部门之间的联络；因此通过联营体这种方式来促进和扩大合作是朝着正确的方向迈进的。

（四）成长中的研发与本地大学的教育作用

1. 教育

新加坡生物医药科技集群的发展，使本地大学在研发和教育中发挥的作用越来越重要。在教育方面，大学通过相关的计划项目帮助生物医药科技集群培养所需的人力资源。在新加坡国立大学的活动中，最具雄心的就是建立第二所医学院。现有的医学院沿袭了英国的传统，直接从高中选拔学生；与之不同的是，新的医学院仿照了美国医学研究院的做法，学生来自不同的学科并且较为重视招聘的教职人员的研究能力。这所医学院是与美国的一所顶尖的医学院（杜克大学）合作成立的，与最大的公立医院（新加坡综合医院（SGH））位于同一个校区以便就近特别是在研究领域交流互动（Wong，2007）。

新加坡国立大学在 2001 年也成立了生命科学办公室（OLS），通过大学和其分支机构来整合与促进生命科学研究和教育。在 OLS 引进的这些教育项目中，

从集聚到创新

其中一个是由五个核心科系（计算、牙医学、工程、医药和科学）都参与的一体式生命科学研究生计划。OLS 也启动了生物信息学项目，系成员来自计算和医药学院，也有一些工程学和科学方面的教职人员。

一个新的生物工程学分支于 2001 年在工程系成立。该分支意在打破各系和大学之间的部门边界，并按照这个主旨进行构建。因此，做出政策决定的委员会由来自工程系、科学系和医学系的学术成员组成。类似地，分支中的成员也会参与工程系和其他系以及研究机构举行的会议。这使学生们获得了不同系之间的专业技能和资源；比如在医学院和新加坡国立大学获得了临床实践（Wong，2007）。

新加坡排第二的南洋理工大学也参与了生物医药科技教育和研发。其生物科学学院成立于 2001 年，设在科学院下面；化学与生物医药工程学院设在工程学院下面。

2. 研究

如上所述，新加坡国立大学中的生物医药科技研究计划在生命科学办公室（OLS）的推动下得到发展。OLS 将来自五个科系的研究人员会聚到一起，共同致力于十个研究领域，这些领域可分为疾病（癌症、神经生物学、动脉血管生物学/血管再生术、肝脏病、传染病）和平台技术（生物信息学/存档/分子流行病学、结构生物学/蛋白质组学/基因组学、免疫学、生物工程、实验疗法/医药化学/毒理学/临床试验）。这种整合性的运作可以在新加坡国立大学中将更多的注意力投入到生物医药科技研究中，也有利于同新加坡和海外其他研究机构之间的合作（Wong，2007）。

国立大学医药研究所（NUMI）成立于 1994 年，它将一些意向研究领域转化为具体的研究规划。它在肿瘤学、低温保存、神经生物学、糖尿病、ROS 生物学和细胞凋零方面有着相关的研究项目。NUMI 也支持医学院的研究活动，并提供共聚焦显微镜、DNA 序列和流式细胞计量仪等研究设备和服务。

在新加坡国立大学科学系下的蛋白质和蛋白质组学中心也为生物医药科技研究提供帮助。中心为研究者提供仪器和服务，并负责培训本科生和研究生来支持相关领域的研究项目，如蛋白质组学、蛋白质科学和技术、化学生物学、药物设计、免疫学和结构生物学等。

在工程系中，生物工程部门设立了生物工程学与纳米生物工程走廊来促进纳米技术和生物工程技术的研究。走廊由一些多学科实验室组成，其目的是鼓励相互启发式的创意和跨学科教学与研究。实验室人员的学科背景包括生物材料学、生物力学、生物物理学、生物纳米技术、生物信号处理和测量、化学医疗工程、可计算生物工程学、纳米生物工程学、纳米生物力学、组织工程学和生物流体学。

除了不同科系之间的研究之外，生物医药科技研究是由隶属大学的研究机构主导进行的。一个例子是淡马锡生命科学实验室（TLL），它同时隶属于新加坡国立大学和南洋理工大学。TLL 位于新加坡国立大学校区，主要从事分子生物学和遗传学研究。

3. 转换研究

新加坡国立大学——杜克大学医学研究生院（GMS）成立于 2005 年，基于杜克大学医学教育模式设置了研究密集型课程。其重心是培养将来从事转换研究的临床科学家。如上所述，这得益于其地理位置，因为它和新加坡综合医院以及国立专门研究中心位于同一个校区内。研究人员可以获得专业性的配套设备，并且较近的距离也有利于转化研究方面的合作。近来，GMS 宣布与 A*STAR 合作开展一个一体化跨学科神经科学研究计划，计划重点就是转化研究。神经科学研究合作关系将拓宽 GMS 研究人员的合作范围，也包括 A*STAR 下属的生物医药科技公共研究机构的资源和专业技能。

转化研究另一个引人注目的方面就是新加坡胃癌研究联营体，它是合作的产物，其研究人员来自 NUS、NUH 和新加坡国立癌症研究中心（NCCS），也包括来自公共研究机构和海外癌症研究中心的人员。这一研究是 NMRC 的转换临床研究龙头计划第一个资助的项目，在接下来的五年中获得了 2500 万新加坡元的支持。新加坡国立大学作为其中一个组成单元，主要作为临床研究和相关研究的实验室。NCCS 的重点是胃癌的遗传学分析，NUH 将负责临床试验。该联营体也与数个国际机构和新加坡其他一些医院、公共研究机构和大学进行合作（A*STAR，2007a）。

大学医学院转换研究所需的基础设施由于 2007 年出台的一项 1.4 亿美元的计划而得到了进一步发展。该计划包括建造实验室用的研究大楼、医药单元楼和动物研究设备。不仅研究场所会扩建，涉及的相关制度也会进行整合，进而打造两个转换研究基地：一个由 NUS 和 NUH 组成；另一个由 GMS、SGH 和国立疾病专门研究中心组成（A*STAR，2007b）。

从集聚到创新

4. 国际多学科研究

一项为促进新加坡大学之间多学科研究的行动由国家研究基金会的卓越研究和技术企业校园（CREATE）来落实。CREATE 的目标是促进联合的多学科研究以及顶尖研究型大学和新加坡知识组织之间的联络。

CREATE 的第一个研究中心是建立在麻省理工学院、新加坡国立大学和南洋理工大学的相互关系上的，也就是人们所知的新加坡—麻省理工学院联盟（SMA），联盟中的三所大学合作从事研究生教育和相关研究。这些大学进一步将它们的关系构建为新加坡—麻省理工学院研究与技术联盟（SMART）中心，在这个研究中心里，来自麻省理工学院的教师、研究员和研究生可以与来自新加坡及亚洲的大学、理工学院、研究机构和相关产业的人员进行合作。SMART 将成立五支跨学科研究团队，目前其中的两个已展开工作。第一支研究队伍是传染病研究中心，由 8 名麻省理工学院的高级教职人员和 17 名来自 NUS、NTU、TLL 和其他公共研究机构的成员组成，其领域涉及生物学、工程学、医药学和计算机科学。第二支研究队伍是环境感知与建模中心，包括来自麻省理工学院、NUS、NTU、热带海洋科学研究所和公共事业委员会的成员，涉及工程学、地球和大气科学、建筑学和计算机科学（NRF，2007）。

二、离岸海上工程集群

新加坡离岸海上工程集群的发展需要放在打造新加坡海运集群（SMC）这样一个整体战略下考察。新加坡海运集群已经建立多年，岛国的战略区位使其成为世界上最重要的港口和船运中心之一。当前的政策目标是加强新加坡海运集群，使新加坡保持亚洲地区顶级国际海运中心的地位。

（一）新加坡海运集群（SMC）发展概述

新加坡海运集群主要由两部分组成：核心海运部门，包括传统水上交通运输部门；非核心海运部门，包括海上运输服务。核心海运部门的收益全部来自海运相关的活动。非核心部门中，海运活动只占其全部运营活动的一部分。表3-13 展示了从事这两类业务的部门。

在过去数年中，新加坡海运集群经历了显著增长，如表 3-14 所示。在 2005年，新加坡海运集群的增加值为 143 亿美元，占 GDP 的 7.4%，这一数字在 2000年为 5.1%。在这五年间，新加坡海运集群以每年超过 12% 的速度增长，相应的年就业增长率为 7%。劳动生产率在这几年中也相应获得提高。人均增加值由 2000 年的 117 千新加坡元上升到 2005 年的 149 千新加坡元。新加坡海运集群的劳动生产率数据与整个经济范围内的活动形成了对比，后者在 2000 年和 2005 年分别为 74 千新加坡元和 84 千新加坡元。

表 3-13 新加坡海运集群中的主要产业

传统的核心海运部门	非核心海运部门
离岸	物流和配套服务，包括：
造船和维修	货运代理
航运	货物检验服务
船舶经纪和租赁	集装箱服务
港口部门	
海上装备批发与零售	工程和其他技术服务
船级社和海上调查设备	
船舶代理	辅助性的服务，包括：
船舶管理服务	海运法律服务
船具商	海运金融
船舶加油	海运保险
游轮	海运教育和培训
内地淡水运输	海运研发和技术

资料来源：Wong 等（2004）。

表 3-14 新加坡海运集群的增长趋势

	2000 年	2005 年	年均复合增长率（2000~2005 年）（%）
直接增加值（百万新加坡元）	8104	14311	12.10
直接增加值占 GDP 的比重（%）	5.1	7.4	na
雇佣人数（人）	69257	96136	6.90
人均增加值（千新加坡元）	117	149	4.10
人均增加值—整体经济（千新加坡元）	74	84	2.10

注：na 表示缺少数据。
资料来源：Wong 等（2007）。

从集聚到创新

表 3-15 对比了新加坡海运集群和其他国家和地区的海运集群。这体现出与海运相关的活动对新加坡经济的重要性。在这些国家和地区中，新加坡是唯一一个海运活动占国内生产总值（GDP）超过 5% 的国家。其他国家和地区的这一数值均低于 3%，即使对中国香港和挪威这样的传统海运中心来说也是如此。此外，

新加坡海运集群与其他经济活动具有较强的关联性（见表3-16）。2005年，新加坡海运集群带动了非海运相关部门314亿新加坡元的产出。同时对于其他经济部门来说，它也产生了34.5亿美元的间接增加值，产生的总附加值（直接+间接）为177.6亿新加坡元，占GDP约9.2%。

表 3-15　海运集群增加值（国际参照为 2001 年）

	美元增加值（2001）		增加值占 GDP 比重（%）	
	除非交通运输服务（如法律、金融）以外的海运增加值	包括服务在内的总海运增加值	除非交通运输服务（如法律、金融）以外的海运增加值	包括服务在内的总海运增加值
丹麦	1.9	na	1.1	na
德国	9.7	na	0.5	na
荷兰	4	na	1	na
挪威	4.8	na	2.9	na
英国	8.6	10.3	0.6	0.7
中国香港	3.96	4.04	2.41	2.44
新加坡	4.3	4.4	5.2	5.3

注：除英国以外的所有欧洲国家，海运增加值不包括非交通运输服务，如金融、法律服务、保险。对除英国以外的欧洲国家的估计采用1999~2001年的平均数值。对于英国、中国香港和新加坡，为2001年数据。新加坡海运增加值包括离岸部门。na表示缺少数据。

资料来源：Wong 等（2004）。

表 3-16　海运集群的经济关联效应

	产出	增加值
估计的乘数，2005 年（基于 2001 年的投入—产出表）	1.39	0.23
海运集群的直接贡献	797.1 亿新加坡元	143.1 亿新加坡元
海运集群的间接贡献	314.1 亿新加坡元	34.5 亿新加坡元
总计	1111.2 亿新加坡元	177.6 亿新加坡元

资料来源：根据统计局提供的部门间乘数计算得到。

表3-17显示了2005年新加坡海运集群增加值和就业人员的构成。航运与经纪租赁这两个部门贡献了海运集群将近一半的增加值，港口部门贡献了14.5%。但是在这三个主导部门中，只有经纪租赁部门在过去五年表现出强劲增长。在这些传统的船舶港口活动之外，离岸和海上工程部门是新加坡海运集群的重要组成部分。这些部门贡献了集群将近1/5的增加值并解决了1/4的就业。离岸建设部门贡献了6.8%的增加值和9.2%的就业。造船/维修部门贡献了总海运增加值的1/10并且是最大的海运劳动力雇主部门，占新加坡海运集群总就业的38.2%。此

外，离岸和海上工程部门在过去五年中实现了高速增长。无论是增加值还是就业，离岸和海上工程部门在 2000~2005 年都以两位数的年均速度增长。增加值的增速尤其惊人，超过了集群中的其他部门，在这一时期以年均 6.8%的速度增长。

表 3-17　2005 年新加坡海运部门的主要统计数据

	增加值			就业		
	2005 年（百万美元）	2005 年比重（%）	2000~2005 年复合年增长率（%）	2005 年数量	2005 年比重（%）	2000~2005 年复合年增长率（%）
核心海运部门	12865.00	89.89	6.335	77036	80.13	12.017
离岸	978.0	6.83	12.8	8838	9.19	13.3
造船和维修	1479.9	10.34	10.1	36688	38.16	11.9
海运设备/配件的批发/零售	318.1	2.22	4.5	4063	4.23	6.5
船具商	117.6	0.82	8.6	1950	2.03	12.5
船舶加油	266.0	1.86	14.0	1238	1.29	42.3
航运	3479.1	24.31	–1.0	2573	2.68	12.7
游轮	2.0	0.01	14.0	79	0.08	–1.0
内地淡水运输	284.7	1.99	–2.3	1916	1.99	2.1
船舶经纪和租赁服务	3219.8	22.50	21.7	2359	2.45	32.0
船级社和海上调查服务	152.7	1.07	6.8	901	0.94	14.1
船舶代理	312.0	2.18	–6.0	3542	3.68	–1.3
港口	2074.1	14.49	0.8	10400	10.82	0.6
船舶管理服务	181.0	1.26	–1.7	2489	2.59	–0.5
非核心海运部门	**1446.9**	**10.11**	**8.7**	**19100**	**19.87**	**12.3**
物流和配套服务	1017.9	7.11	6.6	15642	16.27	7.1
工程与其他活动	120.1	0.84	4.5	859	0.89	32.3
法律服务（海运）	28.4	0.20	3.5	240	0.25	6.5
保险、再保险和 P&I（海运）	86.3	0.60	2.3	398	0.41	19.0
海运相关的金融服务	63.2	0.44	14.5	282	0.29	27.1
培训/教育（海运）	37.6	0.26	16.0	570	0.59	12.6
海运相关的研发和信息技术	93.3	0.65	2.8	1109	1.15	4.4
新加坡海运部门	**14311.9**	**100**	**6.8**	**96136**	**100**	**12.0**

资料来源：EDB、DOS 以及从新加坡国立大学企业家中心海运辅助服务调查中计算得出。

（二）新加坡海运集群的发展和竞争力

1. 海运集群中现有产业知识密集度的升级

新加坡海运集群的持续增长也面临着持续增加的地区和全球竞争，其主要原因是：主要的海运部门中劳动生产率的改进和知识密集度水平的持续提高。

这种改进的典型例子是港口部门，它是新加坡海运集群的一个传统的"锚"部门。近年来，新加坡港遭遇了来自附近地区新港口的激烈竞争，特别是马来西亚的丹绒柏乐巴斯港和中国的港口。这些港口的优势在于具有廉价的土地和劳动力，因而运营成本较低。尽管如此，新加坡港通过对信息通信技术和自动化的积极投资大幅提高了生产率，从而可以维护自身的市场。因为这些举措，新加坡港持续吸引着大量的船运交通并保持着世界第一大集装箱港口和第二大货物吞吐量港口的地位。

海运集群中另外一个实现了技术能力升级和知识密集度水平提高的部门是海上工程产业，它由离岸部门和造船维修部门组成。直到最近，造船和维修产业仍然从事传统的造船厂活动以及为停泊在新加坡港的船只提供新造和修理服务。这个产业通过把业务范围成功地多元化至离岸石油和天然气建设以及海上工程服务部门而实现了转型。正因如此，许多原本从事传统造船活动的本土企业已经成长为离岸建设业务领域内的全球领导者。关于离岸部门更详细的分析将在本章后面展开。

通过提高生产率和知识密集度水平而实现高速增长的其他部门包括加油和物流服务。知识密集型的海运金融、保险、法律和分类服务也实现了强劲增长，尽管这些部门的初始规模较小。

2. 国家在促进新加坡国际海运中心发展中的作用

新加坡交通部出台的海洋交通政策所描绘的蓝图，是将新加坡打造成亚洲领先的海运中心，并培育一个有活力的国际海运中心（IMC）集群，该集群不仅可以巩固和增强新加坡港的中心地位，还能作为经济增长的又一个引擎。2003年，海运和港口管理局（MPA）被指定为"首席机构"，其目标就是将新加坡由初级的海上交通中心打造成亚洲领先的全方位一体化的国际海运中心。

在需要协调多个机构的背景下，MPA对国际海运中心的发展发挥了主要作用。如图3-2所示，新加坡国际海运中心发展的制度框架涉及诸多部级行政单位和政府机构，以及通过联盟和新加坡海运基金而出现的行业代表。多方机构和利益相关者的出现需要一个整体性的发展思路。

若干事项已经开始进行以促进新加坡国际海运中心的发展。图3-3具体展示了新加坡国际海运中心发展战略的内容。MPA监管新加坡海运活动的扩张，从核心的港口和船舶服务，到加油、船舶经纪/租赁、物流配套和分类/调查服务。

另一个相关的重要战略举措是诸如保险、金融和法律服务之类的海运辅助服务的发展。除了促进本地组织参与之外，MPA 还注重吸引国际玩家进入该领域。为

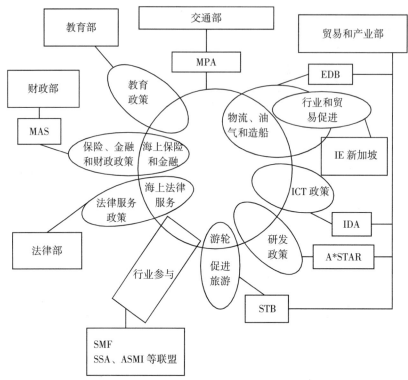

图 3-2　新加坡国际海运中心发展的整体性制度框架

资料来源：Wong 等（2005）。

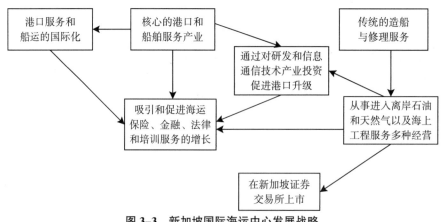

图 3-3　新加坡国际海运中心发展战略

实现上述这些目标，港口和船舶服务的持续活力是至关重要的，促进港口升级和技术进步的投资也需要持续进行。

MPA 还与新加坡经济发展委员会以及新加坡的国际企业合作，共同致力于促进传统的造船和维修产业进入离岸石油和天然气平台建设以及海上工程服务的领域中。这些新兴领域的多元化活动为研发和 IT 项目提供了机遇，并刺激了保险、金融和法律等辅助性海运服务的发展。

3. 新加坡海运集群研发与创新方面的政府规划

交通部对新加坡发展的定位是，从海运研发中心发展成为一个有活力的国际海运中心枢纽。MPA 因此以制度化的方式出台了一系列活动来配合这一战略，其中一项是 MPA 和挪威研究委员会（RCN）之间的谅解备忘录。谅解备忘录签署于 2002 年，为 MPA、RCN、研究机构、学术机构和来自新加坡与挪威的行业代表在商业和用户导向的海运研发及教育和培训（RDET）项目方面的合作提供了一个框架。谅解备忘录涵盖的领域包括海上环境保护、船舶操作与海运技术。MPA-RCN 谅解备忘录的范围包括诸如交换生计划和行业实习计划、教育培训课程以及海运 RDET 项目商业化方面的合作。

除了谅解备忘录之外，MPA 启动并管理了海运创新和技术（MINT）基金。这是一个 1 亿新加坡元的基金，目的是支持海运技术集群发展计划的发展项目。基金中的 5000 万美元被指定用来增强海运研发能力。

由 MINT 基金资助的项目和计划包括：

（1）TRIDENT 平台（与 EDB 的联合项目）：这个平台用来发展和测试海运方面以及新海运技术的研究和创新发展方面的创新成果。该项目使企业和第三方研究机构（TRIs）能够进行与海运活动有关的研发和创新，并能够利用新加坡港和海运设备作为创新测试平台。

（2）海运种子基金：这个基金的对象是那些想把技术和创新由概念变为商业化现实的初创企业或成长中的企业，另外也针对那些想进一步增强研发力量、在新加坡或充满风险的海外市场设立工厂的海运技术企业。这个基金参股投资于在新加坡注册的企业，并有三层投资标准：早期初创企业的规模要达到 5 万美元；初创企业要达到 30 万美元；对已经成长起来的企业则要视具体情况而定。

（3）联合第三方研究机构与 MPA 研发计划：这个计划由第三方研究机构（TRI）和 MPA 共同向与海运有关的研发项目投资。MPA 作为研发合作者参与此项目。项目与海运产业有关，并且技术和创新应该有潜力转化为商业化产品、系统或服务。第三方研究机构被鼓励在它们的研发项目中寻找行业伙伴。

（4）海运技术教授职位：MPA 在本地涉及技术研发的大学中设立了海运技术教授职位（新加坡国立大学和南洋理工大学）。鼓励大学通过美元对美元匹配政府基金来为产业贡献资源。设置教授职位的目的是激发与海运产业有关的研发活动。

（5）海运产业实习计划：该计划的目标是促使工程学、IT 和科学专业的学生进入海运产业中的第三方研究机构实习。按照这个计划，海运研发概念和项目可以从学生中产生。在实习期结束时，学生可以就海运研发项目提交他们的建议。被采纳的建议将会获奖，他们学业的最后一年或研究生期间的研发项目将会得到MINT 的资助。

（三）新加坡离岸和海上工程集群

从传统的造船和维修到离岸建设和海上工程服务（见图 3-3）的这一多元化战略取得了显著的成就。新加坡已打造出了世界上领先的离岸和海上工程集群，占有浮式生产储存卸载船舶全球市场份额的 70% 和桩脚式钻探平台全球市场的70%。两家本地企业，吉宝远东和胜科海事已经成为世界上最大的离岸石油钻探平台制造商。

此外，新加坡占有世界船舶维修市场份额的 20%，并且是世界上石油和天然气装备制造与服务的三大中心之一。近年来，新加坡在该领域的产量居亚洲第一，为世界前十家石油和天然气装备企业中的六家提供服务。

表 3-18 给出了过去十年中新加坡海上和离岸工程产业的销售收入。按照新加坡产业划分分类标准来看，海上和离岸工程产业由离岸部门、造船部门、船舶维修部门和其他海上工程部门组成。两个离岸部门分别是石油钻井和油田/汽田机器设备。

离岸和海上工程活动在 2006 年生产了超过 120 亿新加坡元的产品和服务。其中的 40%，即 54 亿新加坡元的收入来自离岸部门，另外 30% 或者 46 亿新加坡元的收入来自船舶维修部门。造船部门的收入较为一般，约 13 亿新加坡元，占行业的 11%。自 1996 年起的十年中，海上和离岸工程产业的组成发生了变化。

2001~2006 年，海上和离岸工程产业整体上以年均 20.2% 的速度增长，扭转了过去 5 年中平均-1.8% 的增长趋势。在行业各部门中，石油钻井部门的增长速

表 3-18　海上和离岸工程产业销售收入

年份	离岸		造船	船舶维修	其他海上工程		海上和离岸工程产业（千新加坡元）
	石油钻井设备制造维修（千新加坡元）	油田/汽田机械设备的制造维修（千新加坡元）	轮船、游轮和其他海上船舶的建造（千新加坡元）	轮船、游轮和其他海上船舶的维修（千新加坡元）	游艇、驳船和小船制造（千新加坡元）	引擎和船舶配件制造维修（千新加坡元）	
1996	635110	570292	623492	1765819	114345	344613	4053671
1997	685180	693900	458803	1883759	99124	371108	4191874
1998	687907	832836	465856	2196496	95887	322145	4601127
1999	546618	658201	402035	1984042	120111	324915	4035922
2000	318922	916749	364504	1665994	141059	365825	3773053
2001	440369	1136767	449416	2325768	128887	449762	4930969
2002	977281	1045209	443048	2510931	144077	527371	5647917
2003	658538	1209661	492978	2199417	158542	458328	5177464
2004	1061525	1320759	785208	2569369	143863	559524	6440248
2005	2047241	1696337	1058242	3140156	136889	706509	8785374
2006	3224299	2214282	1330904	4564192	200204	830109	12363990
年均增长速度（%）							
1996~2000	−15.82	12.60	−12.56	−1.44	5.39	1.50	−1.78
2001~2006	48.91	14.26	24.25	14.44	9.21	13.04	20.18
在海上和离岸工程产业中的份额（%）							
1996	15.67	14.07	15.38	43.56	2.82	8.50	100.00
2000	8.45	24.30	9.66	44.16	3.74	9.70	100.00
2006	26.08	17.91	10.76	36.92	1.62	6.71	100.00

资料来源：经济发展委员会。

度最快，年均增速在 2000 年之后达到 49%，与 1996~2000 年的−15.8%形成鲜明对比。其销售规模在 20 世纪 90 年代中期约为 6 亿新加坡元，而在 2006 年则达到 30 亿新加坡元。造船部门也以较快的步伐增长，在过去六年中的年均增速为24.3%，超过了船舶维修部门 14.4%的增长速度。

造船和维修产业过去 35 年的收入反映在图 3-4 中，增长最快的时期是在2000 年以后。在此之前，造船、维修和钻井平台建造这三个部门的增长都是比较平稳的，尽管船舶维修部门在 20 世纪 80 年代中期经历了一个波峰。

1. 离岸部门和造船/维修部门的生产率

海上和离岸工程产业在过去数年中的快速增长带来了生产率的提高，如表3-19 所示。用人均增加值测量的劳动生产率从 1996 年的 42000 新加坡元增加到2006 年的 55000 新加坡元。劳动生产率的提高在石油钻井部门表现得尤为明显，该部门的人均增加值翻了 3 倍，从 1996 年的 22600 新加坡元上升到 2000 年的 76900 新加坡元，在 2006 年仍维持在 72600 新加坡元的水平上。另外一个劳动生产率显著提高的是造船部门。固定资产利用率在海上和离岸工程产业的所有部门中都下降了，这表明效率水平或者说全要素生产率水平有实际提升，这解释了我们观察到的劳动生产率的增长。

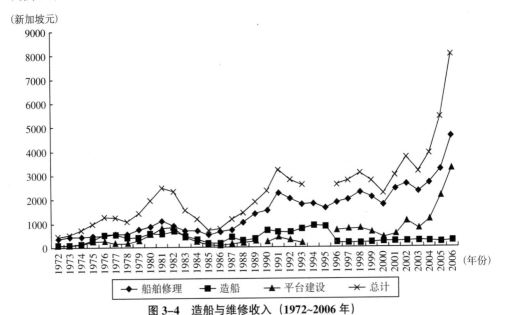

图 3-4　造船与维修收入（1972~2006 年）

注："平台建设" 1994 年、1995 年数据缺失。
资料来源：经济发展委员会。

表 3-19　海上和离岸工程产业主要统计指标

年份	离岸		造船	船舶维修	其他海上工程		海上和离岸工程产业（千新加坡元）
	石油钻井设备制造维修（千新加坡元）	油田/汽田机械设备的制造维修（千新加坡元）	轮船、游轮和其他海上船舶的建造（千新加坡元）	轮船、游轮和其他海上船舶的维修（千新加坡元）	游艇、驳船和小船制造（千新加坡元）	引擎和船舶配件制造维修（千新加坡元）	
	增加值/就业（千美元/人）						
1996	22.6	101.5	70.7	32.0	37.9	50.2	41.9
2000	76.9	138.6	81.3	30.4	47.8	44	49.7
2006	72.6	127.0	129.4	38.5	61.3	35.9	55.0
	增加值/收入						
1996	0.087	0.42	0.246	0.318	0.265	0.549	0.291
2000	0.438	0.408	0.288	0.322	0.297	0.514	0.367
2006	0.142	0.288	0.240	0.240	0.300	0.433	0.237

从集聚到创新

年份	离岸		造船	船舶维修	其他海上工程		海上和离岸工程产业（千新加坡元）
	石油钻井设备制造维修（千新加坡元）	油田/汽田机械设备的制造维修（千新加坡元）	轮船、游轮和其他海上船舶的建造（千新加坡元）	轮船、游轮和其他海上船舶的维修（千新加坡元）	游艇、驳船和小船制造（千新加坡元）	引擎和船舶配件制造维修（千新加坡元）	
	固定资产/就业（千美元/人）						
1996	57.6	70.7	79.4	51.2	41.4	41.6	10.8
2000	54.7	67.7	73.8	37.2	34.0	25.5	10.8
2006	23.5	69.4	60.4	22.7	20.8	11.2	9.3
	总工资报酬/就业（千美元/人）						
1996	22.8	52.1	31.4	23.8	28.9	37	28.1
2000	21.1	57.8	32	21.8	26.9	33.3	27.4
2006	37.0	60.3	50.9	22.0	29.9	25.6	29.6
	营业盈余/收入						
1996	−0.019	0.155	0.108	0.030	0.025	0.061	0.052
2000	0.255	0.211	0.142	0.059	0.096	0.079	0.129
2006	0.077	0.143	0.148	0.095	0.151	0.092	0.105

资料来源：根据经济发展委员会的数据计算得到。

一方面，与劳动生产率提高相对应的，工人人均劳动报酬在过去几年中没有太大提高。离岸部门和造船部门的平均工资有较大增长，但船舶维修部门的平均工资却下降了。

另一方面，海上和离岸工程产业中增加值占收入的份额略有下降，这是由于船舶维修部门和油田机械装备部门增加值/收入比率的下降所致。对石油钻井部门来说，增加值占收入的比重在过去十年中有了提高，这一比率在造船部门几乎没有发生变化。

2. 新加坡离岸和海上工程集群创新能力的发展

表 3-20 给出了新加坡主要离岸和海上工程企业的资料。在离岸工程建设部门主要有三家企业，分别是吉宝远东、胜科海事和如同海运。这三家企业已经营多年，在发展的早期主要从事传统的造船厂活动。如今，吉宝远东和胜科海事两家企业已经巩固了其世界上最大的两家石油钻井建造商的领先地位。

尽管新加坡企业组成的集群已经成为世界上主要的离岸石油钻井平台生产和海上工程服务的供应商，其生产和服务的订单遍及世界各地，但直到最近这些年，集群也没有出现重大研发创新和专利。

表 3-20 主要离岸工程企业

公司名称	2005 年销售收入（百万新加坡元）	2005 年利润（百万新加坡元）	成立时间和活动	上市时间	当前主要从事的业务
吉宝远东	1458.70	127.9	1967 年，远东造船工业有限公司（FESL），涉及钻井平台建设	1969 年（FESL）1980 年（吉宝）	设计、建造、改装、升级和修理移动式离岸钻井设备，浮式生产系统、甲板生产以及专业运输工具
胜科海事	2119.30	125.6	1963 年，巨龙船坞厂，重点业务是船舶维修	1987 年（巨龙船坞厂）	提供一体化解决方案，包括船舶维修、建造、改装、钻井建造、甲板制造和离岸工程
如同海运	515.8	55.9	1978 年，涉及航运和造船	1996 年	造船、维修、离岸钻井建造和航运。2000 年进入优质钻井建造市场

资料来源：从公司年报和 S1000 得到。

在离岸钻井制造部门，能力发展是通过连续不断的干中学实现的。吉宝远东、胜科海事这样的企业一开始都是从发达国家企业那里获得许可授权而进行生产的，在自身能力提高之后由分包商逐渐成为主承包商。后来，这些公司获得了设计权并收购了设计公司以提高自己的设计能力。

核心钻井建造企业的发展带动了多种多样的海上服务企业的增长，如表 3-21 所示。这些企业从事离岸船舶租赁、物流和采购服务、设备分销和维护等业务。一些此类型的企业将业务多元化至石油钻井设备修理、装备发展、IT 服务和相关的海上工程服务等领域。

表 3-21 主要的离岸补给服务企业

公司	2005 年销售收入（百万新加坡元）	2005 年利润（百万新加坡元）	成立时间和活动	上市时间（年）	当前主要从事的业务
CH Offshore	47.6（百万美元）	23.0（百万美元）	1976 年，Mico Line Pte，离岸服务供应商	2003	拥有并运营一队锚作业拖船，为离岸石油和天然气产业提供服务
Jaya Holdings (inc Jaya Shipbuilding & Engineering and Jaya Offshore)	168.9	86.9	1981 年，Jaya Marine Lines，船舶租赁公司	1994	拥有船队并从事租赁业务和船坞厂活动。在 2002 年，做出将业务重点放在离岸航运业务上面，并减少传统航运业务的战略决策

公司	2005 年销售收入（百万新加坡元）	2005 年利润（百万新加坡元）	成立时间和活动	上市时间（年）	当前主要从事的业务
Swissco Internatinal Ltd.*	13.9	12.4	1970 年，Well Industrial and Ship Supply Company，一家船具商企业	2004	海上物流服务，为航运和离岸石油天然气产业提供修理和维护服务。是离岸补给船舶服务和 OPL 海上物流领域内领先的企业
Swiber	25.2（百万美元）	5.7（百万美元）	1996，租赁补给船只	2006	集离岸工程、采购、建设、安装和接受委托等服务于一体的承包商
KS Energy Services Ltd.	269.1	37.1	1974 年，主要处理硬件设备	1999	石油和天然气产品的分销、采购、工程和离岸租赁业务
Aqua-Terra Supply Co Ltd.**	112.8	6.1	1972 年，最初的业务重点是产品分销	2004（中小板）2006（主板）	服务提供商和专业化采购公司。石油和天然气消耗资料的采购、石油和天然气产品分销、海上和采矿产业
Ezra Holdings Ltd.	72.5	36.1	1992 年，管理和运营离岸补给船只	2003	离岸补给服务—离岸补给船租赁、船只管理服务。海上服务—船舶和钻井设备维修、物流和产品采购
Singapore Technologies Marine Ltd.	659.8	70.3	1968 年，设计、建造和升级商业船只，包括离岸补给船只	1990	交钥匙型船舶制造、船只改装和维护保养以及维修服务、设计服务

注：* 表示 Swissco's asscioated company，Swiber Holdings Pte Ltd.（如今作为 Swiber Holdings Ltd 运营）于 2006 年在新加坡证交所公开上市。** 表示 KS Energy 的分支。

资料来源：来自各公司年报和 S1000。

3. 公共研发机构的发展与离岸产业的创新合作

近年来，政府开始在海上工程领域促进研发活动，以支持私人企业创新能力的升级。

作为这些措施的一部分，高等教育机构之间的合作得到了鼓励支持。离岸研究和工程中心（CORE）于 2003 年在新加坡国立大学成立。CORE 在 2004 年由经济发展委员会和新加坡国立大学正式启动，用来增强新加坡作为石油和天然气中心枢纽的表现，因为这一产业在全球范围内具有高增长的前景。CORE 的目标是发展先进技术并通过与石油天然气产业内的其他本地研发机构、国际专家与合作伙伴共同合作来扩大离岸工程研究的人才储备。CORE 得到了来自 A*STAR 的强力支持并与许多顶尖研究组织合作，包括帝国理工学院和挪威船级社。此外，CORE 也得到了行业内的支持，因为企业意识到尖端的研发能力对保持竞争力的重要性。得到行业内对其活动的支持后，CORE 有四家成员企业为其研发工作签署了承诺协议书。四家企业包括新加坡海运工程部门中的重要成员：吉宝岸外与海事、SOME（胜科海事的一个子公司）、库博·喀麦隆和劳氏船级社。迄今为止，CORE 已经实施了数个研发项目，包括与本地企业和海外组织的合作，如挪威船级社与荷兰的代尔伏特理工大学。CORE 在 2007 年 3 月提供了 1000 万新加坡元的基金用于离岸技术研究计划。

在南洋理工大学，一项海上工程领域的研究生教育计划在 2004 年设立。这项计划由南洋理工大学和海上与离岸产业联合推进，目的是培养满足快速增长的离岸产业技术和运营需求的人才。在计划开始的时候，六家主要的离岸和海上工程企业，包括新加坡海上产业协会的五家会员，承诺拿出 50 万美元作为奖学金，资助学生完成接下来三年的课程。

另外一个重要的措施是在新加坡标准、生产力与创新局成立海上和离岸技术创新中心（COI（MOT）），政府机构负责企业发展。COI（MOT）提供咨询、研发和技术转移服务来协助海上工程和装备产业里的中小企业升级自身的技术能力。该中心以合作的模式运作并与产业内的企业建立了合作关系，在一些案例中也与研究机构建立了合作。在中心提供的服务中，其中一项是技术创新计划（TIP）。通过 TIP，中心分享了专家人力资源的工资成本和技术创新项目的支付成本。

海上工程部门的研发支出在 20 世纪 90 年代后期有了较大的提高，这反映了政策对技术发展的重视，如表 3–22 所示。用于海上工程技术的研发支出在 1993 年为 221 万美元，在 2000 年已经增加至 2000 万美元。在接下来的六年中，年度支出有所波动但平均每年仍超过 2000 万美元。相应地，在海上工程研发部门工作的科学家和工程师的数量从 1993 年的 23 人上升到 2006 年的 134 人。

类似地，以专利形式出现的研究产出自 20 世纪 90 年代中期以来有了较大增加。1978 年以来，共有 23 项与离岸活动有关的专利，这些专利由美国专利和商标办公室授予，发明者或者是新加坡公民或者是在新加坡的利益相关者。在这 23 项专利中，11 项是 2000 年之后获得的，如表 3–23 所示。最近授予的四项专

从集聚到创新

利是两家企业开发的，分别是离岸技术公司和深水技术公司，这两家企业是吉宝远东的子公司。

表 3-22　新加坡海上工程部门关键研发指标（1993~2006 年）

年份	研发支出（百万美元）	RSEs（FTE）
1993	2.21	23
1994	3.39	32
1995	4.85	41
1996	13.15	69
1997	19.09	122
1998	11.64	87
1999	17.99	194
2000	20.95	61
2001	20.53	82
2002	124.8	145.9
2003	16.27	77.9
2004	23.4	90.4
2005	19.01	127.6
2006	20.66	133.9

资料来源：A*STAR 新加坡全国研发调查。

表 3-23　新加坡发明或受让给新加坡利益相关者的离岸专利

受让人	总计	1978~1989 年	1990~1999 年	2000~2007 年
外国受让人	7	1	4	2
ABB Vetco Gray（美国，得克萨斯州）	2	0	2	0
FMC Corporation（美国，伊利诺伊州）	1	0	1	0
GlobalSantaFe Corporation（美国，得克萨斯州）	1	0	0	1
Schlumberger Technology Corporation（美国，得克萨斯州）	1	0	1	0
Dril Quip Inc.（美国，得克萨斯州）	1	0	0	1
A. R. M. Design Development（新加坡）	1	1	0	0
新加坡受让人	16	2	5	9
Keppel Offshore and Marine subsidiaries	4	0	0	4
Deepwater Technology Group Pte Ltd.（新加坡）	2	0	0	2
Offshore Technology Development Pte Ltd.（新加坡）	2	0	0	2
Notrans Group（新加坡）	6	0	4	2
Nortrans Offshore Pte Ltd.	2	0	0	2
Nortrans Shipping and Trading Pte Ltd.	3	0	3	0

受让人	总计	1978~1989 年	1990~1999 年	2000~2007 年
Nortrans Engineering Pte Ltd.	1	0	1	0
Prosafe Production Pte Ltd.（新加坡）	3	0	0	3
Individual Assignee（Foster T Manning）（新加坡）	1	0	1	0
Petroleum Structure Inc.（新加坡）	1	1	0	0
Robin Shipyard Pte Ltd.（新加坡）	1	1	0	0
新加坡发明/拥有的离岸专利总计	23	3	9	11

注：为识别离岸专利，搜索了 IPC 等级 E21B、B63B 和 E02B。通过阅读全部专利的描述，挑选出的上述专利可以应用于离岸部门。

资料来源：美国专利和商标办公室。

一项 2004 年的调查涉及 13 家造船和离岸海上工程服务公司，调查表明四家公司与公共研究机构和大学有着密切的合作，另外六家的报告显示它们与这些机构之间的联系只是零星和偶然的（Wong et al.，2005）。表 3-24 提供了私人部门企业与公共研究机构和大学之间合作项目的一些例子。

表 3-24　离岸部门中私人企业和公共机构合作的范例

私人部门企业	合作机构	合作性质
Sembawang Marine and Offshore Engineering Pte Ltd.	新加坡国立大学	研发项目：海上/离岸结构物起重安装自动化设计，NSTB 资助（1996 年）
		研发项目：结构物安装的起重动力与决策支持系统，NSTB 资助（1998~2001 年）
Det Norske Veritas	新加坡国立大学	联合产业项目：FPSO 疲劳承受能力（2001~2003 年）
Keppel Offshore & Marine	新加坡国立大学	在土木工程系设立海洋、离岸和海上技术方面的吉宝教授职位（2002 年），年度吉宝 O&M 课程
Keyser Technologies Pte Ltd.	南洋理工学院（海上与离岸技术创新中心）	由客户参与的 NP-MOTCI 计划，为联合制造过程的自动化扩张创建水电形成机器
Keppel FELS Ltd.	南洋理工大学	南洋理工大学海运研究中心与 KFELS 之间的联合研发

资料来源：来自 IHE 网站的信息和年报。

（四）对离岸建设企业：吉宝远东的案例研究

表 3-25 给出了吉宝远东公司及其主要业务活动的资料。胜科海事公司的资料也被拿来进行比对，表明这两家企业已经成为世界离岸建设领域内的翘楚。表 3-26 汇报了两家公司在过去 13 年间的资金周转和净利润，展示出由于 20 世

90 年代后期订单的急剧增加而带来的财务数据的良好表现。

表 3-25　吉宝远东和胜科海事公司的资料

	吉宝远东	胜科海事
总结	KOM 全资子公司，吉宝远东在浮式生产单元和自升式钻井平台方面有成功的可查记录。它设计、建造、改装、升级和修理移动式钻探单元、浮式生产系统、甲板生产和专业化船舶	胜科海事公司是全球领先的海上工程集团，提供的一体化解决方案涵盖造船、维修、改装、钻井平台建造、甲板制造和离岸工程
业务活动	1967 年：远东造船有限公司（FESL）成立 1969 年：在新加坡和马来西亚证交所上市 1970 年：更名为远东利文斯顿造船有限公司（FELS） 1980 年：吉宝造船厂在新加坡证交所上市，吉宝造船厂接管了 FELS 的管理 1997 年：将 FELS 更名为吉宝远东 2002 年：吉宝远东与吉宝日立五泉合并为吉宝离岸和海上有限公司	1963 年：成立巨龙造船厂 1968 年：成立 Sembwang 造船厂 1987 年：巨龙造船有限公司公开上市 1988 年：巨龙造船有限公司并购 embwang 造船厂 2000 年：更名为胜科海事有限公司
关键收购	1990 年：美国德克萨斯州的 AMFELS 公司 60% 的股份（1992 年 AMFELS 成为 FELS 的全资子公司） 1994 年：FELS Baltech（保加利亚）成立 1995 年：挪威离岸与海上 A.S 公司 40% 的股份 1999 年：新加坡石油公司（SPC）77.3% 的股份 2002 年：收购荷兰 Velrome Botleck 公司，更名为吉宝 Velrome	2001 年：收购 PPL 造船厂（新加坡）50% 的股份，Maua 巨龙（巴西）35% 的股份 2002 年：中远造船厂大连公司（中国）20% 的股份；全资收购 PT Karimun Sembwang 造船厂（印度尼西亚） 2003 年：收购 PPL 造船厂（新加坡）另外 35% 的股份 2004 年：收购中远造船集团（中国）30% 的股份，扩大后的集团的造船厂分布在中国 5 个重要的沿海城市：大连、南通、上海、舟山和广州 2005 年：收购 Sabine Industries Inc（美国德克萨斯州） 2006 年：收购 SOME Pte Ltd.和 Sembwang Bethlehem Pte Ltd.
发展	20 世纪 60~70 年代：制造自升式钻井平台和钻探船的三个项目 80 年代：FELS 承接的第一笔合同来自石油公司 CONOLCO，这使 FELS 成为世界级钻机制造商 这段时期内有超过十项合同被承接下来，包括第一笔制造深水钻机的合同 90 年代：吉宝远东积极地采取了联营、战略联盟和共同所有等策略安排来作为其扩张战略的一部分 这段时期内，FELS 承接的订单是制造浮式生产储卸油船舶 90 年代后期：FELS 开始从事离岸改装项目 1993 年：KOM 的全资子公司——离岸技术发展有限公司（OTD）成立，以发展离岸建设方面的专利技术 2000 年：在升级和改装、离岸维修以及设计和工程等方面提供一体化全套解决方案	20 世纪 60 年代至 70 年代中期：业务重点是造船和船舶修理 1975 年到 90 年代中期：强化了在造船和船舶修理方面的能力 引入了船舶改装和离岸业务：尺寸增大和冷藏船改装 1995~2000 年：造船与大型集装箱货轮的设计和建造领域的利基厂商 发展了离岸改装能：从油轮到 FPSO 和 FSO 的改装 开始从事离岸工程业务：修理和升级自升式船舶和半潜船 2000 年：集装箱货轮的专利设计，大型集装箱货轮的设计和建造

	吉宝远东	胜科海事
发展	在过去的十年中，吉宝远东巩固了其全球领先的自升式钻井、FPSO 和 FSO 改装的设计与建造商的地位，成为专业化离岸船舶，如锚企处理拖轮供应船和海底电缆铺设船改装和建设领域的利基厂商	提供全方位的离岸改装服务：FPSO、FSO、FPU 和专业化的 FPSO 改装，EPIC FPSO 改装；引入钻井平台建造服务：建造半潜装置和自升式钻井平台；离岸生产：固定生产平台和浮式生产设备：FP-SO、FPU、TLPs 和 SPARS

资料来源：公司年报，企业网站。

表 3-26 吉宝离岸和海上有限公司与胜科海事有限公司的
资金周转和净利润（1993~2005 年）

年份	销售额/周转额（百万新加坡元）		净利润（百万新加坡元）	
	吉宝离岸和海上有限公司（括号内数据为吉宝远东）	胜科海事有限公司	吉宝离岸和海上有限公司（括号内数据为吉宝远东）	胜科海事有限公司
1993	−252.8	379.8	−27.3	68.8
1994	−500.9	334.1	−47.1	52
1995	−654.2	325.4	−50.4	39
1996	−855	357.2	−54.6	35.5
1997	−1094.7	665.1	−21	47.6
1998	−969.5	933.7	−20.2	72.9
1999	−386.7	921	−54.7	76.8
2000	−220.5	763	−85.3	75.3
2001	−350.3	854.5	−111.4	80.9
2002	1889.4（702.1）	1011.5	202.9（101.7）	93.2
2003	1441.9（409.8）	1068	109.6（100.0）	78.2
2004	2393.6（863.3）	1362.8	191.9（99.8）	98
2005	4068.0（1458.7）	2119.3	228.4（128.0）	125.6
2006	5743.4	3545.1	458.8	228.2

注：吉宝离岸和海上有限公司成立于 2002 年，因此 2002 年之前没有财务数据。
资料来源：S1000；公司年报。

胜科海事是一家提供全方位服务的大型企业，包括离岸建设，其组织模式也不同于任何离岸建设领域中的企业实体。另外，吉宝远东公司的业务重点在离岸活动方面，因此是本章案例研究的焦点。

吉宝远东公司是当今世界领先的精密钻机设计者和建造商，在过去十年中建造了世界上大部分的自升式钻井平台。作为吉宝 O&M 的全资子公司，吉宝远东的战略得到了吉宝 O&M 在全球 16 个地区的战略网络的促进与支持。

从集聚到创新

　　吉宝远东公司的历史较长，可以追溯到 1967 年，在这一年吉宝合并了远东造船工业有限公司（FESL）。FESL 从事钻井建造，在成立后的第一个 10 年中有少量的建设项目。1970 年，FESL 与位于美国德克萨斯州的利文斯顿造船公司签署了为期三年的管理协议，并更名为远东利文斯顿造船有限公司（FELS）。

　　在一条发展路径上，吉宝造船厂成立于 1968 年，从新加坡港手中接管了造船部门。吉宝造船厂的业务涉及船舶维修，后来发展造船业务。成立 3 年之后，吉宝造船厂收购了 FELS 公司 40% 的股份并于次年收购了新加坡和菲律宾的其他几家造船厂，这成为其扩张计划的一部分。1980 年，吉宝造船厂在新加坡证交所上市并全面接管了 FELS 公司的管理，而将 FELS 更名为吉宝远东却在多年以后的 1997 年才发生。吉宝 Corporation 成立于 1986 年，吉宝造船厂是其主要营业部门。

　　自吉宝公司成立之后，吉宝集团通过海外并购和在新加坡与国外建立子公司，如在保加利亚的 FELS Baltech 公司，而获得迅速增长。2002 年，吉宝远东与吉宝造船厂合并为吉宝离岸和海上有限公司（KOM），这是属于吉宝集团的全资子公司。随着 KOM 的成立，吉宝远东成为 KOM 的离岸工程部门，而吉宝造船厂是造船和修理部门。除了吉宝远东和吉宝造船厂之外，KOM 旗下还有许多子公司。包括两个离岸技术公司——离岸技术发展公司（OTD）和深水技术集团（DTG），此外还有 FELS 离岸有限公司，它是负责管理与离岸业务有关的海外子公司的控股公司。

　　分析吉宝远东公司的业务活动与战略在多年来的演变是有指导意义的，可以帮助我们理解其为何能成为离岸钻井平台建设领域的世界领导者。从 1967 年成立到整个 20 世纪 70 年代，FELS 只管理着少数项目，建造了四艘钻井船和相关的钻机设备。

　　在 20 世纪 80 年代被吉宝造船厂管理之后，FELS 可以使用吉宝公司大量的船坞设备，FELS 成立了一系列合资企业来开拓市场和服务范围。这其中包括与芬兰 KONE 公司和中国深圳的南海石油装备修理与维护公司的合资。在 80 年代期间，FELS 承接的第一笔合同来自石油公司 CONOLCO，并成功向 CONOLCO 公司交付了张力腿井口平台，这使 FELS 成为世界级钻机制造商。随后有大量业务接踵而至并有超过十项合同被承接下来，包括第一笔制造深水钻机的合同。FELS 公司的技术在整个 80 年代获得了发展。1981 年，计算机辅助设计/制造技术引入 FELS 公司，实现了其在设计运营方面的技术升级。1990 年成立的子公司，离岸 CIM 工程项目（OECP）公司进一步发展了计算机一体化制造技术。1985 年，FELS 与 Foramer SA、Friede 和 Goldman 签署协议首次开始钻机设备的研发活动，并拥有了"哥伦布探险"自升式钻井。但是，在这种合作安排下，技术和钻机设计属于 Friede 和 Goldman 公司。

20 世纪 90 年代，吉宝远东积极地采取了联营、战略联盟和共同所有等策略安排来作为其扩张战略的一部分。重大的收购包括控股美国 AMFELS 公司和挪威离岸与海上 A.S 公司。在 90 年代早期，FELS 承接的订单是制造浮式生产储卸油船舶，90 年代后期开始致力于离岸改装项目。一些关键性的技术进展就发生在这一时期，使 FELS 的能力得到强化并开启了浮式生产储卸装置建设和改装项目的业务。吉宝集团也开始设立一系列的奖学金和研究计划，将吉宝的员工送到英国、美国、德国、法国、挪威和日本等技术先进的国家进行培训。通过这些规划，吉宝将技术引入新加坡，为新加坡发展其自身的离岸和海上技术的基础设施奠定了基础。1993 年，KOM 的全资子公司——离岸技术发展有限公司（OTD）成立，并得到了新加坡国家科学技术委员会（NSTB）的支持来发展离岸建设方面的专利技术。OTD 在短时间内便获得了较大发展并在 2000 年提交了第一项专利设计。同时，吉宝远东继续从外部获取新技术。1997 年，其获得了 Friede 和 Goldman 公司 MOD V 和 MOD Ⅵ 钻机设计的版权。这意味着吉宝远东在技术发展方面采取了二元模式：收购外部技术和发展自身能力。

在 20 世纪 90 年代后期和 2000 年之后，吉宝远东迎来了历史上最高产的时期。合同订单快速增多，建设活动也加快了步伐以与不断增长的市场需求保持一致。因此，吉宝远东巩固了其全球领先的自升式钻井、FPSO 和 FSO 改装的设计与建造商的地位。与此同时它拓展了相关服务，不仅在新建方面，也在升级和改装、离岸维修以及设计和工程等方面提供一体化全套解决方案。KOM 的子公司——吉宝新加坡海上也发展了自身的技术能力，成为专业化离岸船舶，如锚企处理拖轮供给船和海底电缆铺设船改装及建设领域的利基厂商。

一般来讲，吉宝远东和 KOM 的一个重要发展是其对研发的重视和投入。2004 年，由离岸领域内的知名科学家、企业家和业内人士组成的吉宝技术顾问小组成立。为进一步促进研发，KOM 技术中心（KOMTECH）在 2007 年成立以推动企业自身研发能力和技术水平的增长。研发方面的持续投资结出了果实，

KOM 成功地在钻机设计和系统方面创造出了知识专利。KOM 旗下的两家技术企业——OTD 和 DTG 在 2000 年和 2007 年分别由美国专利局授予了两项专利。目前，OTD 还有六项运用在 USPTO 方面的应用技术。OTD 的专利设计体现在钻机建造方面，DTG 的专利则体现在半潜式船舶方面。截至 2007 年 12 月，KOM 的专利技术据估计为其带来了 150 亿新加坡元的合约，包括目前正在建设中的项目 [3]。

KOM 将自身作为新加坡发展成离岸和海上技术中心的主要推动者。当 KOM 2002 年成立的时候，吉宝公司执行主席便立刻成立了吉宝卓越中心。中心的目标是引领创新活动并建立专业技能、经验和知识的储备库。其中一个关键性的活动就是在新加坡国立大学设立海洋、离岸和海上技术的教授职位。KOM 的发起者和吉宝的教授将获得 150 万新加坡元的资助来开启研究项目与产品和技术开发活动。除教授职位以外，KOM 还与新加坡国立大学合作推出了一系列吉宝离岸和海上课程，吸引行业内的听众以及学生和研究机构来学习。KOM 也资助相关领域的访问教授并支持如 2005 年 9 月举行的国际离岸补给船舶技术和运营大会（OSV 新加坡 2005）等国际会议。

KOM 也是新加坡国立大学离岸研究和工程（CORE）中心的首个创始成员，CORE 在 2004 年由经济发展委员会公之于众并在委员会里举行了创立仪式，创始成员在仪式上签署了承诺协议书以支持 CORE 引导的研发行动 [4]。KOM 进一步与 CORE 就一系列的研发项目进行合作。一项 KOM-CORE 之间关于自升式钻井平台的合作已经使相关专利成型。

除了与新加坡国立大学合作之外，KOM 还与南洋理工大学建立了联系。2005 年，KOM 为南洋理工大学机械和空间工程专业的两个学生计划捐赠了 5 万美元。这两个捐赠计划将使相关专业表现优异的毕业生受益。该捐款由 KOM 的运营主管唐中衡先生监督，作为一项对海运产业所需的新生代人才的投资。KOM 也是新加坡国力大学 2004 年设立的海运和离岸工程专业化与奖学金计划的七个资助者之一。

第四节　结　论

一、集群发展战略中的共同因素

我们看到，在生物医药科技集群发展战略和离岸海上工程集群发展战略二者间存在一些共同的因素。在这两个案例中，国家在其中都发挥了重要的作用。新加坡政府采取了自上而下的、协调各方机构的做法来发展这两个集群，这些做法包括投资促进措施、通过发展公共研发机构来促进研发、为私人部门的研发活动提供激励、基础设施建设和人力资源开发。

一个关键性的集群发展战略是吸引一批锚企业或机构来推动集群的发展。对生物医药科技集群来说，外国医药行业的跨国公司被鼓励到新加坡开展诸如研发活动这样的知识密集型的服务。在离岸工程集群中，传统的造船和维修部门中的企业将它们的业务多元化至离岸建设活动中去。为吸引锚企业而采取的投资促进政策是积极的、有针对性和重点性的。另一个战略是吸引集群参与者在地理上进行集聚，比如建设生物医学研究园那样的场地和设备。当锚企业出现在新形成的集群之后，进入企业能够利用这些先行企业的专业技能来学习和进行知识转移，从而推动集群的发展。

在新加坡，政府参与集群发展这一现象可以在集群生态系统发展的投资活动中清晰地体现出来。对生物医药和离岸这两个集群来说，相关的政府机构都积极投资来发展核心基础设施（比如设立研发机构）和技能（比如和教育机构合作引入课程和培训计划）。此外，政府也成功地利用了锚企业或机构来促进更专业化的资源、配套产业和服务的发展。比如，发展态势良好的医疗保健部门为医疗技术服务和研发活动提供了基础，并促进了那些从事药物发掘和医疗设备业务的初创企业的形成。在离岸部门，吉宝远东公司和胜科海事公司的活动为离岸补给服务部门的发展提供了机遇。

从集聚到创新

二、集群发展战略中的不同因素

两个集群发展政策的出台时机是不同的。国家在生物医药科技集群的孕育期就参与了进来，从 2000 年 6 月生物医药科技集群中心启动活动到随后的一系列政策举措，在集群形成和成长的过程中起到了引领的作用。在海上工程服务集群中，国家的角色更多的是支持性的，当最初的造船和维修集群（离岸工程集群由此发展而来）发展到成熟阶段之后才参与进来。私人部门在离岸集群发展过程中起到了主要作用，并且从 20 世纪 90 年代以来一直如此。

本地企业和国外的跨国公司在两个集群发展中起到的作用有一个明显的不同之处。吸引国外跨国公司的政策对于医药制造行业来说十分关键，而对于海上工程部门来说，培育本地企业的政策则更为重要。

对两个集群来说，研发和创新都是其发展道路上的重要因素。但是，研发和创新在集群发展的不同阶段扮演的角色不同。一方面，对于生物医药科技行业来说，研发能力的构建、知识产权的发明和它们的商业化实现在集群发展的开始时期就非常关键。另一方面，对海上工程部门来说，集群的发展伴随着制造、干中学以及知识和创新能力的逐步积累。公共研发机构在后来才起到作用，而知识产权的发明创造直到集群发展很久之后才发挥作用。

生物医药科技行业与离岸工程行业二者显著差异的性质意味着对本地或区域生产基地的重视程度是不同的。尽管新加坡能够吸引相当规模的跨国医药企业生产基地，这对于迅速进入生物科技/生命科学产业来说是不充分的。因为早期的初创企业是生物医药科技集群的核心推动者，风险资本至关重要。吸引全球人才比吸引外国投资对于构建专业技能来说更为关键。在离岸工程集群中情况有所不同，利用本地生产基地对促进集群成长更为有效。造船/维修行业中本地化制造在促进离岸工程行业的诀窍学习和创新能力发展中起到了重要作用。

类似地，本地/区域市场的作用对于两个集群也是不同的。生物医药科技集群的创建在一开始是被可预见的全球市场的增长前景所驱动的，而不是本地/区域市场的机会；但是在未来，通过参与本地/区域内医院的转换研究而将重点转移到利用本地或区域市场上来，对于集群的可持续发展是十分重要的。相反，东南亚地区（特别是印度尼西亚）离岸石油和天然气生产的出现为新加坡企业学习和发展离岸工程服务能力提供了一个较早的机遇。集群在之后的发展由这些本地企业的全球化步伐所推动，同时仍然继续寻求区域市场中的增长机会。

对生物医药科技集群来说，吸引外国投资参与集群发展的关键是构建有力的知识产权保护机制和提供一个有关临床试验方面的生物伦理和标准的公共政策框架。对海上工程服务集群来说则正好相反，默会性知识更为重要，尽管构建透明的法律规则以及信任和安全声誉也有利于集群发展。

除了知识产权政策外，相关的配套政策在两个集群的发展中也发挥了不同的作用。对于生物医药科技中心的发展来说，国家建立一体化的物质基础设施（生物医学研究园）这一举措很关键。在离岸工程的案例中，国家的作用是让造船/维修产业获得土地，发展和维护一个能够从总体上促进海运活动的世界级海运港口基础设施。

关于金融方面的政策，新加坡作为一个金融中心对海运产业积极促进，特别是海运企业在新加坡证交所的上市，从融资方面促进了本地离岸工程服务企业的发展。不同的是，新加坡股票市场在吸引生物科技企业方面几乎没有发挥作用，尽管国家提供的风险资本（Bio One）在吸引一些生物科技企业方面也发挥了作用。

三、对其他经济体的启示

新加坡生物医药科技集群和离岸集群的案例研究表明，通过公共政策加速基于知识的产业集群的发展是可行的。新加坡的经验意味着在一个较长的时期内，协调一致的、以战略性方式参与的多个政府机构以及持续性的投资都是促进集群发展所必备的因素。

也就是说，对国家在集群发展中的作用并不能采取一刀切的办法。尽管所有对知识型集群有关键作用的要素都需要发展，但是国家参与的时机和发挥的特定作用取决于所要发展的产业集群的性质。正如生物医药科技和离岸集群的新加坡经验所表现的那样，有多重因素需要考虑，比如涉及的技术和工艺的性质以及市场环境。

新加坡经验中另一个值得借鉴的是寻求外部能力和内部专业技能之间的权衡。因为新加坡人口较少，利用跨国公司和外国人才的战略实践了很长时间。这可以有效地加速集群的发展，正如生物医药科技产业那样。但是，这可能会阻碍和延缓本地化能力的发展。

从集聚到创新

注释

［1］对生物医药研究委员会孔华龙先生的采访。

［2］蒋爱林：《维持新加坡在干细胞竞赛中的领导地位》，《海峡时代》，2001年9月5日。

［3］［新加坡］乔治：《姚先生在吉宝离岸和海上公司五周年庆典上的讲话》，http：//app.sprinter.gov.sg/data/pr/20071203983（2008年1月28日访问）。

［4］关于 CORE 成立的信息来自 Cheah 等（2006）。

参考文献

Agency for Science，Technology and Research（A*STAR）（various years）"National Survey of R&D in Singapore，" Singapore：Agency for Science，Technology and Research（Previously National Science and Technology Board）.

Agency for Science，Technology and Research（A*STAR）（2007a）"Inaugural Translational and Clinical Research Flagship Programme Awarded to Gastric Cancer Research，" Press Release Dated 4 July 2007，http：//www.a-star.edu.sg/astar/attach/press_ release/IAC_Press_Relaese.pdf（accessed January 2008）.

Agency for Science，Technology and Research（A*STAR）（2007b）"Phase 2 of Singapore's Biomedical Science Initiative Gains Momentum with Neuroscience Partnership and New Infrastructure for Clinical Research，" presss release dated 19 October 2007，http：//www.a-star.edu.sg/astar/attach/press_release/IAC_Press_Relaese.pdf（accessed January 2008）.

A*STAR Website：http：//www.a-star.edu.sg/（accessed January 2008）.

Biomed-Singapore（2003），http：//www.biomed-singapore.com/bms/gi_mc.jsp（accessed January 2008）.

Biomedical Research Council（BMRC）（2007）"Exceptional Growth for Singapore's Biomedical Science Industry，" http：//www.biomed-singapore.com/bms/sg/en_uk/index/newsroom/pressrelease/year_2007/6_feb_ -_exceptional.html（accessed January 2008）.

Cheah，Kok-Keong，Chun-Fai Leung and Yoo-Sang Choo（2006）"Collaboration with Research Centres to Promote CEE and Industry Outreach," in Proceedings of the 10th IACEE World Conference on Continuing Engineering Education, 2006, Mervyn Jones, Andreas Krieger, Franz Reichl, and Andreas Steiner Eds. Vienna: Vienna University of Technology.

DP Information Network Pte Ltd. (various years) Singapore 1000. Singapore: DP Information Network Pte Ltd.

Economic Development Board (EDB) (various years) Report on the Census of Industrial Production. Singapore: EDB.

Economic Development Board (EDB) (various years) Report on the Census of Manufacturing Activities. Singapore: EDB.

Finegold D., P. K. Wong and T. C. Cheah (2004) "Adapting a Foregin Direct Investment Strategy to the Knowledge Economy: The Case of Singapore's Emerging Biotechnology Cluster," European Planning Studies, Vol.12, No.7, pp.921-941.

International Institute for Management Development (IMD) (2006). The World Competitiveness Yearbook 2006. Lausanne, Switzerland: IMD.

Kuchiki A. (2005) "A Flowchart Approach," in Industrial Cluster in Asia. Analyses of Their Competition and Cooperation, A. Kuchiki and M. Tsuji Eds., New York: Palgrave Macmillan.

National Research Foundation (NRF) (2007) NRF CREATE Webpage, http://www.nrf.gov.sg/NRF/otherProgramme.aspx? id=366 (accessed January 2008).

USPTO database, http://www.uspto.gov (accessed January 2008).

Wong P. K. (2001) "Leveraging Multinational Corporations, Fostering Techopreneurship: The Changing Role of S&T Policy in Singapore," International Journal of Technology Management, Vol.22, No.5/6, pp.539-567.

Wong P. K. (2002) "Globalization of American, European and Japanese Production Networks and the Growth of Singapore's Electronics Industry," International Journal of Technology Management, Vol.24, No.7/8, pp.843-869.

Wong P. K. (2007) "Commercializing Biomedical Science in a Rapidly Changing 'Triplehelix' Nexus: The Experience of the National University of Singapore," Journal of Technology Transfer, Vol.32, pp.367-395.

从
集
聚
到
创
新

Wong P. K., Y. P. Ho, and K. K. Ng (2004) "Study of Singapore's Maritime Cluster. Phase 1 Report: Singapore Findings," Report submitted to the Maritime and Port Authority of Singapore.

Wong P. K., Y. P. Ho, and K. K. Ng (2005) "Study of Singpore's Maritime Cluster. Phase 2 Report: Policy Review and Recommendations," Report submitted to the Maritime and Port Authority of Singapore.

Wong P. K., Y. P. Ho, and A. Singh (2007) "Performance Indicators for Singapore's International Maritime Centre," Report submitted to the Maritime and Port Authority of Singapore.

Zucker L. and M. Darby (1996) "Star Scientists and Institutional Transformation: Patterns of Invention and Innovation in the Formation of the Biotechnology Industry," Proceedings of the National Academy of Science, USA, 93, pp.12709-12716.

第四章 日本中小企业创新升级与产业集聚之间关系的实证分析

宫原昭一　辻正次

第一节　导　论

从 20 世纪 90 年代初开始，日本经济遭遇了长期衰退和停滞。自那时起，从中央到地方的各级政府出台了许多重振产业部门的举措，大量的公共资金被注入到各种各样的项目中，比如对风险性业务的支持或支持学术机构/产业部门/政府之间的合作。但是日本经济的活力并没有重现。迄今为止，这些政策并没有成功地促进日本经济复苏；此外，日本大都市与乡村地区之间、大企业和中小企业（SMEs）之间经济状况的差距在不断扩大。促进地区产业的复苏被认为是应对这种情况的一种方法。这种做法使政府的注意力转向地区产业和中小企业，通过赋予这些部门更高的技术水平与管理水平促进其升级。实现此目标的一个途径是执行相关的产业政策，通过集聚那些大企业和初创企业、与高/低端技术相关的研究机构以及从事前沿技术开发的大学来实现地区产业和中小企业的复苏。这一做法的理论依据来自 Fujita 等（1999）、Krugman（1991）、Porter（1980）和 Saxenian（1994）。在目前的语境下，这些理论的本质在于通过集聚产生信息流，即在企业和研究机构集聚的地方，这些组织之间的合作与竞争并不会混乱无序而是会创造出经济复苏的"合力"。我们将这一现象称为"内生创新过程"[1]。一旦某个地区有足够的能力实现创新，那么这一过程将自我实现并导致此类升级和创新的不断出现。

为了构建产业集聚是如何在东亚主要经济体内发生的相关理论，笔者迄今一直从事这方面的研究，我们所做的假设参考了由 Kuchiki（2007）首先提出的"流程图方法"。在前人研究的基础上，如 Kuchiki 和 Tsuji（2005）、Tsuji 等（2006）、Tsuji 等（2007）、Tsuji 等（2008），流程图方法得到了验证和详细的阐释。但是产业集聚本身并不是复苏地区和国民经济的最终目标，而是一种触发经济活动的有效方法。集聚的一个重要作用在于它是产业集群创新和产业升级的基础。集聚的这一作用已经得到了许多学者的重视，如 Porter（1980）、Saxenian（1994）和 Fujita 等（1999）。本章的目标是将所谓的"内生创新过程的流程图方法"置于产业集群中，并试图阐述产业集群如何转向升级与创新过程。为分析这一过程，我们首先需要厘清集群内的企业如何进行创新与升级，以及为何它们与集群外企业的活动有所不同。

通过这些论述，本章要验证由地区中小企业构成的产业集群与创新二者间的关系。我们对 5000 家中小企业进行了邮件调查，这些企业都被中小企业署认为是具有创新性的；接着我们把这 5000 家中小企业分成了两组，分析了产业集群和地区研究机构通过何种方式来影响企业创新和升级。这是假定内生创新过程的预备步骤。[2]

本章由如下章节组成：第二节给出了在 2007 年 10 月和 11 月进行的邮件调查的内容；第三节列出了统计分析所用的方法，并阐述了两个模型，即升级模型和创新模型；用这两个模型估计的结果分别在第四节和第五节进行解释。第六节是结论和进一步研究的建议。

第二节　邮件调查的结果

本节首先给出 2007 年 10 月和 11 月进行的邮件调查的内容以及对调查结果的总结。

一、邮件调查的目标

此次邮件调查的目标是获取和分析相关数据来验证两个假设：①中小企业升级创新与产业集聚之间的关系；②升级创新与大学和公共研究机构的地区合作之间的关系。为验证这些假设，我们选取了那些被中小企业署认证为具有"创新性"的企业，这个机构的目标是支持和帮助中小企业在当前严峻的经济形势下生存。中小企业署负责认证哪些中小企业具有创新性并且支持这些企业将其业务重构并进入新领域或升级其技术水平。[3] 在本章，我们将这些企业分成两组：集群内和集群外的中小企业。[4] 然后我们进行了组间对比来检验它们在升级和创新方面是否存在差异，即考察产业集聚和地区合作如何促进中小企业的升级与创新。

二、受访中小企业的特征

我们按照如下方法选取中小企业的样本：以那些被认为是中小企业的数量为基准计算每个城市所占的份额，并将相应数值乘以 5000，这一数值是我们想要发送的邮件问卷总数。按照上面算出来的数字，将这些问卷分别发放到每个城市。然后用年数除以这个数字得到在每个城市应该选择的企业数量。最后选取集群中和集群外的中小企业。

问卷在 2007 年 11 月被发送至 2000 家集群内中小企业和 3000 家集群外中小企业。共回收有效问卷 889 份，回复率为 17.8%。集群内和集群外的回复数量分别为 316 份（35.6%）和 573 份（64.5%）。为了分析那些与中小企业在新项目方面合作的地区研究机构的作用，中小企业和这些合作伙伴之间的距离是十分关键的，因此我们在问卷中问题Ⅶ的 6-6 中提到了这一问题，即"开车（或其他类似方式）去与贵公司在新项目方面合作的伙伴（其他企业、大学或研究机构）那里需要多少分钟？"对这个问题的回答汇总在表 4-1 中。有趣的结果是：①超过一半的中小企业位于距离其合作伙伴一小时以内的车程范围内；②集群内位于这个范围内的企业占总数的百分比要大于集群外的百分比。这意味着在产业集群内，中小企业与其合作伙伴的距离较近。

表 4-2 给出了企业成立年数的分布情况，除了那些超过 50 年的企业以外，其他各种情况的分布比较均匀。但是集群外的中小企业在这方面的方差却比较大。表 4-3 和表 4-4 分别是中小企业在资本和雇员方面的规模。

表 4–1　中小企业与其合作伙伴之间的距离

	集群内企业		集群外企业		总计	
	数量	比例（%）	数量	比例（%）	数量	比例（%）
30 分钟以内	92	29.11	129	22.51	221	24.86
30 分钟到 1 小时	87	27.53	139	24.26	226	25.42
1~1.5 小时	10	3.16	33	5.76	43	4.84
1.5~2 小时	16	5.06	46	8.03	62	6.97
2 小时	24	7.59	56	9.77	80	9.00
太远而无法驾车前往	9	2.85	15	2.62	24	2.70
无回复	78	24.68	155	27.05	233	26.21
总计	316	100.00	573	100.00	889	100.00

资料来源：笔者整理。

表 4–2　成立年数

	集群内企业		集群外企业		总计	
	数量	比例（%）	数量	比例（%）	数量	比例（%）
0~10 年以前	38	12.03	64	11.17	102	11.47
10~20 年以前	44	13.92	114	19.90	158	17.77
20~30 年以前	52	16.46	80	13.96	132	14.85
30~40 年以前	51	16.14	101	17.63	152	17.10
40~50 年以前	49	15.51	57	9.95	106	11.92
超过 50 年	77	24.37	136	23.73	213	23.96
无回复	5	1.58	21	3.66	26	2.92
总计	316	100.00	573	100.00	889	100.00

资料来源：笔者整理。

表 4–3　资本数量

百万日元	集群内企业		集群外企业		总计	
	数量	比例（%）	数量	比例（%）	数量	比例（%）
10 以下	32	10.13	74	12.91	106	11.92
10~20	136	43.04	222	38.74	358	40.27
20~30	49	15.51	81	14.14	130	14.62
30~40	46	14.56	58	10.12	104	11.70
40~50	0	0.00	0	0.00	0	0.00
超过 50	49	15.51	130	22.69	179	20.13
0	1	0.32	2	0.35	3	0.34
无回复	3	0.95	6	1.05	9	1.01
总计	316	100.00	573	100.00	889	100.00

资料来源：笔者整理。

从集聚到创新

表4-4　雇员数量

	集群内企业		集群外企业		总计	
	数量	比例（%）	数量	比例（%）	数量	比例（%）
4人以下	25	7.91	42	7.33	67	7.54
4~9人	57	18.04	98	17.10	155	17.44
10~19人	66	20.89	126	21.99	192	21.60
20~49人	101	31.96	150	26.18	251	28.23
50~99人	42	13.29	107	18.67	149	16.76
超过100人	23	7.28	47	8.20	70	7.87
无回复	2	0.63	3	0.52	5	0.56
总计	316	100.00	573	100.00	889	100.00

资料来源：笔者整理。

资本规模为1000万~2000万日元和超过5000万日元的中小企业共占据了超过50%的比重。表4-5展示了中小企业所处的行业，大部分中小企业属于制造业部门，这种偏重也经常能在与中小企业署有关的数据中发现。表4-6给出了制造业内部细分行业的情况，表明食品、金属、通用机械和电子是主要产业。表4-7给出了这些中小企业与其他企业在销售上的关系：大部分中小企业都是独立制造商，或者将其产品销售给非经联会企业。[5]

表4-5　产业分类

	集群内企业		集群外企业		总计	
	数量	比例（%）	数量	比例（%）	数量	比例（%）
建筑	17	5.38	34	5.93	51	5.74
制造	231	73.10	420	73.30	651	73.23
批发/零售	32	10.13	43	7.50	75	8.44
信息通信	5	1.58	15	2.62	20	2.25
交通	2	0.63	7	1.22	9	1.01
其他服务业	14	4.43	44	7.68	58	6.52
其他	14	4.43	26	4.54	40	4.50
无回复	2	0.63	2	0.35	4	0.45
总计	317	100.00	591	100.00	908	100.00

资料来源：笔者整理。

表 4-6　制造业分类

	集群内企业		集群外企业		总计	
	数量	比例（%）	数量	比例（%）	数量	比例（%）
食品	15	6.49	65	15.48	80	10.65
纺织	12	5.19	15	3.57	27	3.60
木材	2	0.87	21	5.00	23	3.06
印刷	14	6.06	18	4.29	32	4.26
化学	6	2.60	9	2.14	15	2.00
塑料	9	3.90	20	4.76	29	3.86
橡胶	3	1.30	2	0.48	5	0.67
皮革	0	0.00	0	0.00	0	0.00
钢铁	6	2.60	8	1.90	14	1.86
冶金	46	19.91	49	11.67	95	12.65
通用机械	23	9.96	53	12.62	76	10.12
通信	9	3.90	19	4.52	28	3.73
电子	20	8.66	31	7.38	51	6.79
交通运输	10	4.33	16	3.81	26	3.46
精密设备	16	6.93	25	5.95	41	5.46
其他	40	17.32	65	15.48	105	13.98
无回复	0	0.00	4	0.95	4	0.53
总计	231	100.00	420	100.00	889	100.00

资料来源：笔者整理。

表 4-7　分包的情况

	集群内企业		集群外企业		总计	
	数量	比例（%）	数量	比例（%）	数量	比例（%）
自己组织生产	200	63.29	367	64.05	567	63.78
从经联会公司接单	25	7.91	80	13.96	105	11.81
从非经联会公司接单	85	26.90	132	23.04	217	24.41
其他	14	4.43	23	4.01	37	4.16
无回复	8	2.53	12	2.09	20	2.25
总计	322	100.00	573	100.00	889	100.00

资料来源：笔者整理。

从集聚到创新

表 4-8 列出了近年来的年度销售总额。大部分中小企业的销售额都很大，特别是那些销售额在 1 亿~3 亿日元和超过 10 亿日元的企业，后者占比超过 25%。表 4-9 给出了近三年的销售趋势，表明超过半数的企业的销售额都在增加，但是集群内那些销售额增加或下降的中小企业所占的比重要大于集群外中小企业在这

方面的数值。此外在利润方面，如表 4-10 所显示的那样，拥有盈余的集群内中小企业所占比重要大于集群外中小企业的这方面数值。从这些观测值来看，集群内中小企业的商业表现整体来说要优于集群外的中小企业。就这方面来说，针对中小企业的新商业促进法案是成功的。

表 4-8　最近的年度销售额

	集群内企业		集群外企业		总计	
	数量	比例（%）	数量	比例（%）	数量	比例（%）
5000 万日元以下	25	7.91	56	9.77	81	9.11
0.5 亿~1 亿日元	31	9.81	56	9.77	87	9.79
1 亿~3 亿日元	75	23.73	152	26.53	227	25.53
3 亿~5 亿日元	44	13.92	69	12.04	113	12.71
5 亿~10 亿日元	58	18.35	103	17.98	161	18.11
超过 10 亿日元	82	25.95	136	23.73	218	24.52
无回复	1	0.32	1	0.17	2	0.22
总计	316	100.00	573	100.00	889	100.00

资料来源：笔者整理。

表 4-9　最近三年销售额的趋势

	集群内企业		集群外企业		总计	
	数量	比例（%）	数量	比例（%）	数量	比例（%）
下降	56	17.72	94	16.40	150	16.87
持平	93	29.43	183	31.94	276	31.05
上升	166	52.53	294	51.31	460	51.74
无回复	1	0.32	2	0.35	3	0.34
总计	316	100.00	573	100.00	889	100.00

资料来源：笔者整理。

表 4-10　近三年的损益平衡情况

	集群内企业		集群外企业		总计	
	数量	比例（%）	数量	比例（%）	数量	比例（%）
盈余	159	50.32	275	47.99	434	48.82
平衡	108	34.18	196	34.21	304	34.20
赤字	46	14.56	98	17.10	144	16.20
无回复	3	0.95	4	0.70	7	0.79
总计	316	100.00	573	100.00	889	100.00

资料来源：笔者整理。

在研发支出方面，表4-11显示将近一半中小企业的研发开支占销售额的比重少于5%，但是有将近12%的企业没有进行研发投资，这是企业规模较小的缘故。因此在这方面，集群内和集群外的中小企业没有多大区别，但后者似乎有更多的研发开支。

表4-11　研发支出占总销售额的比率

	集群内企业		集群外企业		总计	
	数量	比例（%）	数量	比例（%）	数量	比例（%）
低于5%	125	54.11	219	52.14	344	45.81
5%~10%	43	18.61	83	19.76	126	16.78
10%~20%	31	13.42	57	13.57	88	11.72
超过20%	22	9.52	20	4.76	42	5.59
0	30	12.99	57	13.57	87	11.58
无回复	65	28.14	137	32.62	202	26.90
总计	316	100.00	573	100.00	889	100.00

资料来源：笔者整理。

最后，每年由中小企业署认证的企业数量，其年代分布情况列在表4-12中。有些中小企业不止被认证一次，除了2007年外，认证数量是逐年增加的。

表4-12　认证年份

	集群内企业				集群外企业				总计			
	第一次	第二次	第三次	第四次	第一次	第二次	第三次	第四次	第一次	第二次	第三次	第四次
1990年	0	0	0	0	1	0	0	0	1	0	0	0
1991年	0	0	0	0	1	0	0	0	1	0	0	0
1995年	0	0	0	0	1	0	0	0	1	0	0	0
1997年	1	0	0	0	3	0	0	0	4	0	0	0
1998年	2	0	0	0	2	0	0	0	4	0	0	0
1999年	9	0	0	0	7	0	0	0	16	0	0	0
2000年	26	0	0	0	28	1	0	0	54	0	0	0
2001年	13	1	0	0	30	2	0	0	43	3	0	0
2002年	14	1	0	0	57	2	1	0	71	3	1	0
2003年	35	4	0	0	67	7	1	0	102	11	1	0
2004年	38	5	1	0	72	10	2	0	110	15	3	0
2005年	57	6	0	0	96	15	4	1	153	21	4	1
2006年	85	22	0	0	111	32	1	0	196	54	1	0
2007年	18	11	1	0	49	22	0	2	67	33	1	2
无回复	18	266	314	316	48	481	564	570	66	747	878	886
总计	316	316	316	316	573	573	573	573	889	889	889	889

资料来源：笔者整理。

从集聚到创新

三、升级和创新

从受访者的回复来看，升级和创新的特征如下所示。

（一）升级

在本章，通过如下范例定义来定义产业升级：①从承接简单工作的分包商到生产中间品；②从生产中间品到生产最终产品；③从简单到复杂或精密工作。问题5包含了关于升级和创新方面的六个子问题：

5.1　升级业务活动。比如，从简单工作的分包商升级为生产中间品，从生产中间品升级为生产最终产品，或从简单工作升级为复杂或精密工作。

5.2　开始供应新产品或新服务。

5.3　引入新的生产或供应方法，比如CAD/CAM、单元制造系统、网络营销或缩短分销渠道。

5.4　获取新客户。

5.5　发现新的供应商。

5.6　设立负责研发或风险业务的新部门。

问题5.1与产业升级有关，问题5.2~5.6与创新有关。按照四个不同的阶段分别询问了这些问题：①阶段1（2005年1月至2007年9月）；②阶段2（2002年1月至2004年12月）；③阶段3（1999年1月至2001年12月）；④阶段4（1998年之前）。

表4-13和图4-1展示了升级和创新方面的趋势，表4-13也给出了集群内和集群外的企业数量以及它们占总数的比重。整体来说，除了阶段4之外，升级和创新的数量是在增加的。获取新客户（5.4）、提供新产品和新服务（5.2）、引入新的生产或供应方法（5.3）在最近这段时期表现出大幅增加，并且企业都在密集地尝试这些业务活动，超过2/3的中小企业在阶段1成功地实现了升级和创新。接下来，我们分析了这些绩效改善的背景。通过对比集群内和集群外的中小企业，表4-13体现出两个群体在这些业务活动上的显著不同。

表 4–13   升级和创新的数量：对问题 5 的回答

阶段 1（2005 年 1 月至 2007 年 9 月）

	集群内企业		集群外企业		总计	
	数量	比例（%）	数量	比例（%）	数量	比例（%）
升级业务活动	72	0.23	99	0.17	171	0.19
提供新产品或服务	187	0.59	322	0.56	509	0.57
引入新的生产或供应方法	116	0.37	223	0.39	339	0.38
获取新客户	199	0.63	342	0.60	541	0.61
发现新的供应商	110	0.35	197	0.34	307	0.35
建立负责研发或风险业务的新部门	67	0.21	106	0.18	173	0.19
没有从事以上活动	9	0.03	17	0.03	26	0.03
无回复	18	0.06	38	0.07	56	0.06
总计	778	2.46	1344	2.35	2122	2.39

阶段 2（2002 年 1 月至 2004 年 12 月）

	集群内企业		集群外企业		总计	
	数量	比例（%）	数量	比例（%）	数量	比例（%）
升级业务活动	46	0.15	74	0.13	120	0.13
提供新产品或服务	138	0.44	236	0.41	374	0.42
引入新的生产或供应方法	86	0.27	157	0.27	243	0.27
获取新客户	155	0.49	290	0.51	445	0.50
发现新的供应商	89	0.28	148	0.26	237	0.27
建立负责研发或风险业务的新部门	47	0.15	67	0.12	114	0.13
没有从事以上活动	19	0.06	43	0.08	62	0.07
无回复	33	0.10	65	0.11	98	0.11
总计	613	1.94	1080	1.88	1693	1.90

阶段 3（1999 年 1 月至 2001 年 12 月）

	集群内企业		集群外企业		总计	
	数量	比例（%）	数量	比例（%）	数量	比例（%）
升级业务活动	29	0.09	68	0.12	97	0.11
提供新产品或服务	97	0.31	176	0.31	273	0.31
引入新的生产或供应方法	50	0.16	102	0.18	152	0.17
获取新客户	137	0.43	231	0.40	368	0.41
发现新的供应商	65	0.21	120	0.21	185	0.21
建立负责研发或风险业务的新部门	33	0.10	44	0.08	77	0.09
没有从事以上活动	49	0.16	83	0.14	132	0.15
无回复	55	0.17	100	0.17	155	0.17
总计	515	1.63	924	1.61	1439	1.62

从集聚到创新

续表

	阶段 4（1998 年之前）					
	集群内企业		集群外企业		总计	
	数量	比例（%）	数量	比例（%）	数量	比例（%）
升级业务活动	38	0.12	70	0.12	108	0.12
提供新产品或服务	80	0.25	151	0.26	231	0.26
引入新的生产或供应方法	38	0.12	81	0.14	119	0.13
获取新客户	105	0.33	188	0.33	293	0.33
发现新的供应商	63	0.20	96	0.17	159	0.18
建立负责研发或风险业务的新部门	28	0.09	35	0.06	63	0.07
没有从事以上活动	64	0.20	111	0.19	175	0.20
无回复	67	0.21	133	0.23	200	0.22
总计	483	1.53	865	1.51	1348	1.52

资料来源：笔者整理。

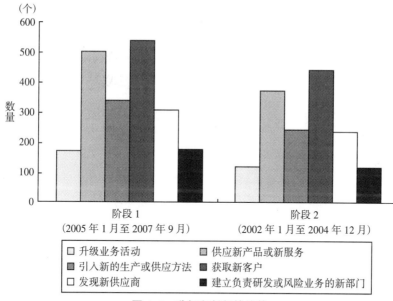

图 4-1　升级和创新的趋势

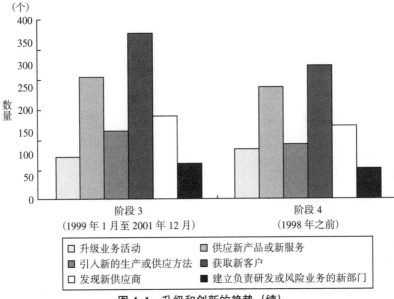

（个）

图 4-1　升级和创新的趋势（续）

资料来源：笔者整理。

（二）创新

在问题 5.3 中，中小企业被问及它们与三种创新有关的成就，这三种创新是已注册的专利、新产品专利和新服务专利。对这三个方面的回答分别列在表 4-14、表 4-15 和表 4-16 中。

表 4-14　专利申请数量及比例

	集群内企业		集群外企业		总计	
	数量	比例（%）	数量	比例（%）	数量	比例（%）
0	105	33.23	194	33.86	299	33.63
低于 5%	85	26.90	141	24.61	226	25.42
5%~10%	18	5.70	21	3.66	39	4.39
10%~15%	4	1.27	6	1.05	10	1.12
15%~20%	1	0.32	4	0.70	5	0.56
超过 20%	0	0.00	2	0.35	2	0.22
无回复	103	32.59	205	35.78	308	34.65
总计	316	100.00	573	100.00	889	100.00

资料来源：笔者整理。

从集聚到创新

表 4-15　注册专利数量

	集群内企业		集群外企业		总计	
	数量	比例（%）	数量	比例（%）	数量	比例（%）
0	133	42.09	231	40.31	364	40.94
低于 5%	61	19.30	102	17.80	163	18.34
5%~10%	2	0.63	10	1.75	12	1.35
10%~15%	1	0.32	4	0.70	5	0.56
15%~20%	1	0.32	0	0.00	1	0.11
超过 20%	1	0.32	1	0.17	2	0.22
无回复	117	37.03	225	39.27	342	38.47
总计	316	100.00	573	100.00	889	100.00

资料来源：笔者整理。

表 4-16　新产品专利和新服务专利的数量

	集群内企业		集群外企业		总计	
	数量	比例（%）	数量	比例（%）	数量	比例（%）
0	27	8.54	60	10.47	87	9.79
低于 10%	137	43.35	219	38.22	356	40.04
10%~30%	22	6.96	35	6.11	57	6.41
30%~50%	7	2.22	5	0.87	12	1.35
50%~100%	17	5.38	44	7.68	61	6.86
超过 100%	10	3.16	6	1.05	16	1.80
无回复	96	30.38	204	35.60	300	33.75
总计	316	100.00	573	100.00	889	100.00

资料来源：笔者整理。

表 4-14 和 4-15 表明，最近三年来，集群内中小企业已注册专利和申请专利较集群外企业有更高的百分比，特别是 5 次以下的分组。此外，这一特点在关于新产品和新服务创新数量方面反映得更加明显，如表 4-16 所示。实现产品创新的集群内中小企业的比重要高于集群外中小企业。

四、调查结果总结

从上述探讨中，我们通过对比集群内和集群外的两组中小企业，可以将邮件调查的结果总结如下：

（1）升级和创新：一方面，在近些年，如阶段 1 和阶段 2，集群内中小企业比集群外中小企业相对更多地经历了升级。另一方面，在阶段 3 和阶段 4，后者的升级则相对前者更多。这意味着集群内中小企业在近年来变得比以往更加积极主动。考虑到表4-13所示的不同创新种类，两者没有明显的差异；但从另一方面，根据专利定义的创新来看，可以发现两组中小企业之间的差异。集群内的中小企业最近三年来在专利申请、专利注册和新产品与服务方面比集群外的中小企业更多。

（2）中小企业的特征：这里我们总结一下邮件调查的结果。我们最初选择了5000家中小企业进行问卷调查，包括2000家集群内企业和3000家集群外企业；回收有效问卷889份，其中316份来自集群内中小企业，573份来自集群外中小企业。两组样本的回复比率与初始样本的比率非常接近。两组中小企业在企业规模和所述行业方面的特征也十分接近。制造业部门内不同企业之间有一系列差异之处。此外一些特征，如与其他企业的关系，即自己生产、经联会、非经联会，以及业绩指标，如销售额和利润，在两组中小企业之间非常接近。

（3）研发投资：根据表4-11，两组中小企业中有2/3的企业研发投资支出占销售额的比重低于5%，包括无研发支出的情况，而研发支出则是升级和创新的基础。即便研发投入较少，它们似乎在升级和创新方面也起到了很好的作用，如表4-11所示。这可以通过下文采用的严格的统计学方法进行分析。

（4）研发比率和业务绩效：邮件调查结果中有两个有意思的发现，即研发比率与销售趋势，以及它们与业务绩效之间的关系。表4-17指出了这种关系。在那些研发比率为0的中小企业中，超过60%的企业的销售出现了下降或持平的趋势，有17%的企业利润为负。这一数字随着研发比率的增加而减少。但是，在那些研发比率超过20%的中小企业中，销售额持平或下降的中小企业所占的比重却

表 4-17　研发比率和销售趋势

| | | 研发比率 | | | | | | | | | | 总计 | |
| | | 0 | | 0~5% | | 5%~19.9% | | 超过20% | | 无回复 | | 总计 | |
		数量	比例(%)	数量	比例(%)	数量	比例(%)	数量	比例(%)	数量	比例(%)	数量	比例(%)
三年内的销售收入趋势	下降	18	20.69	67	15.37	28	20.00	4	16.67	33	16.34	150	16.87
	持平	35	40.23	131	30.05	32	22.86	11	45.83	67	33.17	276	31.05
	上升	34	39.08	237	54.36	80	57.14	9	37.50	100	49.50	460	51.74
	无回复		0.00	1	0.23		0.00		0.00	2	0.99	3	0.34
	总计	87	100.00	436	100.00	140	100.00	24	100.00	202	100.00	889	100.00

资料来源：笔者整理。

大于研发比率为 0% 的中小企业。[6] 更多的研发投资支出使其业绩变差，并且更高的研发比率并不必然带来更多的销售收入。同样的趋势也适用于业务绩效，如表 4-18 所示。这些发现意味着存在一个最优的研发比率。

表 4-18　研发比率和业务绩效

		研发比率										
		0		0~5%		5%~19.9%		超过20%		无回复		总计	
		数量	比例(%)	数量	比例(%)	数量	比例(%)	数量	比例(%)	数量	比例(%)	数量	比例(%)
三年内的损益平衡状况	盈余	42	48.28	230	52.75	54	38.57	3	12.50	105	51.98	434	48.82
	平衡	29	33.33	154	35.32	52	37.14	7	29.17	62	30.69	304	34.20
	赤字	15	17.24	48	11.01	34	24.29	14	58.33	33	16.34	144	16.20
	无回复	1	1.15	4	0.92		0.00		0.00	2	0.99	7	0.79
	总计	87	100.00	436	100.00	140	100.00	24	100.00	202	100.00	889	100.00

资料来源：笔者整理。

第三节　产业集聚与创新的估计

本节我们通过计量经济学方法来验证特定地区的产业集聚可以促进创新这一假说。

一、相关变量

在问卷中，问题 5 按照不同阶段就产业升级和创新询问了中小企业：阶段 1（2005 年 1 月至 2007 年 9 月）；阶段 2（2002 年 1 月至 2004 年 12 月）；阶段 3（1999 年 1 月至 2001 年 12 月）；阶段 4（1998 年之前）。我们从问卷中选取被解释变量和解释变量进行分析。

（1）被解释变量：在本章，我们通过不同的实践形式来定义产业升级，即从承接简单工作的分包商到生产中间品、从生产中间品到生产最终产品、从简单到复杂或精密工作。如果中小企业在上述阶段中有过这些类型的升级，他们就回答"是"。中小企业的这些回答被视为被解释变量。这四个阶段实现升级的企业数量已在表 4-13 和图 4-1 中进行了展示。

此外，问卷以如下更具体的方式就创新方面进行了问询：①专利申请的数量；②专利注册的数量；③上述四个阶段中分别生产的新产品和新服务的数量。如果中小企业没有创新，则与①和②有关的变量将被赋值为0；如果创新数目为1~4，则赋值为1；创新数目超过5，则赋值为2。如果中小企业没有新产品和新服务，则与③有关的变量将被赋值为0；如果新产品或新服务的数量为1~9，则赋值为1；如果新产品或新服务的数量超过10，则赋值为2。每一种创新所包含的这三种赋值都被视作被解释变量。因为与表4-14至表4-16所展示的升级指标相比，先前定义的三种分类的数目较小，因此我们没有把时间分成四个阶段。创新模型中的被解释变量数目是所有阶段的总和。

（2）解释变量：我们选取的解释变量如下：①中小企业特征，如以雇员人数和资本数量为代表的企业规模、成立年数；②业绩指标，如销售额和利润；③管理导向，代表高层管理者对升级和创新的态度与行为；④雇员或组织对升级和创新的态度；⑤集群内和集群外中小企业的区位；⑥与合作伙伴，如大学、地区研究机构和其他合作研究机构之间的距离。以上这些是解释变量的一些例子，完整的解释变量列表见表4-19给出的统计性描述。

表4-19　统计性描述

变量			样本容量	平均值	标准差	最小值	最大值
被解释变量							
V 11	升级	2005年1月至2007年9月	845	0.208	0.406	0	1
V 12		2002年1月至2004年12月	802	0.151	0.358	0	1
V 13		1999年1月至2001年12月	743	0.133	0.34	0	1
V 14		1998年之前	698	0.16	0.367	0	1
V 32	专利申请数量		902	1.116	0.849	0	2
V 33	专利注册数量		902	1.054	0.911	0	2
V 34	新产品和服务数量		902	1.417	0.651	0	2
I1	成立年份		876	1969	34.345	1659	2007
解释变量							
I2	资本数量（对数）		890	7.472	0.968	4.382	11.721
I3		4~9人	902	0.175	0.38	0	1
I3		10~19人	902	0.216	0.412	0	1
I3	员工数量（兼职工作8小时以上的算作全职员工）	20~49人	902	0.283	0.451	0	1
I3		50~99人	902	0.166	0.373	0	1
I3		超过100人	902	0.078	0.268	0	1

从集聚到创新

120

变量			样本容量	平均值	标准差	最小值	最大值
I7	过去三年的销售趋势		902	0.519	0.5	0	1
	集群内和集群外	集群内企业取1，其余取0	902	0.365	0.482	0	1
IV11	公司高层管理人员	会注意员工一起工作时的表现如何	876	4.059	0.764	1	5
IV12		要求员工遵循例行程序	873	3.425	0.888	1	5
IV13		严格检查工作质量	875	3.679	0.88	1	5
IV14		为培养员工而对其经历感兴趣	874	3.709	0.848	1	5
IV15		给予办公室权力和责任	878	4.018	0.736	1	5
IV16		听取员工的想法和建议	874	4.021	0.726	1	5
IV17		使员工获悉管理/公司政策和发展的信息	873	3.969	0.842	1	5
IV18		鼓励员工扩展自身的技能集合	872	3.54	0.78	1	5
IV19		促进员工之间的竞争	875	3.187	0.85	1	5
IV110		积累过去成功和失败的数据	875	3.465	0.904	1	5
IV111		鼓励员工冒险和挑战自我	871	3.56	0.873	1	5
IV112		规划新业务的时候发挥领导作用	873	3.803	0.911	1	5
IV21	管理	用新的想法和创意挑战自己	883	4.101	0.753	1	5
IV22		更注重创造新技术而非更新现有技术	876	3.411	0.854	1	5
IV23		能比竞争对手更快地引入新产品	875	3.707	0.967	1	5
IV24		将大部分预算用于研发	871	2.921	1.104	1	5
IV25		将更多精力用于销售现有产品而非研发新品	873	2.951	0.864	1	5
IV26		考虑商业环境和机会而非威胁的变化	871	3.821	0.814	1	5
IV27		比竞争对手更快地采用新战略	875	3.689	0.828	1	5
IV28		制定前瞻性政策并预期未来的商业环境	875	3.889	0.734	2	5
IV31	员工或组织	认为员工的自主学习是企业发展的重要因素	875	3.999	0.84	1	5
IV32		分析过去项目的成功和失败	872	3.495	0.87	1	5
IV33		经常分析竞争对手	871	3.046	0.897	1	5
IV34		不仅学习核心技术，也学习相关技术	871	3.443	0.835	1	5

变量			样本容量	平均值	标准差	最小值	最大值
IV35		能自主工作，无须管理指令	873	3.479	0.853	1	5
IV36		在员工中广泛探讨	872	3.288	0.856	1	5
IV37		在管理层中广泛探讨	872	3.399	0.838	1	5
IV38		了解他们应该做什么	874	3.618	0.781	1	5
IV39		了解公司的方向	875	3.655	0.787	1	5
IV310		认为新业务的发展对公司的未来很重要	871	3.61	0.877	1	5
VII1		公司是否位于产业集群内？即是否有其他公司、大学等也位于此处	902	0.325	0.469	0	1
VII61	开车（或类似方式）去合作伙伴（其他公司、大学和研究机构）那里需要多久	30分钟以内	656	0.337	0.473	0	1
VII62		30分钟到1个小时	656	0.345	0.476	0	1
VII63		1~1.5小时	656	0.066	0.248	0	1
VII64		1.5~2小时	656	0.095	0.293	0	1
VII65		超过2小时	656	0.122	0.327	0	1
VII66		因太远而无法开车前往	656	0.037	0.188	0	1

资料来源：笔者整理。

二、估计模型

因为本章的核心是产业集群与升级和创新之间的关系，所以我们重点强调内生创新过程的机制。换句话说，要研究存在于集群内和集群外中小企业中的因素是如何引发创新或产业升级的。由于被解释变量数目太多，因而无法在一个模型中把所有的被解释变量包含在内，所以我们按照有待检验的不同假设选取了不同的被解释变量来构建子模型进行验证。

（1）升级模型：第一个检验的假设是产业集聚对中小企业升级的作用，我们将其称作"升级模型"，四个阶段中升级的企业数量在此模型中作为被解释变量，它们包括：①从承接简单工作的分包商到生产中间品；②从生产中间品到生产最终产品；③从简单到复杂或精密工作。这些都与问题5的回答有关。至于解释变量，我们采用如下这些中小企业的特征：①成立年数；②资本规模；③雇员数量；④最近三年的销售收入趋势。此外，我们还将集群内和集群外中小企业的区位，以及他们与诸如大学这样的地区研究机构之间的距离作为解释变量。最后这两个变量是我们的主要目标，我们采用 Logit 模型进行估计。

（2）创新模型：第二个检验的假设是创新和产业集聚之间的关系。作为被解释变量，我们选取如下数据：①申请的专利；②注册的专利；③最近三年内开发的新产品或新服务，如问题 5.3 所示。我们将其称作"创新模型"。我们采用了与上述升级模型相同的变量。由于该模型所要处理的数据被分成三种类型，故我们采用排序 Logit 模型进行估计。

第四节　估计结果 I：升级模型

我们将分别给出升级和创新的估计结果，首先是升级模型的估计结果。

一、作为升级影响因素的集群和研究机构

在这个模型的估计中，我们尝试识别那些在不同阶段促进中小企业产业升级的确切因素。将中小企业的一些特征，如成立年份，以资本数量和员工数量为代表的企业规模、销售趋势、高层管理者对商业运营的态度等作为解释变量，我们尤其关注这样几个变量，如企业是位于集群内还是集群外，以及它们与合作伙伴（其他公司、大学和研究机构）之间的距离。本章的两个主要目标是检验企业集聚和企业与地区研究机构之间的合作两者的作用。因为在问卷中提到了诸多影响因素，故通过选取合适的解释变量，我们建立了模型（a）、模型（b）和模型（c）。模型（a）包括除与合作伙伴距离有关的变量之外的其他解释变量；模型（b）作为完整模型，包含了所有解释变量；模型（c）中的变量则根据赤池信息准则（AIC）从完整模型中选出一部分变量进行估计和检验。具体的估计参数与统计检验见附录。为使讨论清晰，我们将升级模型的估计结果列在表 4-20 中，其中只给出了模型（c）的结果，对估计系数的符号与显著性水平也进行了描述。

接下来我们探讨基本假设，即产业集聚、企业与地区研究机构的合作和产业升级之间的关系。

（1）产业集群：让我们检验产业集群以及企业与地区研究机构（如大学）之间的距离这二者的效应。位于产业集群内的区位效应只在阶段 1 的时候在 5% 的水平上显著，这意味着最近五年来，产业集聚在促进中小企业升级方面是有效

表 4-20　估计结果汇总：升级模型

		阶段 1 (2005 年 1 月~ 2007 年 9 月)	阶段 2 (2002 年 1 月~ 2004 年 12 月)	阶段 3 (1999 年 1 月~ 2001 年 12 月)	阶段 4 (1998 年 之前)
成立年份		+	[**]		
资本数量（对数）		*			[**]
员工数量	4~9 人				[**]
	10~19 人	**		**	[+]
	20~49 人			+	
	50~99 人			*	
	超过 100 人	[*]			
过去三年的销售趋势		+			
集群内和集群外		**			
公司的高层管理者	会注意员工一起工作时的表现如何				
	要求员工遵循例行程序	**			
	严格检查工作质量				[**]
	为培养员工而对其经历感兴趣	**		+	+
	给予办公室权力和责任	[*]	[**]		
	听取员工的想法与建议	+	+		
	使员工获悉公司政策和发展的信息		*		
	鼓励员工扩展自身的技能集合				
	促进员工之间的竞争	[*]			
	积累过去成功和失败的数据	[**]	[+]	[+]	
	鼓励员工冒险和挑战自我	**	**	**	**
	规划新业务的时候发挥领导作用				[**]
与合作伙伴的距离 (其他公司、大学以 及研究机构)	30 分钟到 1 小时				*
	1~1.5 小时		[+]	[*]	
	1.5~2 小时				+
	超过 2 小时				
	因太远而无法开车前往				
常数项		[**]		[**]	

注：[ ] 表示该变量的系数为负，***、**、*和+分别表示1%、5%、10%和20%的显著性水平。
资料来源：笔者整理。

的。这对我们的假设来说是一个有趣和肯定的结果。产业升级的这种效应被称为
"集聚效应"。

（2）企业与地区研究机构：通过我们的估计所得到的企业与研究机构的距离

从集聚到创新

和产业升级二者间的关系意味着十分重要的发现。首先，在阶段 4（1998 年之前），我们发现 30~60 分钟的距离（驾车）对产业升级的作用在 10% 的水平上显著为正，其系数值"30~60 分钟的距离"如本章后面附录 A1-4 所示；在模型(c)中大于0.412，这一数值很高并且与其他较为显著的变量的系数值相比可以排名第二。在阶段 3（1999~2001 年），60~90 分钟的距离对产业升级的作用在 10% 的水平上显著为负；在阶段 2（2002~2004 年），其作用则并不显著，只在 20% 的水平上为负。该距离在这两个阶段的系数分别为-0.895 和-1.705，这两个数值（绝对值）也非常高。因为更长的距离与产业升级之间的关系较弱，因此这些数值为负数也是合理的。此外，因为我们将不同的距离作为虚拟变量而非连续变量来处理，我们可以识别某个精确的距离，在这个距离内各方可以展开合作。因为 1~1.5 小时的距离（60~90 分钟）在阶段 2 和阶段 3 显著为负，这意味着在这个距离范围内的研究机构太远而无法促进中小企业的升级。换句话说，1 小时之内的距离可能升级的临界点。

二、其他因素

下面我们检验其他因素对促进中小企业产业升级的作用。

（1）企业规模：表 4-20 识别了其他一些影响中小企业升级的因素。我们将升级的估计结果总结如下：第一，产业升级与企业成立年份有关；在阶段 1 成立的中小企业与产业升级之间的正向关系不显著，而在阶段 2 成立的中小企业与产业升级之间的关系在 5% 的水平上显著为负。第二，资本数量在阶段 1 在 10% 的水平上显著为正，这意味着规模更大的中小企业在这段时期经历了更多的升级。第三，在阶段 1 和阶段 3，10~19 人的员工规模是一个显著为正的影响因素，这种规模的中小企业比其他规模的中小企业经历了更多的升级。在阶段 4，在员工规模方面更小的中小企业对升级的作用在 5% 的水平上显著为负。表 4-20 也显示，在员工规模方面最大的中小企业对升级的作用在 10% 的水平上显著为负。从上述讨论可知，我们很难推测出产业升级与企业规模之间的一般性规律，但在集聚的早期阶段，更小的中小企业将经历更多的升级，而更大的中小企业将在集聚的后期经历更多的升级。[7]

（2）管理导向：与中小企业管理导向有关的变量可分成三组：在集聚早期阶段影响显著的变量、在集聚晚期影响显著的变量以及在整个集聚期间影响显著的变量。一些变量，如"严格检查工作质量"（负）和"规划新业务的时候发挥领导作用"（负）在集聚的早期（阶段4）影响显著，而如"要求员工遵循例行程序"、"听取员工的想法和建议"以及"促进员工之间的竞争"（负）则在阶段1和阶段3影响较为显著。高层管理者的行为，如"为培养员工而对其经历感兴趣"、"鼓励员工冒险和挑战自我"以及"积累过去成功和失败的数据"（负）等则在集聚的所有时期都有显著的影响。[8]

从上述讨论中也难以导出一个确定性的结论，但在这其中，"鼓励员工冒险和挑战自我"在集聚的所有时期都在5%的水平上显著，我们可以认为这对于管理导向影响升级来说是最重要的因素。

三、升级模型总结

在本节，我们给出了模型的估计结果，并尽可能结合升级过程如何伴随企业集聚而演进这一事实做出了解释。在集聚的早期阶段（阶段4），更小的中小企业经历了升级，并且这一升级过程是由这些中小企业和距离他们较近的地区研究机构之间的合作来推进的。在这一阶段，集群内和集群外的中小企业没有明显差异。在目前这一阶段（阶段1），产业集聚已经具备了一定的水平，拥有如下特征的中小企业会经历升级：资本数量较多、销售增长较快的企业以及位于产业集群内的企业。我们发现地区研究机构与升级之间不存在显著关系。换句话说，我们可以认为集聚效应大于合作效应，或者说升级模型用这样一种方式描述了产业升级的过程，即促进产业升级的因素由合作转向集聚。

第五节　估计结果Ⅱ：创新模型

这里我们给出创新模型的估计结果，该模型检验的假设是促进中小企业间的创新因素，特别是集聚和地区合作对创新的效应。

一、作为创新因素研究机构

本章关注以下三种类型的创新：①模型（a）专利申请数量；②模型（b）专

从集聚到创新

利注册数量；③模型（c）新产品和新服务的数量。中小企业需要提供近三年来这些方面的数据，它们是创新模型中的被解释变量；解释变量与前面升级模型中的一样。我们在此不再赘述解释变量具体的统计性描述的细节。由于对每个问题的回答均被分成三种类型，我们使用排序 Logit 模型来估计和分析上述三种创新的影响因素。[9] 估计的结果由表 4-21 给出。

表 4-21　估计结果汇总：创新模型

		专利申请数量	专利注册数量	新产品和新服务数量
成立年份		**	**	
资本数量（对数）		**	+	
员工数量	4~9 人			[**]
	10~19 人			
	20~49 人	[**]	[**]	[**]
	50~99 人	[**]	[+]	[**]
	超过 100 人	[*]		
过去三年的销售趋势		[**]	[+]	
集群内和集群外		[+]		[+]
公司的高层管理者	会注意员工一起工作时的表现如何			
	要求员工遵循例行程序	+	**	
	严格检查工作质量			
	为培养员工而对其经历感兴趣			+
	给予办公室权力和责任		[+]	
	听取员工的想法与建议	**	**	**
	使员工获悉公司政策和发展的信息	[*]		
	鼓励员工扩展自身的技能集合			
	促进员工之间的竞争	[+]		
	积累过去成功和失败的数据			
	鼓励员工冒险和挑战自我	**	+	
	规划新业务的时候发挥领导作用			+
与合作伙伴的距离（其他公司、大学以及研究机构）	30 分钟到 1 小时			
	1~1.5 小时			
	1.5~2 小时			
	超过 2 小时		[*]	[**]
	因太远而无法开车前往	[+]		[*]

注：[ ] 表示该变量的系数为负，***、**、* 和+分别表示 1%、5%、10%和20%的显著性水平。
资料来源：笔者整理。

我们按照如下顺序检验相关的假设：

（1）产业集群：如表 4-21 所示，在模型（a）（专利申请）和模型（c）（新产品和新服务）中，位于产业集群内部的区位对创新的影响在 20% 的水平上显著为负，但是在模型（b）（专利注册）中并不显著。这些发现表明集群内的中小企业倾向于较少的创新，但由于较低的显著性水平，因此二者的关系不明显。

（2）地区研究机构：在表 4-21 中，与三种创新的数量有关的显著性变量分别是："超过 2 小时"在模型（b）中的显著性水平为 10%，在模型（c）中的显著性水平为 5%；"因太远而无法开车前往"在模型（a）中的显著性水平为 20%，在模型（c）中的显著性水平为 10%。在这三个模型中，上述变量的系数均为负值。它们表明，中小企业与地区研究机构之间的距离越远，则其与创新的关系越弱。创新模型得到的结果与现实恰好是吻合的。在模型（c）中，2 小时距离的系数值是最大的（绝对值）。

总的来说，该模型的结果表明，集聚与中小企业的创新之间存在负向关系，集群内的中小企业创新性更差。在创新与地区研究机构的关系方面，离这些机构越远的中小企业，其创新性就越差。因此创新模型中的合作效应要大于集聚效应。

二、其他因素

（1）企业规模：从估计结果中我们可以得到企业规模与创新之间较为明确的关系。在模型（a）和模型（b）中，员工人数为 20~99 人的较大的企业在 20% 的水平上显著为负，这意味着员工人数为 20~99 人的中小企业中，那些员工人数少的企业相对来说会有更多的创新，即有更多的专利申请和注册。在模型（c）中，除了 20~99 人这一组的中小企业外，最小的一组中小企业在 5% 的水平上显著为负，同样的结果也适用于模型（a）和模型（b）。

对按照资本数量衡量的企业规模来说，模型（a）在 5% 的水平上显著为正，模型（b）则在 20% 的水平上显著为正，这意味着在这两种情形中较大的中小企业更倾向于创新。这一结果是合理的，因为创新要求大量的资本投入，因此较大的中小企业有能力为创新提供资本支持。

（2）管理导向：与升级模型相比，管理导向方面的变量很少有比较显著的。在这三个模型中，一个共同的显著因素就是"听取员工的想法和建议"，它在 5% 的水平上显著为正。这是因为创新需要调动员工的创造性。其他一些对模型（a）和模型（b）都有相同的因素"要求员工遵循例行程序"以及"鼓励员工冒险和挑

从集聚到创新

128

战自我"，这两个因素都显著为正。这个结果似乎意味着创新需要较强的管理。那些系数为负的变量，在模型（a）中是"促进员工之间的竞争"和"使员工获悉公司政策和发展的信息"；在模型（b）中则是"给予办公室权力和责任"。我们很难解释为什么这些因素与创新之间呈现负相关关系，但是它们与领导力是有关的。[10] 在模型（c）中，没有其他变量影响新产品和新服务的开发。

（3）成立年份：如表 4-21 所示，在模型（a）和模型（b）中，成立年份的系数为正，这意味着历史越长的中小企业越倾向于更多的创新；换句话说，初创企业比现有企业的创新更少。但应该注意的是，我们这里讨论的是知识专利的数量而没有涉及专利质量。[11]

三、创新模型的总结

创新模型的估计结果不像升级模型那么复杂，因为显著性变量的数目较少，并且它们的符号不会彼此冲突。下面我们按照不同的子模型对创新模型进行总结。

（1）模型（a）专利申请：在这个模型中，创新更多的是由那些拥有较长历史和较大资本规模的中小企业进行的。对于员工数量为 20~99 人的中小企业来说，创新主要由那些人数相对更少的中小企业实施。考虑到最近几年的销售趋势，销售出现下滑的中小企业倾向于拥有更多的专利申请数量，这可解释为这些中小企业为了在竞争中生存下来而将更多的精力投入创新活动。集群内的中小企业相比集群外的中小企业有更少的专利申请，这似乎与事实相悖；或者说，模型未能证明相关的假设。在管理导向方面，那些"要求员工遵循例行程序"、"听取员工的想法和建议"以及"鼓励员工冒险和挑战自我"的中小企业有更多的专利申请，而那些"促进员工之间的竞争"和"使员工获悉公司政策和发展的信息"的中小企业则有较少的专利申请。最后，那些与合作伙伴离得太远而无法开车前往的中小企业的专利申请较少，这与事实相符。

（2）模型（b）专利注册：在这一组中，成立年份、以资本和员工衡量的企业规模以及销售趋势这三个因素都与模型（a）中的结果类似。位于集群内还是集群外并不显著。在管理导向方面，与模型（a）中相同的那些具有正向关系的因素对专利注册来说同样显著，而"给予办公室权力和责任"对专利注册来说显著为负。最后，与合作伙伴的距离超过 2 小时的中小企业的专利注册更少，这与事实也是相符的。

（3）模型（c）新产品和新服务的开发：这种类型的创新与中小企业的成立年份和以资本衡量的企业规模之间并无显著关系。从员工人数方面看，4~9 人的企业和 20~99 人的企业与创新的关系显著为负；也就是说，相对较小的中小企业倾向于有更多的新产品和新服务。集群内的中小企业相比集群外的中小企业有更少的专利申请，这同样显得与事实不符。在管理导向方面，那些"听取员工的想法和建议"以及"规划新业务时发挥领导作用"的中小企业有更多的新产品和新服务。最后，那些与合作伙伴距离超过 2 小时的，以及离得太远而无法开车前往的中小企业有更少的新产品和新服务，这再次反映了现实情况。

第六节　结　论

基于广泛的邮件调查，本章提供了一系列关于日本中小企业升级和创新方面的新视角。实证结果肯定了产业集聚在促进企业升级和创新方面的作用，特别是对于最近五年来说尤其如此。与集群外的中小企业相比，集群内的中小企业在升级的频率和创新的数量上要表现得更好。这与现实情况是相符合的，因为中央和地方政府为促进中小企业而采取了很多措施，诸如放松管制和资金支持，在所有方面的差异均十分微小。计量经济学模型的分析结果表明，这些差异都具有较小的显著性水平，而仍然有许多问题等待解决。[12]

若干与本章的模型有关的问题值得进一步研究。第一，我们没有考虑每个集群的特征。每个地区都有独特的资源，而这些资源是内嵌于本地中小企业升级和创新过程中的；即大学、高等教育学院、银行、法律部门、在校生、产业结构等。[13] 第二，政策措施对于促进地区产业集群的发展是重要的，这引出了鼓励产业集群发展的战略问题。比如，Kuchiki 和 Tsuji（2005，2008）、Tsuji 等（2008）、Tsuji 等（2006）以及 Tsuji 和 Ueki（2008）等提出并验证了应用于产业集聚的"流程图方法"，该方法成功地解释了东亚产业集群在近年来的增长。本章的目的之一是将相关分析应用于那些旨在成功构建产业集群的政策方面。第三，产业集群内部各主体如何积累默会性信息和知识的这样一个过程，对企业升级和创新的重要性不言而喻，而这个过程很难用数学方程或固定的公式来表述。[14]

从集聚到创新

除上述提到的问题之外，还有一些方法上的途径可以扩展本章的分析。我们有许多问题没有处理，比如"新产品和新服务"以及"新的生产和营销方法"。这些都被认为是创新的产出。为使用 Logit 模型或排序 Probit 模型，我们将专利或升级的数量进行了分类，比如某个变量如果没有发生则取 0、1~4 取 1、超过 5 则取 2，等等。这些发生次数其本身就可以被当成变量，而不必设定虚拟变量。

致谢

在准备邮件调查的过程中，作者十分感谢中小企业署的支持，为我们获取由中小企业新商业促进法案认定的企业信息提供了帮助。此外我们对日本科学促进社提供的资金支持表示诚挚的谢意。

注释

［1］对内生创新过程方面的研究，可以参考 Tsuji（2005）和 Tsuji 等（2008），等等。

［2］为获取东亚地区产业升级和创新等信息的邮件调查于 2007 年 10~11 月在印度尼西亚、菲律宾、泰国和越南进行，相关结果见 Tsuji 和 Ueki（2008）。

［3］中小企业新商业促进法案于 1999 年制定。截至 2007 年 12 月共有 30931 家企业被认定为中小企业。

［4］被称作"集群"的区域是根据制定于 1997 年的地区产业促进法案来定义的。该法案的目标是通过促进区域内的产业集聚来增强地区经济基础。

［5］在东京都 Ohta 区域内的中小企业倾向于将其产品供应经联会企业；相反，在大阪 Higashi 区域内的中小企业普遍都是独立制造商。见 Tsuji 等（2005）和 Bunno 等（2006）。

［6］考虑到这一点，集群内和集群外的中小企业没有明显差异。

［7］这可以解释如下：在集聚的早期阶段，较小的中小企业开始升级，等集聚达到一定水平之后，较大的中小企业开始升级。换句话说，与集群同时进行的是企业规模的扩张，这进而引致产业升级。从这个意义上说，在集聚的早期阶段，中小企业经历了升级过程。这种由企业规模扩张引致升级而带来的促进效应称作"规模效应"。

因此升级有两个原因，即"规模效应"和"集聚效应"。从规模效应的探讨中可知，伴随着集聚的发展，升级过程从较小的中小企业转向较大的中小企业。因此，产业集聚促进了企业规模的扩张和相关的升级活动。我们因此需要将这种升级过程和集聚效应区分开来，这也是未来研究的一个方向。

［8］Tsuji 等（2005）还发现，管理导向中的"积累过去成功和失败的数据"对中小企业信息通信技术的使用产生了负面效应。对此的理解是，在开展某些新商业活动方面具有较强领导力的高层管理者更喜欢用他们自己的方式做出决策。

［9］这些虚拟变量的构建详见本章第三节第一部分。

［10］我们从 Bunno 等（2006）中得到的结果是，这一变量对信息技术的引入具有正面影响。

［11］测度创新的质量较为困难。在邮件调查中，我们简单询问了创新次数而没有涉及创新质量。

［12］据说有 70% 被认定的中小企业并不符合现行的中小企业新商业促进法案的要求。

［13］比如，Imagawa（2005，2007）使用了包括餐馆数量等在内的区域资源变量来估计与信息产业集聚有关的因素。

［14］这一过程可以用随机微分方程来刻画，详见 Fujita 和 Thisse（2002）。

附录

表 A1-1　估计结果：升级模型 I

阶段 1（2005 年 1 月至 2007 年 9 月）		模型（a）		模型（b）		模型（c）	
		系数	t 值	系数	t 值	系数	t 值
创建年份		0.005	1.500[+]	0.005	1.470[+]	0.005	1.550[+]
资本数量（对数）		0.169	1.590[+]	0.184	1.720[*]	0.178	1.790[*]
员工数量	4~9 人	−0.013	−0.030	−0.016	−0.040		
	10~19 人	0.462	1.150	0.446	1.100	0.473	2.190[**]
	20~49 人	−0.112	−0.270	−0.136	−0.330		
	50~99 人	0.103	0.230	0.089	0.200		
	超过 100 人	−0.708	−1.240	−0.758	−1.320[+]	−0.746	−1.760[+]
过去三年的销售趋势		0.283	1.490[+]	0.289	1.510[+]	0.263	1.410[+]
集群内和集群外		0.384	2.040[**]	0.382	2.010[**]	0.372	1.990[**]
公司的高层管理者	会注意员工一起工作时的表现如何	0.060	0.410	0.044	0.300		

从集聚到创新

续表

阶段 1 (2005 年 1 月至 2007 年 9 月)						
		模型 (a)		模型 (b)		模型 (c)	
		系数	t 值	系数	t 值	系数	t 值
公司的高层管理者	要求员工遵循例行程序	0.277	2.270**	0.286	2.310**	0.267	2.410**
	严格检查工作质量	−0.076	−0.590	−0.084	−0.650		
	为培养员工而对其经历感兴趣	0.326	2.330**	0.304	2.170**	0.362	2.670**
	给予办公室权力和责任	−0.297	−1.850*	−0.263	−1.630+	−0.268	−1.720*
	听取员工的想法与建议	0.150	0.900	0.148	0.880	0.207	1.300+
	使员工获悉公司政策和发展的信息	0.087	0.610	0.092	0.640		
	鼓励员工扩展自身的技能集合	0.053	0.380	0.036	0.260		
	促进员工之间的竞争	−0.232	−1.860*	−0.228	−1.820*	−0.220	−1.830*
	积累过去成功和失败的数据	−0.283	−2.300**	−0.283	−2.280**	−0.294	−2.480**
	鼓励员工冒险和挑战自我	0.256	1.900*	0.254	1.870*	0.303	2.380**
	规划新业务的时候发挥领导作用	0.107	0.920	0.109	0.930		
与合作伙伴的距离(其他公司、大学以及研究机构)	30 分钟到 1 小时			−0.316	−1.350+		
	1~1.5 小时			−0.443	−0.940		
	1.5~2 小时			−0.097	−0.260		
	超过 2 小时			−0.044	−0.140		
	因太远而无法开车前往			−0.859	−1.310+		
常数项		−14.239	−2.200**	−14.075	−2.160**	−14.028	−2.230**
观测值数目		770		770		773	
对数似然值		−371.410		−369.379		−373.418	
伪		0.059		0.064		0.056	

注：***、**、* 和 + 分别表示 1%、5%、10% 和 20% 的显著性水平。

表 A1-2　估计结果：升级模型 II

阶段 2 (2002 年 1 月至 2004 年 12 月)						
		模型 (a)		模型 (b)		模型 (c)	
		系数	t 值	系数	t 值	系数	t 值
		−0.001	−0.340	−0.001	−0.500	−0.002	−4.150**
资本数量 (对数)		0.061	0.480	0.078	0.610		
员工数量	4~9 人	0.624	1.130	0.623	1.130		
	10~19 人	0.837	1.570+	0.813	1.520+		
	20~49 人	0.610	1.140	0.591	1.100		

133

阶段 2（2002 年 1 月至 2004 年 12 月）		模型（a）		模型（b）		模型（c）	
		系数	t 值	系数	t 值	系数	t 值
员工数量	50~99 人	0.475	0.830	0.441	0.770		
	超过 100 人	−0.025	−0.040	−0.060	−0.090		
过去三年的销售趋势		−0.145	−0.670	−0.113	−0.520		
集群内和集群外		0.043	0.190	0.000	0.000		
公司的高层管理者	会注意员工一起工作时的表现如何	−0.053	−0.320	−0.063	−0.380		
	要求员工遵循例行程序	0.152	1.100	0.136	0.970		
	严格检查工作质量	−0.027	−0.180	−0.036	−0.240		
	为培养员工而对其经历感兴趣	0.131	0.810	0.129	0.800		
	给予办公室权力和责任	−0.571	−3.120**	−0.548	−2.960**	−0.481	−2.790**
	听取员工的想法与建议	0.304	1.600+	0.299	1.560+	0.296	1.620+
	使员工获悉公司政策和发展的信息	0.233	1.440+	0.235	1.440+	0.282	1.860*
	鼓励员工扩展自身的技能集合	0.177	1.090	0.163	1.000		
	促进员工之间的竞争	−0.070	−0.480	−0.061	−0.410		
	积累过去成功和失败的数据	−0.237	−1.670*	−0.222	−1.550+	0.213	−1.650+
	鼓励员工冒险和挑战自我	0.522	3.190**	0.512	3.110**	0.508	3.420**
	规划新业务的时候发挥领导作用	−0.102	−0.770	−0.090	−0.670		
与合作伙伴的距离（其他公司、大学以及研究机构）	30 分钟到 1 小时			−0.141	−0.550		
	1~1.5 小时			−0.992	−1.570	−0.895	−1.450+
	1.5~2 小时			−0.574	−1.140		
	超过 2 小时			−0.305	−0.770		
	因太远而无法开车前往			−0.642	−0.820		
常数项		−2.447	−0.430	−1.438	−0.250		
观测值数目		731		731		742	
对数似然值		−298.348		−295.890		−303.320	
伪		0.048		0.060			

注：***、**、* 和 + 分别表示 1%、5%、10% 和 20% 的显著性水平。

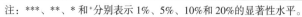

从集聚到创新

134

表 A1-3　估计结果：升级模型Ⅲ

		模型（a）		模型（b）		模型（c）	
		系数	t 值	系数	t 值	系数	t 值
创建年份		0.005	1.210	0.005	1.090		
资本数量（对数）		−0.066	0.480	−0.034	−0.240		
员工数量	4~9 人	0.358	0.500	0.370	0.520		
	10~19 人	1.147	1.750*	1.165	1.760*	0.771	2.390**
	20~49 人	0.945	1.430+	0.938	1.410+	0.442	1.390+
	50~99 人	1.235	1.790*	1.239	1.790*	0.635	1.840*
	超过 100 人	0.859	1.070	0.853	1.060		
过去三年的销售趋势		−0.059	−0.250	−0.051	−0.210		
集群内和集群外		−0.261	−1.030	−0.283	−1.110		
公司的高层管理者	会注意员工一起工作时的表现如何	−0.043	−0.230	−0.041	−0.210		
	要求员工遵循例行程序	−0.076	−0.510	−0.097	−0.640		
	严格检查工作质量	0.094	0.580	0.091	0.560		
	为培养员工而对其经历感兴趣	0.247	1.360+	0.225	1.230	0.249	1.620+
	给予办公室权力和责任	−0.003	−0.020	0.038	0.180		
	听取员工的想法与建议	0.042	0.190	0.050	0.230		
	使员工获悉公司政策和发展的信息	0.210	1.140	0.192	1.030		
	鼓励员工扩展自身的技能集合	−0.016	−0.090	−0.029	−0.170		
	促进员工之间的竞争	−0.183	−1.130	−0.179	−1.100		
	积累过去成功和失败的数据	−0.198	−1.250	−0.187	−1.180	−0.182	−1.310+
	鼓励员工冒险和挑战自我	0.363	2.060**	0.372	2.100**	0.336	2.160**
	规划新业务的时候发挥领导作用	−0.183	−1.280+	−0.182	−1.270		
与合作伙伴的距离（其他公司、大学以及研究机构）	30 分钟到 1 小时			−0.281	−0.960		
	1~1.5 小时			−1.791	−1.730	−1.705	−1.660*
	1.5~2 小时			−0.350	−0.680		
	超过 2 小时			0.107	−0.270		
	因太远而无法开车前往			−0.367	−0.470		
常数项		−13.661	−1.580+	−12.859	−1.480+	−3.797	−5.330**
观测值数目		679		679		710	
对数似然值		−251.104		−247.995		−267.887	
伪		0.048		0.060		0.041	

注：***、**、* 和+分别表示 1%、5%、10%和 20%的显著性水平。

		模型（a）		模型（b）		模型（c）	
		系数	t 值	系数	t 值	系数	t 值
创建年份		0.000	0.000	−0.001	−0.160		
资本数量（对数）		−0.167	−1.200	−0.181	−1.270	−0.218	−2.940**
员工数量	4~9 人	−1.126	−2.050**	−1.128	−2.040**	−0.914	−2.310**
	10~19 人	−0.641	−1.330+	−0.638	−1.310+	−0.364	−1.310+
	20~49 人	−0.406	−0.870	−0.398	−0.850		
	50~99 人	−0.060	−0.120	−0.038	−0.080		
	超过 100 人	−0.415	−0.650	−0.393	−0.610		
过去三年的销售趋势		−0.067	−0.290	−0.043	−0.190		
集群内和集群外		0.010	0.040	0.014	0.060		
公司的高层管理者	会注意员工一起工作时的表现如何	0.142	0.790	0.116	0.630		
	要求员工遵循例行程序	−0.138	−0.940	−0.137	−0.920		
	严格检查工作质量	−0.287	−1.890*	−0.282	−1.850*	−0.307	−2.470**
	为培养员工而对其经历感兴趣	0.198	1.120	0.189	1.060	0.237	1.610+
	给予办公室权力和责任	0.137	0.650	0.114	0.540		
	听取员工的想法与建议	−0.297	−1.430+	−0.277	−1.320+		
	使员工获悉公司政策和发展的信息	0.058	0.330	0.061	0.350		
	鼓励员工扩展自身的技能集合	0.080	0.470	0.116	0.680		
	促进员工之间的竞争	0.151	0.940	0.139	0.860		
	积累过去成功和失败的数据	0.069	0.440	0.047	0.290		
	鼓励员工冒险和挑战自我	0.321	1.800*	0.345	1.910*	0.352	2.270**
	规划新业务的时候发挥领导作用	−0.291	−2.100**	−0.292	−2.110**	−0.283	−2.220**
与合作伙伴的距离（其他公司、大学以及研究机构）	30 分钟到 1 小时			0.442	1.660*	0.412	1.700*
	1~1.5 小时			−0.582	−0.900		
	1.5~2 小时			0.542	1.300+	0.579	1.450+
	超过 2 小时			0.272	0.700		
	因太远而无法开车前往			−0.180	−0.230		
常数项		−0.398	−0.060	0.542	0.080		
观测值数目		635		635		657	
对数似然值		−265.233		−262.391		−273.976	
伪		0.052		0.062			

注：***、**、* 和 + 分别表示 1%、5%、10%和 20%的显著性水平。

从集聚到创新

表 A2-1　估计结果：创新模型 I

（1）专利申请数量		模型（a）		模型（b）		模型（c）	
		系数	t 值	系数	t 值	系数	t 值
创建年份		0.005	2.510**	0.006	2.520**	0.005	2.210**
资本数量（对数）		0.167	2.140**	0.167	2.130**	0.203	2.890**
员工数量	4~9 人	0.009	0.030	−0.009	−0.030		
	10~19 人	0.156	0.570	0.136	0.490		
	20~49 人	−0.232	−0.840	−0.260	−0.940	−0.392	−2.520**
	50~99 人	−0.242	−0.790	−0.277	−0.910	−0.413	−2.180**
	超过 100 人	0.318	0.850	0.283	0.760		
过去三年的销售趋势		−0.261	−1.930*	−0.250	−1.850*	−0.260	−1.970**
集群内和集群外		−0.165	−1.210	−0.176	−1.280	−0.183	−1.340+
公司的高层管理者	会注意员工一起工作时的表现如何	−0.026	−0.250	−0.021	−0.210		
	要求员工遵循例行程序	0.100	1.150	0.099	1.140	0.107	1.410+
	严格检查工作质量	−0.026	−0.290	−0.037	−0.400		
	为培养员工而对其经历感兴趣	−0.047	−0.490	−0.046	−0.470		
	给予办公室权力和责任	−0.073	−0.640	−0.071	−0.620		
	听取员工的想法与建议	0.286	2.470**	0.283	2.440**	0.259	2.510**
	使员工获悉公司政策和发展的信息	−0.160	−1.610+	−0.150	−1.510+	−0.170	−1.880*
	鼓励员工扩展自身的技能集合	0.047	0.480	0.035	0.360		
	促进员工之间的竞争	−0.123	−1.350+	−0.117	−1.280	−0.110	−1.290+
	积累过去成功和失败的数据	0.088	1.010	0.091	1.030		
	鼓励员工冒险和挑战自我	0.192	1.970**	0.179	1.820*	0.213	2.510**
	规划新业务的时候发挥领导作用	0.043	0.520	0.048	0.580		
与合作伙伴的距离（其他公司、大学以及研究机构）	30 分钟到 1 小时			−0.027	−0.170		
	1~1.5 小时			0.071	0.230		
	1.5~2 小时			−0.253	−0.960		
	超过 2 小时			−0.212	−0.880		
	因太远而无法开车前往			−0.503	−1.270	−0.504	−1.300+
Cut1		12.126		12.077		10.341	
Cut2		13.266		13.220		11.479	
观测值数目		820		820		825	
对数似然值		−861.644		−860.091		−866.752	
伪		0.026		0.028		0.026	

注：***、**、* 和+分别表示 1%、5%、10%和 20%的显著性水平。

表 A2-2 估计结果：创新模型 II

（2）专利注册数量

		模型（a）		模型（b）		模型（c）	
		系数	t 值	系数	t 值	系数	t 值
创建年份		0.004	1.980**	0.005	2.060**	0.005	2.190**
资本数量（对数）		0.078	1.010	0.080	1.030	0.099	1.430+
员工数量	4~9 人	−0.053	−0.180	−0.068	−0.240		
	10~19 人	0.125	0.440	0.088	0.310		
	20~49 人	−0.235	−0.830	−0.252	−0.890	−0.320	−2.050**
	50~99 人	−0.192	−0.620	−0.223	−0.720	−0.280	−1.460+
	超过 100 人	0.174	0.450	0.155	0.400		
过去三年的销售趋势		−0.170	−1.250	−0.162	−1.190	−0.176	−1.310+
集群内和集群外		−0.153	−1.100	−0.172	−1.230		
公司的高层管理者	会注意员工一起工作时的表现如何	0.029	0.280	0.029	0.280		
	要求员工遵循例行程序	0.155	1.780*	0.155	1.770*	0.152	2.030**
	严格检查工作质量	−0.040	−0.440	−0.052	−0.560		
	为培养员工而对其经历感兴趣	−0.062	−0.630	−0.053	−0.530		
	给予办公室权力和责任	−0.111	−0.960	−0.118	−1.010	−0.145	−1.320+
	听取员工的想法与建议	0.263	2.250**	0.261	2.220**	0.265	2.420**
	使员工获悉公司政策和发展的信息	−0.046	−0.460	−0.033	−0.320		
	鼓励员工扩展自身的技能集合	0.018	0.180	0.016	0.160		
	促进员工之间的竞争	−0.083	−0.910	−0.073	−0.790		
	积累过去成功和失败的数据	0.113	1.270	0.121	1.350+		
	鼓励员工冒险和挑战自我	0.110	1.110	0.093	0.940	0.135	1.620
	规划新业务的时候发挥领导作用	0.074	0.880	0.078	0.920		
与合作伙伴的距离（其他公司、大学以及研究机构）	30 分钟到 1 小时			−0.068	−0.410		
	1~1.5 小时			0.023	0.080		
	1.5~2 小时			−0.208	−0.780		
	超过 2 小时			−0.467	−1.940*	−0.424	−1.850*
	因太远而无法开车前往			−0.217	−0.540		
Cut1		10.249		10.581		10.863	
Cut2		10.981		11.316		11.591	
观测值数目		820		820		824	
对数似然值		−830.934		−828.769		−834.930	
伪		0.020		0.023		0.020	

注：***、**、*和+分别表示 1%、5%、10%和 20%的显著性水平。

表A2-3 估计结果：创新模型Ⅲ

（3）新产品和新服务的数量		模型（a）		模型（b）		模型（c）	
		系数	t值	系数	t值	系数	t值
创建年份		0.000	−0.090	0.000	0.040		
资本数量（对数）		0.028	0.350	0.029	0.370		
员工数量	4~9人	−0.552	−1.850[*]	−0.567	−1.900[*]	−0.403	−2.120[**]
	10~19人	−0.275	−0.930	−0.312	−1.050		
	20~49人	−0.545	−1.860[*]	−0.580	−1.960[*]	−0.349	−2.090[**]
	50~99人	−0.576	−1.780	−0.613	−1.880[*]	−0.424	−2.160[**]
	超过100人	−0.130	−0.330	−0.181	−0.460		
过去三年的销售趋势		−0.147	−1.050	−0.138	−0.980		
集群内和集群外		−0.172	−1.210	−0.174	−1.220	−0.193	−1.390[+]
公司的高层管理者	会注意员工一起工作时的表现如何	0.049	0.470	0.050	0.470		
	要求员工遵循例行程序	0.051	0.570	0.058	0.650		
	严格检查工作质量	0.029	0.310	0.015	0.150		
	为培养员工而对其经历感兴趣	−0.135	−1.340[+]	−0.140	−1.390[+]		
	给予办公室权力和责任	0.146	1.240	0.155	1.310[+]		
	听取员工的想法与建议	0.219	1.820[*]	0.211	1.740[*]	0.284	2.970[**]
	使员工获悉公司政策和发展的信息	0.020	0.200	0.043	0.410		
	鼓励员工扩展自身的技能集合	−0.100	−0.960	−0.115	−1.110		
	促进员工之间的竞争	0.032	0.350	0.038	0.410		
	积累过去成功和失败的数据	−0.055	−0.610	−0.051	−0.560		
	鼓励员工冒险和挑战自我	0.080	0.800	0.070	0.700		
	规划新业务的时候发挥领导作用	0.099	1.150	0.104	1.200	0.112	1.450[+]
与合作伙伴的距离（其他公司、大学以及研究机构）	30分钟到1小时			−0.143	−0.850		
	1~1.5小时			0.102	0.310		
	1.5~2小时			−0.085	−0.310		
	超过2小时			−0.462	−1.880[*]	−0.448	−1.970[**]
	因太远而无法开车前往			−0.867	−2.080[**]	−0.755	−1.860[*]
Cut1		−1.312		−0.897		−1.166	
Cut2		1.059		1.491		1.216	
观测值数目		820		820		860	
对数似然值		−749.029		−745.174		−783.451	
伪		0.018		0.023		0.019	

注：***、**、*和[+]分别表示1%、5%、10%和20%的显著性水平。

参考文献

Bunno, T., M. Tsuji, H. Idota, H. Miyoshi, M. Ogawa and M.Nakanishi (2006). "An Empirical Analysis of Indices and Factors of ICT Use by Small and Medium-sized Enterprises in Japan," Proceedings of ITS Biennial Conference (CD-ROM), Beijing, China.

Fujita, M., P. Krugman, and A.Venables (1999) The Spatial Economy: Cities, Region, and International Trade. Cambridge, MA: MIT Press.

Fujita, M. and J. F. Thisse (2002) Economics Agglomeration: Cities, Industrial Location, and Regional Growth. Cambridge: Cambridge University Press.

Imgawa, T. (2005) "Japan: Remedies to Activate Local Cities," in Kuchiki and Tsuji (2005), pp.299-318.

Imgawa, T. (2007) "Information Technology and Economic Growth: Discovering the Informational Role of Density," in Tsuji, Giovannetti, and Kagami (2007).

Krugman, P. (1991) Geography and Trades, Cambridge, MA: MIT Press.

Kuchiki (2007) "Agglomeration of Exporting Firms in Industrial Zones in Northern Vietnam: Players and Institutions," in Tsuji, Giovannetti, and Kagami (2007), pp.97-138.

Kuchiki, A. and M. Tsuji (Eds.) (2005) Industrial Cluster in Asia: Analyses of Their Competition and Cooperation. Basingstoke: Palgrave Macmillan.

Kuchiki, A. and M. Tsuji (Eds.) (2008) The Flowchart Approach to Industrial Cluster Policy. Basingstoke: Palgrave Macmillan.

Porter, M. E. (1980) The Compatitive Advantage of Nations. New York: Free Press.

Saxenian, A. L. (1994) Regional Advantage: Culture and Competition in Silicon Valley and Route 128. Cambridge, MA: Harvard University Press.

Tsuji, M. (2005) "Country Report of Japan," in Information Technology for Development of Small and Medium-sized Exporters in Latin America and East Asia, M. Kuwayama, Y. Ueki and M.Tsuji (Eds.), pp.354-374, Undp/Eclac/ide-Jetro, October.

从集聚到创新

Tsuji, M., E. Giovannetti, and M. Kagami (Eds.) (2007) Industrial Agglomeration and New Technologies: A Global Perspective. Cheltenham: Edward Elgar.

Tsuji, M., S. Miyahara, and Y. Ueki (2008) "An Empirical Examination of the Flowchart Approach to Industrial Clustering: Case Study of Greater Bangkok, Thailand," in Kuchiki and Tsuji (Eds.) (2008), pp.194-261.

Tsuji, M., S.Miyahara, Y. Ueki, and K. Somete (2006) "An Empirical Examination of Factors Promoting Industrial Clustering in Greater Bankok, Thailand," Proceedings of 10th International Convention of the East Asian Economic Association (CD-ROM), Beijing, China.

Tsuji, M., H. Miyoshi, Bunno, T., H. Idota, M. Ogawa and M. Nakanishi, E.Tsutsumi, and N. Smith (2005) "ICT Use by SMEs in Japan: A Comparative Study of Higashi-Osaka and Ohta Ward, Tokyo," OSIPP Discussion Paper, No.06-05, Osaka University.

Tsuji, M, and Y. Ueki (2008) "Consolidated Multi -countries Analysis of Agglomeration," in Analyses of Industrial Agglomeration, Production Networks and FDI Promotion, M. Ariff Eds., ERIA Research Project Report 2007 No.3, ERIA (Economic Research Institute for ASEAN and East Asia).

第五章

将里约热内卢软件集群重塑为本地创新
体系的公共物品

安东尼奥·罗斯·加奎亚拉·博特略　艾利克斯·席尔瓦·阿尔维斯
克劳德森·莫斯奎拉·巴斯图

第一节　导　论

　　流程图方法对亚洲新兴经济体的公共政策做出了重要贡献，这些政策的目标就是要把制造业集聚发展为高生产率、高效率的产业集群（Kuchiki，2004；Kuchiki & Tsuji，2005）。最近关于流程图模型的研究主要集中在如下几个方面：研究其他国家和地区的企业在地理上的集聚，比如北美洲和拉丁美洲，特别是巴西和美国；还有关于其他产业的研究，如可再生食糖—酒精生产链（Ueki，2007）、不可再生能源——石油和天然气的勘探与生产（Botelho & Bastos），以及印度的软件产业（Odaka，2005）；此外还有对诸如美国和中国创新集群这样的新话题的研究。本章则为当前流程图研究，即流程图研究的第二个时期，呈现了另外一个独特的案例，因为我们研究了以创新为核心的 IT 部门非科层型产业集群再次发展的条件，并重点关注了巴西里约热内卢大都市圈的软件服务产业（SSI）。

　　对里约热内卢 IT 产业集群的估计范围从 500 家到 1250 家再到 5000 家不等。在更加明确限定范围的软件服务产业中，从较大的非微型企业到 2 人企业的数量为 1250 家，其中有 500 家是软件企业，占全国 IT 市场份额的 16%。尽管在某些部门有许多企业的员工超过了 30 名，但是大多数企业规模比较小（少于 10 名员工），因此构成了一个分散化的、非科层型的产业集群。据国家软件服务产业联盟（ASSEXPRO RJ）的估计，全国排名前 20 位企业的平均员工数量超过 500 人，其员工总人数为 15000~18000 人，而产业内的员工人数为 50000 人。大约有 30000 名员工在 17000 多家 1~2 人的微型企业工作。

尽管没有确切的相关数据，但当地软件产业联盟和发展署的企业统计显示，里约热内卢软件服务产业自 20 世纪 80 年代的鼎盛期之后出现了相对下降。ASSESPRO RJ 估计该产业在国内的份额十年间下降了一半，从 1997 年的 36% 下降到 2006 年的 18%，但仍是巴西的第二大产业。1991 年，IT 企业总数在全国的份额为 18%（5022 家），这一数字在 2001 年基本没有变化，尽管其绝对数量在这段时间内增长了 280%（ASSESPRO RJ，2005）。许多经验数据都似乎印证了这种令人担忧的趋势。其中一个表现就是，过去的 20 年里，里约热内卢注册的软件企业数量在国家知识产权局给出的排名中出现了相对下降趋势。另外，圣保罗注册的软件企业数量在 1988~1999 年以及 2000~2006 年几乎翻了 2 倍，排名第三的米纳斯吉拉斯州在后一时期翻了 3 倍。里约热内卢的排名则降到第二位，第一位被圣保罗抢走，里约热内卢软件企业的绝对数在这一时期的增长速度低于 30%。在过去几年中，有 12 家软件服务企业通过 IPO 方式上市融资来进行扩张，以在国际范围内拓展市场和进行竞争，但是这 12 家企业中没有一家成立于里约热内卢，或者将其总部设在该地区。最后，随着巴西大型软件服务企业的子公司加快开展离岸外包活动，这些业务中的绝大部分发生在圣保罗——它是 IBM 也是巴西最大的软件开发中心之一，有 4000 名员工位于 Hortolandia（IBM 原有的制造工厂）[1]。EDS 于 2007 年下旬开始营业，它是巴西国内最大的软件开发服务中心，投资规模 2000 万美元，10000 名雇员中的 5000 名[2] 位于圣保罗大都市圈的圣伯纳德坎普市。

外部经济和公共物品可以促进本地中小企业生产系统中高科技型企业的有边界的集聚。重要的是，外部经济可以生产新产品而不是在市场上使企业重复它们的生产。在高科技部门，生产工序——一旦某项产出完成——是相对比较简单的，而且与工业园区相比，其所占用的时间、空间和劳动力都相对较少。只要制造出的某种产品"可以使用"了，这就意味着市场需求随之产生，该产品就可以以较低的成本进行产业化规模的生产。因此，主要的问题在于投入结构方面，也就是说，问题在于新产品的开发制造能力方面，其主要受科技先进性的影响。这个问题就是我们试图解释的背后动因，即与科研机构和专业化服务生产企业之间的正式和非正式联系有关的外部经济为什么如此重要。这种正式或非正式的联系，一边是教育和科研机构，另一边是企业家和股东。在理解了 Bagnasco 关于20 世纪 70 年代印度北部和东北部工业区社会经济之所以成功的解释以后，我们也可以说，在本地氛围对创新活动的重要性日益增长的背景下，也存在一个促进创新的社会建设过程。总的来说，外部经济对于高科技部门的中小企业来说十分重要，因为它将新知识生成过程与新产品的投放紧密联系起来。

在促进对这类特殊形式的生产组织演化所必需的公共物品的建设时，有意识地增进公共、集体部门与私人部门之间的合作，比让这些公共物品根据集群内的初始禀赋自我生成更加重要。更重要的是，产业和科技园区之间的社会资本是各不相同的。社会资本根植于公共物品的生产过程之中。公共物品带来的外部经济效应强化了企业集聚的条件。社会资本因此解释了两种过程的差异之处，即有意识的规划过程所带来的外部经济（比如为既定问题准备解决方案）与建立在本地认同基础上的长期互信的建设过程。在科技园区，社会资本更多的是通过尝试性互动来构建，而不是通过本地认同或嵌入性来构建。

硅谷长期成功的背后原因，似乎是基于初创企业、大学和公共或私人研究实验室以及那些——即使它们当中大部分的存活时间并不长——可以促进本地创新文化氛围传播的企业之间的循环动力学机制。这些现象的背后是一个专业化社区——没有围墙或物理边界——为了给商业或研究问题提供解决方案而进行的夜以继日的工作，这些问题通常来自高科技公司的企业家们在新的风险领域所做出的决策（Saxenian，1994）。

此外，如 Porter（2001）和 Picchieri（2002）认为的那样，在这样的社区成立之前，由本地、区域和国家层面上的公共机构建立的中间组织需要进行强化。这种中间组织构成了一种重要的公共物品，它对于研究和商业环境之间的联系是必需的（Antonelli，2001；Cooke，2001；Crouch et al.，2004；Granovetter et al.，2000；Kenney，2000；Saxenian，1994；Storper，1997）。这些学者认为科技园区是在本地以前的能力和资源（公共物品）基础上逐步自然发展起来的。与这些观点同时出现的看法是，有较强的证据表明若没有足够的公共支持——来自本地和国家层面——那么科技园区的发展几乎是不可能的。

创新集群似乎更加依赖于有意识的政治选择，其目标是建立支持性的组织来促进教育与研究机构和企业与社会之间的合作。这些公共物品的生产带来了重要的外部经济效应。这些外部经济效应反过来支持了中小企业的发展，并促进了发生在传统工业区和科技园区中的集聚效应的正外部性。因此，公共政策在科技园区的发展过程中发挥了重要作用，通过一系列措施使本地经济获得了更有效率的资源配置，比如通过平息贷款、免税、财政激励等，这正如那些促进传统产业园区发展的公共政策所做的一样。公共支持对科技园区的环境动态发展所发挥的作用更具促进性，主要是通过促进中间组织的建设来实施，如科技园、商业孵化中心、技术转移办公室，以及间接支持，如根据不同的天使投资人俱乐部构建相应的服务组织和联盟。本章重点考察一类特殊的本地生产体系，它的特征是由一系列高科技部门的中小企业组成，如软件、生物科技和媒体。在如此多的种类和名称中，这种生产体系——特别是在欧洲——被称作科技园区或创新集群。本章分为如下几部分：下一节是关于本地发展、创新和集群的分析层面的话题。随后一节我们简要介绍巴西软件服务产业以及里约热内卢软件服务产业演变的具体过程，并探讨该产业的优势和劣势、识别未来增长的机遇和障碍。接着我们讨论创新在高科技集群发展中的作用，这意味着我们需要对流程图模型做出关键性的修正以将其应用于巴西软件服务业的案例，即我们把流程图中的锚企业替换为"集聚阶段中的本地治理"和"创新阶段中为培育集体学习文化而引入的主要科学家"（见图 5-1）。第四节给出了实证调查的结果，该调查是软件服务企业的一个小样本，目的是检验我们的假设，即集体学习的重要性以及流程图模型中的条件，这些条件被认为可以帮助里约热内卢软件服务产业集群发展为有能力走上持续发展路径的创新网络。

结论部分给出了相关的政策建议，并进一步讨论了将流程图模型应用于新兴经济体软件服务产业集群所需要的修正方法。

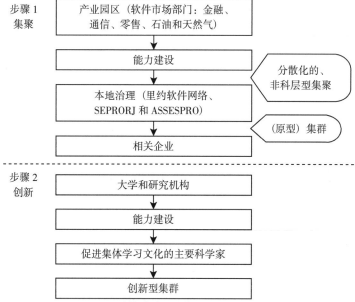

图 5-1　里约热内卢 IT 产业集群的一个流程图

资料来源：作者对 Kuchiki 和 Tsuji（2005a）的修改和扩展。

第二节　本地经济发展、集群和创新[3]

充满不确定性和发展轨迹未成形的新技术往往阻碍了那些以中小企业为基础的高科技集群的形成（Keeble & Wilkinson，1999；Storper，1997；Swann et al.，1998）。这方面的研究往往集中在直接识别那些可以解释企业集聚背后动机的变量，这些企业在一定的边界内集聚，在边界内，科学知识是生产组织的一种重要投入。创新被认为是这种边界系统最希望获得的产出成果，在这个前提下，本地经济发展战略对于激发生产系统中的中小企业的创新发挥了重要作用（OECD，1996）。人们通常认为中小企业的活力对于本地区开展专业化生产更有效，因为正如文献研究所揭示的那样，中小企业的活力通常内嵌于边界内行动者的能力之中，因而可以在生产特定产品和服务的过程中持续性地再生产专业化知识。当有可靠的公共物品可以确保竞争、工作创造和社会凝聚的时候，本地生产体系以及体系内的中小企业是从集群当中受益最多的一方。

一、本地经济发展的相关政策特点

本地经济发展主要涉及当地制度机构之间的合作能力，以此开启和主导地区发展进程，充分动员本地和外地的资源与能力。为促进本地经济发展而做出努力的主角通常就是这些机构，它们可以协调一系列水平或垂直的行动计划来吸引外部的政治资源（将私人部门吸引到边界内的公共投资或资源）以及文化和经济方面的资源（投资决策或私人机构的本地化）。区分本地经济发展和本地活力很重要。后者仅由集群（边界组织）产生的收入和就业来衡量，它们是某种政策（或政治举措）的结果。而本地经济发展，从另一个角度来说，则主要是利用那些可以为集群内的本地资产带来价值的外部资源来吸引投资、外地企业、文化和科技等方面的组织体系，它们不仅是扩大生产、提高收入和增加就业的途径，也对提高本地区能力和专业化水平极其重要（Antonelli，2001；Becattni，2000；Sapir et al.，2003）。因此，本地经济发展政策的目标是通过有目标地干预来改善社会经济环境和增强基础设施与服务，并且培育企业之间在生产流程方面的合作（Trigilia，2005）。

生产体系联络有许多种不同的形式（Storper，1997）。本地生产体系与另外一个体系有着很大不同，不仅在于生产单元方面，也在于其所处的社会结构方面。每个社区（集群）都有其独特的价值体系，这些价值体系是多元化和充满活力的[4]，因此这些社区（包括那些最近才形成的社区）围绕着无数个这样的"轴"凝聚和团结起来作为地区政策的主要组成部分，本地生产体系渗透到整个社区的社会经济结构中，并采取协调一致的措施将政府、企业和本地（以及全国性的）机构和个人联系起来，以此促进边界内生活质量的改善、基础设施的建设、工作岗位的创造以及企业竞争力的提高。

二、外部经济

外部经济的方法强调特定区域空间内企业所具有的报酬递增的作用，而这是因为企业之间的临近效应。外部性来自生产要素的不可分性，因此临近效应为集群内的组织将收益内部化提供了机会（Antonelli，1986；Brusco，1992；Camagni，1999；Piore & Sabel，1984）。

外部经济可以是物质性甚至非物质性集体物品的产物，正如信息通信技术可

从集聚到创新

148

以实现外部经济的例子那样。外部经济通常被认为是本地公共物品的成果，这些公共物品提高了在边界内运营的企业的竞争力。它们可以降低企业成本并提升技术创新，特别是对于那些中小企业来说。产生这种效果的原因就在于，企业无法依靠自身来提供——或者由于潜在的"搭便车"效应而使企业对提供公共物品不感兴趣——足够数量和质量的此类物品，而它们对于提高企业的竞争力是必需的（Crouch et al.，2004）。在某些特定案例中，此类物品具有完全的公共属性，比如合格的劳动力、良好的通信和物流设施；在其他情况中，这些物品只能由特定群体使用，比如再循环基础设施，通常被那些非环境友好型生产部门使用。

但是，如果没有有形公共物品的生产（或再生产），外部经济效应不会发生。技术园区的公共物品与工业园区的公共物品具有不同的属性，而且具有互补性，这一方面是由于此类环境实现社会经济起飞所必需的外部经济的类型不同，另一方面是由于技术发展和创新的动态性质不同。要理解这些不同之处，就需要对创新的本地化特征以及高科技部门里中小企业发展所处的集群边界进行广泛的分析。

三、将创新本地化

本地创新体系（LIS）建立在本地社会结构和制度的基础上，因此它更加细致地反映了一个地区或本地社区知识与能力的发展水平。Bagnasco 和 Sabel（1995）认为，在本地生产体系中：①业务关系的特征是竞争与合作的紧密交织；②企业家与雇员之间的关系——无论是微观层面的业务关系还是宏观层面的产业关系——通常呈现为冲突和参与并存的局面；③生产结构，或者更一般地说，社会结构通常是知识密集型的，这些知识与生产、技术、营销、金融和管理紧密相关。按照上述观点，一个创新集群就是内置创新系统的特定地理区域和文化结构体。

本地创新体系关注的是一个地区或社区的利益，并注重开发本地区的利益和能力（Antonelli，2001），这些利益和能力与边界内部的本地需求相一致。所有诸如此类的本地环境都属于其所在社区的特定方面，其中最具活力的是社会资本。技术开发区的一个愿景就是培育建立在大学基础上的本地创新体系。在这里，大学发挥了领导作用，这意味着大学的研发成果及其与公司之间的技术合作是创新活动中的结构性和指导性因素，因而也为新企业的产生提供了机会。由新兴业务构成的组织安排以及那些同大学开展联合研发的企业，组成了以大学为基础的本地创新体系、市场组织（包括企业特定设备的供应商、服务和客户）以及非市场组织（大学、研究机构、本地贸易联盟、管制机构、技术转移办公室、商业联盟和相关的政府机构等）。

迄今为止，尽管创新活动（或对创新的需求）在很多国家已经成为政策日程，由公共部门主导的干预对本地创新体系的发展却在许多发达国家和发展中国家产生了令人失望的结果。大部分意在促进企业技术能力建设和国家创新体系建设的政策措施，都受到了技术发展方面制度性观点或不可抗性观点的很大影响（Leyten，2004；May，2002；Navarro，2003），因而忽略了其他一些更具本地化特征的因素，如边界内城市基础设施、安全和生活的质量，这些因素强烈影响到人力资本的吸引力（Amendola et al.，2005）。

四、外部经济和公共物品

全球化带来的市场流动性、开放性和弹性也带来了新机遇，因此需要着重强调那些涵盖了这些机遇的本地经济发展战略，这些机遇增加了本地资源的经济价值。中小企业技术能力的获取与其能够获取的公共物品的质量紧密相关。人们通常认为，所有类型的高科技都蕴含着与科学的先进性有关的新技术，而科学的先进性则用较高的研发支出比率——包括所雇佣的科研人员数量——来测度。按照这种标准分类的部门，通常提及的是医药和化学产业、航空及其相关产业、生物技术产业和 IT 产业。此外，大多数高科技产业并非由中小企业构成的本地生产体系来组织，因为每一类高科技产业都有不同的动态特征和历史演化过程。那些与本地生产体系里的中小企业联系更为紧密的高科技部门——正如实证性比较研究所显示的——大多为生物技术、媒介生产以及信息通信行业（特别是软件开发）。最令研究人员感到困惑的问题就是，如何理解这些产业中围绕分散化系统组织生产的企业决策的影响因素，这种分散化系统是由许多中小企业构成的。有关工业区的相关文献似乎为这方面提供了一个较好的启示。Becattinian 认为，中小企业本地生产体系发展的一个先决条件在于生产过程的可分性。这里可以再添加另外两个条件：①技术路径的不确定性。由于技术的这种特征，基于不同参与者（对企业来说是外部性）之间互动的商业模式是更加方便有效的，正如生物技术行业表现的那样（de Vol & Bedroussian，2006；Powell，1996）；②需要持续不断地将生产要素再结合而形成的稳定的市场变量（如需求结构方面、管制方面

从集聚到创新

等)，正如媒体（电影、电视等）和软件开发行业表现的那样（Bresnahan et al.，2001；Castells，2000）。但是，并非所有的高科技部门都能给中小企业本地生产体系带来活力，因此需要进一步的资质匹配。

中小企业的高科技系统中也有重要的变量。举例来说，由于一些公司在科技知识方面的活力较低，因此并不是所有的软件公司（开发者）和互联网公司都可以被视作高科技企业。对于广泛传播的方法的使用，如参与研发活动的雇员数量，倾向于降低对这些部门里面的中小企业的支持作用。除了这方面的困境之外，传统指标也不能很好地捕捉和评价高水平的创新活动。这些因素十分重要，因为它们可能直接影响到公共政策的成功与否以及技术园区里企业可用的公共物品的类型。

在边界内部，高科技部门中的企业决定组织生产，而不是利用全球化产生的优势来降低经常费用和外包成本（这也正是传统工业区中的企业所做的），对这一问题的解释主要来自 Becattini（1979）。他考虑了本地企业可以利用的有形和无形的外部经济，以及其产生的公共物品的类型（有意或无意的）。但这一方法只提供了部分答案，因为其最初是用来解释为什么传统地区中的企业会产生集聚。因此，我们可以假设，创新集群中的外部经济不同于传统工业园区中的外部经济。理解这些差异是非常重要的，否则会导致政策设计和执行方面的错误与失误，也涉及边界内部的参与者（主要是企业）对创新与区域政策所产生的公共物品的利用效果。有三个主要方面是需要考虑的。

第一，考察边界内参与者能够获取资源的状况是比较重要的，这些资源包括研究型企业产生的知识，以及与科研机构和大学的通信（和互动）渠道。这些实际上是基础性的公共物品，它可以保障企业持续不断的技术升级与能力建设升级，也可以确保合格的人力资源可以持续流入。尽管这些因素是相互依赖的，并且它们对高科技型本地生产体系的发展具有基础性作用，但其表现形式可能在不同的案例中有所不同。考虑由此类公共物品产生的第一种外部经济（技术方面的升级），公司（或企业集团）与研究机构之间的正式关系（契约、合资）必须得到法律保护以确保契约（主要是商业机密协议的形式）的落实和知识产权的保护。在这里，科技和教育制度也会通过非正式关系，如通过私人网络把企业和研究中心的环境结合在一起，来影响边界内的生产体系。考虑到创新活动对企业竞争力的影响，后一种外部经济比第一种外部经济更加重要。在这个意义上，边界内会经常成立与信息交换有关的"专业社区"，这些社区主要是为了默会性知识和本地互信的发展，以及对专业人员的猎头业务。社会资本主要在于"尝试性"和弱关系方面，而不是基于信任的社会建设过程与集体嵌入意识，这二者主要体现在传统的工业园区中。

第二，为企业提供产品和服务的合格供应商构成了这些集群中的另一类公共物品。这是指由无意过程中的自然效应构成的外部经济。这种过程是某些企业原始本地化的结果，也是由教育和研究机构所引起的企业家精神和劳动力资源演变的结果。给定劳动力的专业分工和中小企业的水平一体化，上述因素对于生产模式十分重要。当然，这对于高科技部门的企业来说并不是约定俗成的惯例。在软件部门，这种高度的劳动分工和弹性的生产组织机制产生的效果十分明显（Botelho et al.，2005；Biagiotti & Burroni，Crouch et al.，2004；Ramella & Trigilia，2006）。

一般来说，人们无法想象出这样一个不与外部环境互动的自给自足式的封闭系统，不仅与周围互动而且也深受外部环境的影响。对高科技产品和服务的需求来自其边界以外的市场（Bresnahan et al.，2001），比如，巴西的软件产业集群主要关注其国内市场，对国际市场的渗透率较低，这主要是过去十年里产业政策的失误以及20世纪80~90年代宏观经济的不稳定性所致，也影响到企业的长期市场扩张战略（Botelho，2005；De Negri & Salerno，2005）。产业园区中大多数企业的市场都位于同一园区内专业化价值链上的最终环节。

第三，本地创新体系通常与大企业之间存在重要的合作关系，而大多数这些企业都在集群外部。但是经验证据表明，与本地合作伙伴之间正式和非正式的合作关系是企业运营的重要条件，这种合作因而影响到系统的整体动态特征。除了与教育研究有关的服务之外，金融、营销和对企业家的支持服务（培训初创企业）也发挥了重要作用。对创新性的产品和服务上市发挥重要作用的技术路径需要较长时间才能成熟，而且充满风险和不确定性，因而这些中间服务供应商的出现正变得越来越重要，特别是那些提供专业化的金融服务的供应商，如天使投资人和风险投资人。这种金融安排的边界内嵌性，通常以如下方式发生，即将有经验和资质的个人从研究部门转移到商业部门。此外，从实业部门转向金融部门也非常重要，这为技术项目的配置提供了更明确（风险更少）的评估方法（Kenney，2000；Powell et al.，2002）。如果没有那些为知识与商业牵线搭桥的高质量金融

从集聚到创新

服务，那么即使创意具有很好的市场机遇和前景，也无法转化成对本地经济发展极其重要的资产。

因此，地理上的接近对于高科技活动的发展是比较重要的，它通过创新过程中本地参与方之间直接的、面对面的互动促进了默会性知识的形成和利用。在技术路径尚未成型的部门，企业倾向于在边界内集聚来利用它们之间的协同效应：默会性知识的增长和参与创新网络的机会是重要的外部性，这可以解释中小企业在边界内的集中行为。

但是，与技术知识的产生有关的外部性似乎对高科技本地体系更加重要。在这一方面，我们可以认为此类外部性——或者用 Storper（1997）的话来说，非交易性依存机制——对那些有赖于新知识和新科技持续不断产生的活动的影响力日益增加。此外，市场与消费者偏好的变化要求生产过程具有更大的弹性。在当下许多生产都是定制性的，比如在媒体行业中；甚至对产品的一系列功能也产生了定制需求，比如在软件开发当中。对于弹性的需求则更高，这可以解释为什么许多小企业会在本地层面进行合作来利用外部经济。

信任和社会网络通过避免生产互动过程中的机会主义行为，如道德风险和搭便车，而在降低交易成本方面发挥了重要作用。但是在本地创新体系中，人们认为信任较少内嵌在边界内一直沿袭的身份认同中，而是更多地根植于社区之中，这些社区由高度一致的个体能力构成。这些能力是由本地机构通过不同的企业和研究机构及大学发展出来的。教育程度较高的劳动力通常具有多变性且缺乏对企业或边界内身份的忠诚，在这一假定下，集群吸引和维持人才的能力是提供高工资以及高质量的生活环境与基础设施，而这些举措的作用超过了本地历史因素和集群内其他的社会政治因素。

在认知层面，研究机构和大学所发挥的作用在于它们为集群提供许多公共物品来增强集群内的正外部性。在高科技系统中，大学和研究机构与大企业研发中心共同提供优质劳动力，以及参与者之间的正式合作或非正式交易。金融机构（比如风险投资人和商业天使）与其他专业化的商业服务（比如管理咨询服务、商业和技术顾问等）也扮演了同样的角色。在这方面，本地和区域政府可以采取适当的政策影响高科技系统的形成，如提供可以发展技术知识生产（和再生产）基地的机会，使之有充分的渠道（或基础设施）可以促进研究机构与产业部门之间的交流沟通，并成为集群的基础。

本地创新体系由不同类型的本地生产体系构成。考虑到政策设计和针对中小企业技术体系的政策执行过程中经常出现的由不同政策派系带来的困惑，这一现象在那些跟随工业化国家来制定产业政策的中等收入发展中国家尤为突出，因此这些本地生产体系的结构对于理解这些体系的治理动态是基础性的。这些产业集群由特定的公共物品来支撑，而公共物品则通过本地、地区和国家层面治理机构之间的互动来进行生产。对治理尺度的参考可以帮助我们分析国家状况和本地要素之间的关系，并可以将来自国家创新体系的视角与来自工业园区和本地技术知识研究的视角相结合。

一个被普遍接受的观点就是公共物品是本地创新体系成功的决定因素。但是，人们或许忽略了第三种可以产生重要（正）外部经济性的公共物品：环境质量。本地生产体系内部和周围的环境质量反映了机构利益相关者通过质量合作生产公共物品的能力。以可承受的成本获取基础设施对于中小企业，特别是那些处于早期或初创成长期的企业来说自然是非常重要的。在这方面，高科技型本地生产体系中有许多不同类型的技术商业孵化机构与科技园。与此同等重要的，是那些可以连接国内与国际商业中心的良好的通信基础设施。这些节点的重要性主要在于其可以提供高质量的基础设施，从而使集群将内部资源升值来吸引投资和外部的利益相关者。尽管这些资源是工业园区和其他本地生产体系成功的先决条件，但在技术园区方面还需要考虑另外一个特质条件。就后者而言，社会文化和环境质量扮演了重要角色，这一因素在其他本地生产体系中的作用却没有这么重要。它影响到一个集群对（并且维持和不断更新）高质量和专业化的工人与他们的家庭来此工作和生活的吸引力。这一事实促使本地创新体系建设过程中那些相对稳定的"专业化社区"的建立。

第三节　里约热内卢 IT 产业集群

巴西软件服务业的市场规模在 2004~2007 年几乎翻了 2 倍，2007 年的增长速度为 23%。其中服务的增长速度（24%）高于软件增长速度（20%）。2006 年，巴西软件服务业的市场收入为 91 亿美元（IT 市场总收入为 160 亿美元，占全球

IT 市场份额的 1.3%），其中服务收入为 58 亿美元，软件收入为 33 亿美元（ABES，2007），是世界第 13 大市场，占巴西 GDP 的将近 1%。国内软件生产超过 10 亿美元（占市场的 33%），其中 24% 为标准化产品，72% 为定制产品，不到 5% 为许可出口产品（5200 万美元）定制软件产品的增速最快，达到了 36%，高于软件服务业整体增速（23%）和服务增速（24%）。服务出口收入接近 2 亿美元。根据资料显示，约 8000 家企业（超过 2/3 的企业从事软件行业，其中 31% 为软件开发，69% 为软件销售）从事软件的开发、生产和销售以及服务供应，在从事软件开发和生产的企业中，94% 是小微企[5]。总的来看，57% 是小型企业，37% 是微型企业。最大的软件细分市场分别是工业部门（1/4）、金融部门（1/5）和服务业部门，其中包括电信和其他相关活动（1/7），但增长速度最快的细分市场为农业商业部门（95%）、零售部门（61%）以及石油和天然气部门（55%）。根据里约软件业务联盟（SEPRORJ）的统计，软件市场自 1995 年起就以年均 11% 的速度增长，这一增长速度是硬件市场的 3 倍。这一速度在近年来由于信息通信技术的扩散而呈加速趋势，商业模式逐步转向外包并呈现增加的趋势。软件服务市场在 2005 年和 2006 年的增长速度分别为 15% 和 15.4%，2007 年达到 14%。

里约热内卢有 600 万人口（2007 年），GDP 总量为 660 亿美元，排全国第二（2005 年排名，占全国 GDP 的 5.5%，人口占全国总人口的 3.3%），比第一大城市圣保罗的一半还要少（圣保罗市 GDP 占全国的 12.3%，人口占全国总人口的 6%），比第三大的巴西首都巴西利亚高 50%。排名前五位的城市（共 5564 座城市），其 GDP 占巴西全国的 1/4（1985 年，前十名城市的 GDP 才能达到这一水平）。服务业在巴西 GDP 中的比重为 66%。里约热内卢 GDP 占全国的比重降到了 5.5%，这座城市经济地位下降的历史从 1960 年巴西迁都至巴西利亚就开始了。尽管里约热内卢和圣保罗的工业 GDP 占全国工业 GDP 的比重分别为 2.8% 和 10%，但这两座城市的服务业 GDP 之和占全国服务业 GDP 的比重却超过了 20%。2002~2005 年，主要大城市的服务业 GDP 占比都出现了下降，但里约热内卢将近 1 个百分点的幅度是下降最多的，这一比重在 2005 年为 6.5%（2002 年为 7.3%）。里约热内卢大都市圈有 1100 万人口（2007 年），该州总人口为 1540 万。

一、历史演变

里约热内卢是巴西信息技术的诞生地，1960年拥有了该国第一台处理统计数据的计算机。围绕这台计算机，成立了首个数据处理中心（里约数据中心），该中心位于里约热内卢天主教皇大学内（PUC Rio），并设置了巴西国内首个计算机科学硕士培养计划和本科课程。这促进了软件产业集群的出现，并且直到20世纪90年代早期都是巴西国内最大和最先进的软件集群。但是，有三股发展潮流在接下来的15年里改变了这一局面。第一，意在发展巴西本土硬件产业的国民市场保护政策以失败而告终（Botelho & Tigre，2005）。原本这一政策使得少数大型联合软件企业和公共数据处理及软件开发中心在里约热内卢发展起来，占全国总产出的60%，但其失败使这些成型中的产业失去了国家政府在制度方面的支持。第二，随着圣保罗作为全国经济中心的位置巩固下来，银行与金融部门逐渐从里约热内卢转向了圣保罗，这使里约热内卢失去了相当重要的一项资源，因为金融部门占据了软件需求的1/3（Botelho et al.，2005）。第三，巴西自1960年起将政府部门和公共机构迁往巴西利亚，其中包括大量的政府数据处理机构和服务机构。迁都快要完成时，里约因此又失去了另一个重要的软件服务市场，据估计大约占总市场份额的1/3，而且此时政府信息通信现代化和软件外包正在进行。[6] 由于上述原因，许多位于里约热内卢的国内大型软件企业（按照国际标准来看，这些公司属于中小企业）的规模急剧下降甚至倒闭，专业化的软件开发企业纷纷在圣保罗设立机构并最终将总部搬迁至此。为这些企业工作的富有经验的第一代软件开发者也设立了1~2人的小型公司来提供定制化的软件开发与相关服务（软件维护、网络管理、网站设计、互联网服务提供商等）。据统计，里约热内卢有17000家左右这样的软件公司。[7] 少数生存下来的国有企业持续扩张，特别是在培训领域；从一开始就在里约经营的大型外资IT和软件服务企业（IBM、EDS、Unysis、Accenture等）也持续进行扩张，尽管它们业绩增长中的大部分来自圣保罗。[8]

二、产业结构

最近，由里约热内卢州商业联邦委员会（FIRJAN）和基于集聚经济而成立的政府管制中小企业促进机构（SEBRAE RJ）共同授权进行了一项关于里约经济状况的研究，该研究认为里约的 15 个产业集群——其中 1/3 属于 IT 行业——是目前为止最大和最重要的集群，因为其他集群主要是基于财政补贴的卫星式分散化集群（Britto，2004）。在里约大都市圈中，其他一些对软件服务有需求的重要集群为：电力通信、石油化学、化学和塑料、造船。Britto（2004）分析了里约热内卢的社会保障数据（2001 年），发现 1313 家 IT 企业雇用了近 20000 名员工（见表 5-1）。这些企业中绝大多数为小微企业，从整体来说，IT 企业平均雇员数为 14.5 名；拥有数据处理业务的企业具有更多的员工——平均每家 22.7 名员工。2001 年 12 月，IT 行业的人均工资为 1970 雷亚尔，涵盖了从事从 IT 系统顾问业务到其他 IT 业务的企业。按照企业规模对就业分布进行的研究发现：①从事 IT 系统顾问、设备维护修理等业务的公司，其就业多集中在规模较小的公司；②从事软件开发和其他 IT 业务的公司，其就业在不同的公司规模之间呈均匀分布；③从事数据处理业务的公司，其就业集中在规模较小的公司。该研究也分析了 13 家 IT 出口企业，主要是首次出口微型企业，这些企业在 2002 年向美国、智利、哥伦比亚和玻利维亚出口了总计 50 万美元的硬件产品。

表 5-1　里约热内卢 IT 本地生产活动的特征

统计分类（CNAE）——一体化业务	就业	企业数量	工资（12/2001-雷亚尔）	平均规模（员工数）	平均工资（雷亚尔）
72109——IT 系统咨询	3539	330	7456952.15	10.72	2107.08
72206——软件开发	3103	222	6471454.19	13.98	2085.55
72303——数据处理	6399	282	11849685.04	2.69	1851.80
72508——办公和 IT 设备的保养维修	2771	224	3489279.53	12.37	1259.21
72907——其他 IT 业务	3231	255	8239756.25	12.67	2550.22
总计	19043	1313	37507127.16	14.50	1969.60

注：CNAE 是目前巴西根据国际产业分类标准制定的国内分类方法（巴西经济活动分类）。
资料来源：Britto（2004）。

三、机构演变

1965 年，巴西国内首个计算机用户社区在里约热内卢成立（Sucesu），此后在整个 20 世纪 70 年代，主要的 IT 业务、Sucesu 贸易展览以及会议都在这座城市进行。80 年代，一个新的名为 Fenasoft 的贸易展览组织在里约热内卢成立，但很快就转至圣保罗，其在里约的最后一届展览举办于 1996 年。此后无论是商业联盟、促进机构还是其他组织机构都未能在里约热内卢很好地协调举办此类重要的贸易活动，更重要的是，这些机构和组织也未能共同致力于本地软件服务产业发展规划项目。曾经作为国家 IT 产业中心的里约热内卢逐渐丧失了其产业与文化榜样的地位，尽管目前它依然是巴西第二大地区市场。

但是随着 2002 年里约软件网络 Redesoft 的创建，政策治理日趋低下的趋势出现了逆转，与其一起成立的还有一个执行委员会，该委员会由数个本地机构组成：SEBRAE RJ、Riosoft（一个由政府资助的软件产业促进组织 SOFTEX 的分会）、ASSESPRO RJ（信息技术、软件和互联网企业联盟）、SEPRORJ（里约热内卢数据处理企业商业联盟）、Firjan、ACRJ（里约热内卢商会）、里约热内卢州政府（经济发展秘书处与科技秘书处——Sede/Secti）、里约热内卢市政厅、Reinc（里约热内卢州网络孵化机构和科技园）以及 Funpat（由来自附近城市中Petropolis 科技园区的数个合作机构组成）。2004 年，SEBRAE RJ 在里约热内卢州对 IT 部门进行了一项研究以协助本地软件服务产业的政策和机制设计（SEBRAE RJ，2005）。这一联合治理举措和网络运营产生了名为"里约热内卢IT 项目"的信息技术部门发展公共计划，该项目由网络内一些机构组成的委员会协调（里约热内卢技术网络：REDETEC、SEPRORJ、ASSESPRO RJ、SEBRAE RJ），并得到了来自州经济发展秘书处的支持。

这个在正式治理结构方面具有开创性的项目于 2005 年 3 月正式启动，由 19个结构化的活动项目组成，范围从软件开发证书[9]、成立办公室协助本地企业获取公共资金来支持软件创新与发展，到软件工程方面的能力建设。它也设置了如下目标：①使 IT 企业的销售规模 2005 年 12 月增加 10%、2006 年 12 月增加15%；②员工数量 2005 年 12 月增加 5%，2006 年增加 10%。2005 年 9 月，SEBRAR RJ 对该项目的调查发现，大部分企业（93%）了解这些措施的内容，并有 64%的企业认为它们从中获益。受访样本中的大部分企业（52%）都参与了活动的决策制定过程。指标结果由接下来的调查进行追踪。截至 2008 年上半年底，该项目的治理完成首次调查的目标，主要是增加销售和员工数量。集群中每家企业的平均销售规模从 506 万雷亚尔到 1084 万雷亚尔不等；平均员工数量从68 人到 211 人不等。样本企业中大部分都是商业贸易组织（SEPRORJ）和部门联盟 ASSESPRO 的成员，分别占企业总数的 76%和 67%。与此同时，里约热内卢州政府在 2003 年通过经济发展秘书处和科技秘书处启动了促进州信息技术知识的责任规划——里约知识，这一规划的目标是巩固与发展里约州和首府的 IT

从集聚到创新

部门。近来，Constant（2007）认为里约热内卢有三个子集群：①市中心；②位于联邦大学中的里约热内卢技术公园；③南里约中心。这三个区域的特点如下：

●市中心：由里约市政府成立的方圆 7 平方千米的区域内集中了整个集群中 54% 的企业，共有超过 500 家以软件开发为主要业务的企业。主要的组织和机构也在这一区域内——ASSESPRO、SEPRORJ、Riosoft/Softex。

●里约热内卢技术公园因为距离巴西最大的研究型大学及其研究生项目实验室（Coppe/UFRJ）而获益，此外还有国家电力能源研究中心（Cepel）、州石油和天然气公司的企业研究中心（Cenpes）以及公园内的商业孵化机构。

●南里约中心：主要由坐落于 Gavea 周边的企业组成，这实际上就是里约 PUC 商业孵化活动的外延。这里有巴西国内最高级别的计算机科学研究生项目，该项目由巴西教育部研究生教育促进局（CAPES）实施，主要活动是远程学习教育、媒介融合、工程研究以及 PUC 里约实验室的程序开发。此外还有附近的 Barra da Tijuca 的企业，其中就有里约热内卢最大的企业 Cobra Computadores，它是市场保护政策下的幸存者；以及电影和视频制作中心、电视网络制作中心（Projac）。政府资助而建成的高速光纤网络吸引了数家 IT 企业搬迁至这个新兴的子集群区域。据估计，里约热内卢大约有 18% 的企业位于此处。

四、近期的政策举措

从 2006 年起支持企业创新和研发的公共号召不断增加，特别是在作为四大产业政策优先扶持对象的软件行业及其相关的领域中，如数字电视。里约热内卢 IT 产业集群的治理机构出台了一系列措施来传播这些号召，并提供了专业化的协助。作为一个代表本地 IT 产业——IT、软件和互联网——的非营利专业化商业联盟，ASSESPRO RJ 在 2007 年 9 月成立项目管理办公室来协助 40 家利益相关的本地企业筹备倡议书，以获取来自巴西创新局 FINEP 的第二轮经济补贴。这一计划包括 2.6 亿美元的资源，为产业、技术和外贸政策中的优先领域提供公司创新项目帮助，如软件和数字电视领域就得到了 6000 万美元的支持，相比 2006 年之前的 4000 万美元有了很大提高，而那时各领域共有 114 个项目获得了资助。一揽子协助计划由定制化的评价 FAQ 组成。ASSESPRO RJ 利用这个机会在其联盟的企业中设置程序化规则，这些企业都希望提交建议，但 ASSESPRO RJ 仅鼓励那些可以将建议内容通过连贯一致、条理清晰的方式呈现出来的企业提交。它也从以前的号召中汲取经验并与其联盟的对象进行分享。在之前的号召中，联盟企业提交的项目中最常犯的一些错误主要在于连贯性和清晰性上：缺少技术方面的创新；对目标和方法的描述不清晰；不恰当的管理协调机制；没有充足的资金与项目时间表；缺少对优先顺序组成部分的描述（合作、分享、结果评价等）。2005年，里约热内卢有25家企业收到了政府（FINEP，CNPq）给予的6030万雷亚尔（约3350万美元）的资金支持。

2006年，里约热内卢的IT企业在这些公共计划中获得批准了16个项目。ASSESPRO RJ PMO为了推出更多的协助性产品也开始关注联盟企业的需求。研究发现，最受追捧的五种资源分别是赠予、风险资本、天使投资、对口资助和私募股权，并且公共资源被认为比私人资源更具吸引力。企业计划利用这些资源来支持商业扩张、人力资源、运营资本、创新和出口。

2007年，州商业联邦FIRJAN出版了一册意见书，该意见书的目标是构建战略框架来增强里约热内卢州的软件产业（SISTEMA FIRJAN，2007）。尽管意见书缺少新的数据和深度分析，它仍然是本地产业在重构意识的道路上迈出的一小步，同时它也提供了一些政策建议。最后，在2007年7月，里约热内卢市政厅向市议会提交了一份里约热内卢IT部门投资促进规划（规划项目编号1250/2007）。规划的主要内容是关于将软件服务产业的税收（ISS）由5%降低至2%的建议，以此实现对本地软件服务产业的长期需求，并与其他一些实施类似举措的大都市圈中的首府城市保持一致（如大圣保罗都市圈中的Barueri和Hortolandia），这一措施也是影响本地企业将总部搬迁到其他城市中去的重要因素，据估计约占50%。另一个措施是一系列的财政激励，对那些投资规模在50000雷亚尔（约30000美元）以上的企业减免80%的服务税，对房地产转移税（IBTI）减免50%，对财产税（IPTU）减免50%。

第四节　本地发展、创新与里约热内卢软件产业集群

本节的目标是为发展中国家本地创新集群的变革提供探讨的基础，在此我们给出一个案例研究，并对那些致力于在里约热内卢都市圈内成立软件创新集群的

政策举措进行了分析。在促进本地经济发展和里约热内卢高科技型中小企业的尝试中所体现出的动机、错误和政策陷阱也在进行分析。人们认为，里约热内卢州本地经济发展的政策菜单中缺少包容性、本地治理屡弱而稀缺、对目标驱动的制度支持的偏爱是造成上述事实的主要因素。一个有能力设置本地发展日程来促进高科技型中小企业创新、有能力吸引外部资源增加集群内现有资产附加价值并且能够开发新资源的本地治理能力缺失了。如果没有这种能力，那些在创新中扮演重要角色的个体参与者将无法集聚成一个专业化社区来促进本地中小企业生产体系中技术通信的进步。

一、人力资源

根据巴西教育部的统计，1980 年从巴西国内的大学获得博士学位的人数少于 600 人。1996~2000 年，国内共有 20900 人获得了博士学位。2004 年，这一数据增加到了 48000 人，分布在国内不同的知识领域，尽管这其中有很大一部分来自更加富裕的南部和东南部州的公立大学。大部分的硕士和博士都在东南部的圣保罗州（22354 人）和里约热内卢州（16763 人）工作。但是就平均的高学历占有率来看，圣保罗和里约热内卢这两座人口总数超过 2300 万的城市已经被其他城市取代了榜首的位置，这些城市中大部分的人口都少于 100 万，但是却拥有在特定专业领域较为出色的研究型大学以及许多训练有素的拥有硕士和博士学位头衔的人员。尽管圣保罗和里约热内卢有几十所拥有国际知名学术和科研成就的大学，这两座城市混乱的社会秩序与不断增长的城市暴力犯罪活动将人才驱往了那些可以提供良好生活环境的城市，这些城市有些位于圣保罗和里约热内卢附近，有些甚至离它们比较远。但是，里约热内卢和圣保罗对巴西的 GDP 来说仍然是最重要的城市，并且仍然有最多的商业孵化机构、科技园以及有良好的新技术前景的初创企业。教育是另外一个非常重要的因素。里约热内卢州的技校可以为产业需求提供相对高质量的合格技术人才，2005 年该州高中毕业生中只有 11.5% 进入了技校。对里约热内卢州和巴西其他州大学层面的高等教育的统计则更显扭曲。根据巴西教育部的统计，18~24 岁年龄段的人群中只有 9% 的人接受了大学本科的教育。里约热内卢州的这一数据略高于 13%，圣保罗州为 26%。也就是说，巴西 26 个州当中有 2 个州的本科入学率之和接近 40%。2004 年里约热内卢州的本科生中只有 15.8% 的学生是理工科专业，这一数据在圣卡特里娜州为

19.1%，在韩国为 44%。

二、用于创新的基础设施

尽管里约热内卢拥有世界级的研发基础设施，但缺少足够的创新基础设施。填补研发基础设施与创新导向基础设施之间缺口的任务，从根本上有赖于设定地区经济发展日程以促进集群创新的本地治理能力，从而可以吸引外部资源来增加集群现有资产的价值并创造新的资产。如果没有这些建立在可认知和标准化公共物品上的资源，那些在创新中扮演重要角色的个体参与者将无法集聚成一个专业化社区来促进本地中小企业生产体系中技术通信的进步。里约 IT 产业最显著的方面是具有州最高层次的教育机构，以及一个金字塔般成熟的配套组织，它们在促进 IT 产业集群持续发展所需要的资本方面富有经验。里约热内卢在知识生产能力方面相对于巴西其他主要城市具有优势。它拥有相当数量的硕士和博士，并且有涉及不同专业领域的研究中心和研究型大学。里约热内卢都市圈中共有 7 所著名的研究型大学：里约热内卢联邦大学（UFRJ）、联邦技术教育中心（CEFET）、里约热内卢天主教大学（PUC-Rio）、里约热内卢州立大学（UERJ）、应用数学与理论数学研究所（IMPA）、联邦弗卢门斯大学（UFF）、军事工程研究所（IME）。除了 IMPA 和 IME 之外，其他大学都有 IT 企业运营的商业孵化中心。所有这些大学和机构都有 IT 领域的硕士和博士教育，它们彼此之间的距离也少于 20 公里。此外，还有 1 所人文学科方面的公立大学（UniRio）以及 40 多所具有本科教育并提供 IT 培训的私立大学，以及上百家提供电脑编程、电子和电信通信等方面假期培训的技校。另外还有一些与大学没有关联的商业孵化机构，比如 INT 和 SENAC-RJ 拥有的那些孵化中心。里约热内卢也有数家相关的支持机构。它们中最重要的就是 SEBRAE-RJ。SEBRAE-RJ 在商业、服务业和工业领域内设计和运营了许多企业家发展项目，并且正在构建一系列新举措来更有效地促进技术领域里中小企业本地生产体系的形成。关于 SEBRAE 作为产业集群一个重要部分对本地经济发展的作用的认知始于 2000 年，这一观念在其与 Promos 共同推出的联合项目完成之后得到了增强。与 SEBRAE 在里约热内卢市中心同处一个办公地点的机构还有：IT 企业出口促进局、RioSoft、IT 企业联盟 ASSESPRO、里约热内卢州 IT 企业工会 Sindpro。这些机构绝大部分成立于 20 世纪 70 年代，除此之外，里约城中还有两个最为重要的科技和产业发展机构的总部，即巴西创新局

（FINEP）和巴西发展银行（BNDES）。这些机构分散在里约的各个地方，彼此之间的平均距离为 10 千米。

尽管有这么多的机构，中小企业对这些机构的利用效果仍然很差。这些发展支持组织的渗透状况仍然被企业和政策制定者们认为是不成熟的，因为围绕这些机构而集聚的高科技型中小企业比五年前并未增加多少，可以说实际效果很微小。在某些情况中，研究中心和企业之间为了 FINEP 因资助技术项目而推出的公共资金与标的而展开竞争。

根据 Redetec 的统计，在初创企业创新支持机构的网络中，里约热内卢州一共有 19 家商业孵化中心。这其中有 80% 位于里约热内卢城区或都市圈内。这些孵化中心有 90% 位于或靠近重要的大学，它们为高科技型初创企业成长中的关键阶段提供支持，即预孵化（大部分为商业策划支持）和孵化过程（提供物理和电信方面的基础设施、管理和技术方面的指导等），涵盖的部门非常广泛，包括生物技术、IT、农业产业化等。根据 Redetec，2006 年共有 107 家企业在里约热内卢州被孵化，103 家企业成功度过孵化过程——通常需要 2~3 年时间——并进入了市场。

三、IT 产业结构和市场

里约热内卢城市中企业的不断离去从根本上说与公共安全有关。FIRJAN 在 2003 年对 2665 名员工的调查表明，他们中有 44% 都曾是第三方暴力行为的受害者。另外，FIRJAN 在 2005 年对 1157 名员工的另一项调查表明，70% 的受访者认为公共安全是里约热内卢应该解决的首要问题。中小企业是巴西经济的重要引擎，根据 SEBRAE（2004），超过 99% 的企业是合法成立的；巴西的中小企业解决了 44% 的就业并贡献了 20% 的 GDP。里约热内卢州的中小企业占全国总数的 26%。

里约热内卢州的中小企业出口水平低于全国平均水平。里约热内卢中小企业的出口量只占全国总出口的 6.9%。如果把那些雇员在 50~100 人的中型企业从统计中排除，小微企业的出口则少于 1%。上述结果对于电力通信和能源经济的繁荣来说有些悖论，这两者占巴西 GDP 的 12.8%。如果里约热内卢是一个独立的国家，它将是拉丁美洲第六大经济体（FIRJAN，2006）。这一明显的社会经济悖论对里约热内卢本地生产体系的建立有重要启示。为了靠近州内的主要港口和圣保罗这个拉丁美洲最大的消费市场，里约热内卢中小企业本地生产体系在都市圈和州南部及东南部广泛分布。尽管人们对中小企业在质量合作、创造合适就业以及吸引长期的外部私人和公共投资方面的真实作用了解不多，但本地生产体系在里约的重要性日益增加。这一现象背后的主要动因是由国内中小企业构成的本地创新体系的存在感很低。

与 IT 部门联系最多的细分市场是诸如石油生产体系和可再生能源等商品市场。它们位于北部港口城市 Macae，并受 Petrobras 的支配，Petrobras 是巴西国有石油巨头，也是主要的国际石油公司。此外，在东南部的 Resende 和 Porto Real 这两座城市有汽车零件的本地生产体系，特别是围绕着大众和标志—雪铁龙建立起来的那些企业，后者受州政府高度优惠的财政鼓励措施的吸引来此，还不到十年时间。同样的情况也发生在位于都市圈边缘的石化本地生产体系中，这一体系也由大企业主导，此外还有在 Niteroi 的造船本地生产体系以及在 Vale do Paraiba 的钢铁产业集群。在这些体系中，中小企业大部分内嵌于供应商的层级网络中，或者作为大企业生产流程中的外包部分（Avgerou & La Rovere，2003；Pinto，1999）。这就是说，建立在这些城市中的大企业吸引企业以更简约的形式集聚，包括服务供应商、私立和公立大学及学校。主导这些本地生产体系生产链条的大企业为这些具有创新潜力的小企业提供了条件。无论何时，这些产业部门里中小企业的技术创新都更加集中在现有工艺流程的改进方面（流程创新或工艺创新），而并非集中在那些可以促进生产链条发生颠覆性变化的激进的产品创新方面。这的确是创新能力远低于国际标准的巴西产业的特征（De Negri & Salerno，2005）。在其他部门中，生产过程更多地集中在中小企业，因此生产体系的治理受大企业的影响更少。但是，除了 IT 和媒体制作部门之外，其他产业大多是由低技术密集型部门和高劳动密集型部门构成。正如 SEBRAE RJ 和 FIRJAN 已经颁布的规划那样，里约本地生产体系的规划尽管对促进公共政策的辩论非常重要，却忽略了那些愿意在现有技术边界上运营的中小企业的不同特征。在公共物品和本地治理规范方面，这些企业的需求以及这些生产体系的特征意味着不同的政策设计和制度支持，正如本书在之前不断阐述的那样。

尽管 IT 产业是巴西经济中增长最快的部门，但是在里约热内卢的 IT 部门和其他部门并没有什么不同，巴西全国的情况与此类似。成熟的本地生产体系需要大量的 IT 产品和服务，这种战略重要性在某种程度上代替了最初的公共支持，

从
集
聚
到
创
新

并且从这个意义上来说它促进了里约热内卢 IT 产业的发展。此外，这些有活力的部门只是其他那些对本地企业 IT 产品和服务有潜在需求的重要部门的一部分。根据 Riosoft，也就是里约热内卢 IT 企业出口促进机构的统计，IT 企业在里约的市场有如下几部分：40%来自公共管理部门；40%来自金融部门；20%来自其他部门（ASSESPRO，2005）。

主导里约热内卢州重要的本地生产体系的主要链条，比如造船、石油和可再生能源以及旅游业等都表明里约的 IT 部门有一个更具动态化的扩张层面，因而在精确 IT 解决方案的需求方面呈现出有趣的特征。因此，对里约热内卢 IT 产品和服务需求的动态取决于主要生产链条的扩张和公共机构的购买力。中小企业也被认为是 IT 产品和服务的重要来源，尽管针对中小企业推出的精确 IT 解决方案非常普通，因为里约热内卢州的大部分中小企业都属于传统部门以及与服务业有关的部门（Avgerou & La Rovere，2003）。在供给侧，可以看出供应主要集中在中小企业所需产品及服务的开发、调试和定制方面，而非集中在那些对 IT 企业复杂解决方案有更多需求的高附加值客户方面。根据巴西中小企业支持机构 SEBRAE 的研究，来自中小企业的 IT 解决方案，其市场分布基本上集中在本地其他中小企业方面。只有很少的 IT 中小企业可以出口其产品，这其中大部分出口企业都在开拓其他拉美国家的利基市场和讲葡萄牙语的非洲国家。这些开拓潜在新市场的中小企业都是来自商业孵化中心和科技园的初创企业。里约热内卢 IT 解决方案的供应主要集中在中小企业。根据里约热内卢州企业信息技术联盟 ASSESPRO 在 2004 年的数据，里约热内卢 94%的 IT 企业的周转率低于 500 万雷亚尔（约 290 万美元）/年，这其中 84%的企业年收入少于 200 万雷亚尔。此外根据同一调查，90%的 IT 企业的员工人数少于 10 人。全国的情况也并无太大差异，根据巴西软件促进局（SOFTEX）的统计，巴西 53.1%的 IT 企业年收入少于 100 万雷亚尔。里约热内卢 IT 企业的细分市场包括假期培训、技术支持、销售和互联网接入供应等。

尽管是巴西国内最重要的 IT 产业之一，而且拥有在特定部门，如石油和旅游产业的 IT 解决方案开发方面领先的企业，里约州的 IT 产业相对其他地区正在丧失其地位优势。比如南里奥格兰德州的 IT 产业在 1998~2004 年实现了年均 11%的增长速度（ASSESPRO，2005）。

对里约热内卢州的 IT 企业数量并没有官方的统计——也就是说，没有一致的统计结果。巴西统计局——IBGE、科技部——MCT、Riosoft、SEBRAE 以及 ASSESPRO 都有不同的统计方法，因而得出的结果也不同。通常被认为最准确的统计结果是 ASSESPRO 在基于 IT 服务企业国内注册信息的基础上提供的。2006 年这一统计数据表明，里约州大约有 10000 家 IT 企业。

困扰商务人士和政策制定者的问题是如何理解在拥有许多顶尖的研究中心、研究机构和不同规模与技术能力的企业的情况下，机构间和公司间的合作实际上并不存在而且里约热内卢高科技企业中的技术创新如此平庸？有许多公共财政计划，一些比较陈旧，另一些比较新；有许多私募股权投资者对新的投资机会非常感兴趣；有一个商业天使投资人群体正在寻找有前景的投资机会；有涵盖大部分具有良好商业发展前景的科技知识领域的商业孵化机构和科技园；也有一批专业的律师可以处理复杂的知识产权纠纷。尽管机构的成熟度不一样，这些机构中大部分都是以往产业政策的结果，它们的目标是解决那些阻碍现有企业竞争力的因素，特别是经济中的传统产业部门里的那些因素。即使这些规划的目标是高科技型企业，州和市政府的免税政策、出口导向政策和其他政策也都是为了不同的企业而设计的。知识的公共属性再一次被忽略了。原因就在于一直以来的制度和观念上并不认为本地经济发展是构建本地公共物品的驱动力，而后者恰恰是增强创新潜力与高科技企业所必需的要素。

四、公共物品：它对于本地创新体系中的软件企业有多重要

尽管被认为是里约热内卢产业发展的一个重要驱动力（ASSESPRO，2005；SEBRAE，2004），以中小企业为根基的软件服务产业的增长却面临着持续发展道路上的重要障碍。与生物技术和纳米技术这些瞄准新市场的产业相反，大部分 IT 技术——特别是软件方面——都是成熟技术，其发展一直依赖于需求侧的情况。也就是说，对 IT 解决方案的需求复杂度越高，IT 企业才能开发出更高科技的产品和服务，因而企业才能嵌入到更复杂的网络中来满足客户的这些更高端的需求。在创新方面，政府的作用更加有限，主要是依靠市场自身以及大学和企业的研发。创新的复杂性、高成本和长期性限制了政府意图通过采购能力来成为企业技术创新方面引导者的作用。一方面，里约热内卢州政府 2005 年在科技研究方面的总支出不到 1.4 亿雷亚尔（约 8200 万美元）。另一方面，圣保罗州在 2005 年的科技总支出为 15 亿雷亚尔（约 9 亿美元）。造成这种差异的原因一方面是由

从集聚到创新

于里约热内卢的联邦机构比圣保罗更多，因此里约热内卢利用了科技研发方面的投资。里约热内卢最重要的研发机构都属于巴西联邦而非州政府。另一方面在研发基础设施、联邦和州机构培养优秀研究人员、科学家和高素质劳动力的规划等方面的差异是十分明显的。许多联邦大学和研发实验室分布在全国各地，因此里约热内卢只能利用其中一部分。进一步地，教育方面的联邦投资近年来持续下降，这种趋势正在加剧。如果里约热内卢州政府无法支持更多的研发活动，结果很可能是里约热内卢的研发支出相对于巴西其他的州出现较大降低。

如果没有一个合适的研发基地使复杂项目中的企业一起工作，就不可能开发出一系列可以满足国内和国际对先进的知识密集型产品需求的创新能力。结果就是，里约热内卢大部分研发机构都会遭遇长期研发能力不足的局面并导致人才流向巴西其他地区和外国（特别是美国）。除了这些制度缺陷以外，大学和研究机构之间还流行"找项目"的文化——特别是在年轻的研究人员中——从而使这些机构成为产业的服务组织而不是成长为私人部门在增强技术能力方面的真正合作者。大学—产业之间的合作在当今被认为是技术创新的有效药方，这是因为此类合作中通过学习机会的创造、资源共享以及为达到共同目标而进行的能力整合可以产生外部性。

本地的科技园和商业孵化中心并不是高科技企业创新成功的决定因素。但是，近来这些机构的增多表明人们逐渐意识到需要将企业和知识生产中心进行结合来提高研究人员和企业家参与科技项目创新与创业的能力。

国际经验表明，当国内和国际市场需求与那些可以促进高素质工人、研究人员和科学家共同致力于商业发展的研发基地相融合的时候，创新更容易发生。在这些方面——市场与研发机构——里约热内卢州相对于其他地区并不具备 IT 创新的优势。国际市场对高端 IT 产品和服务的需求由更具竞争力的印度、中国台湾地区、以色列和美国的企业来实现（Botelho，2005；Bresahan et al.，2001；Saxenian，2006）。按照国际标准来看，巴西企业在获取资本和新产品开发方面有更多的投资限制，国内市场容量有限且存在门槛，从这个意义上说阻碍了高附加值 IT 解决方案的国际市场发展潜力。在大企业的案例中——国内或跨国企业——其需求通常由外国和巴西的大型 IT 企业来实现，因而使得中小企业和初创企业面临较少的市场空间。研发方面的情况也并无太大差异。研发对于 IT 产业以及从本地大学和大企业中独立出来的企业的发展十分重要，这一点虽然没有被忽视，但是对里约热内卢和巴西其他城市 ICT 部门研发影响的评估尚未有确定性的结论，有大量的国际文献对此进行了探讨（Saxenian，1994；Shavinina，2003；Storper，1997；Swann et al.，1998）。在里约热内卢，公司、政府和相关支持机构协调了一系列涉及 IT 部门的活动。里约热内卢州政府有一个名为"Rio Cohecimento"的 IT 发展规划，对相关的企业进行财政激励。该规划中的最大投资者是 SEBRAE RJ，其对里约 IT 部门的投资比其他所有机构的总和（包括 BNDES 和 FINEP）还要多。ASSESPRO 在 2004 年的一项调查表明，里约的机构、项目和规划之间缺乏制度性链接。事实上这说明没有一个一般性的指导原则、目标以及发展战略，因而无法有效地动员和利用现有资源以及开发新资源。

里约热内卢州在重塑创新导向的 IT 产业集群方面有数量最多的重要机构。但是，它从未建立起一个能够与其机构发展潜力相一致的本地经济发展战略。复杂的社会经济环境在一定程度上阻碍了高科技企业的发展，因而影响到里约州整体的技术创新。这种情形需要一揽子解决方案来改善工作质量、个人和家庭的生活质量、社会包容性和安全性。当无辜平民的生活持续迷失在里约混乱街头警察与罪犯的遭遇战中时，当紧张与恐惧的文化弥漫和占据了市民的日常生活时，这座城市就没有能力吸引优质的投资并且无力改善和发展现有的以及新的本地公共物品。城市资产中最重要的就是那些被认为对创新十分关键的具有商业、科技、法律和其他能力的人。但是这些人并没有参与到专业化社区中，因此他们之间的合作既没有得到加强也没有得到鼓励。

由上可知，研发与技术创新——这两个并不等价的概念——之间缺失了一座桥梁，它们必须通过构建本地公共物品来实现。考虑到里约热内卢复杂的城市框架，这些公共物品可以由本地治理机构来建设，这一机构应该有能力设置一个广泛的、包容性的本地经济发展日程。为了理解公共物品与高科技型中小企业之间的关系，本章对 11 家正处于孵化期的 IT 初创企业进行了问卷调查，问卷的内容是一系列公共物品的名单。问卷企业被要求对这些公共物品的重要性以及企业成长过程中所用到的公共物品类型进行评分（见表 5-2）。

调查结果显示，77% 的企业家称他们曾经使用过市场上富有经验的专业化指导服务；所有企业家都在他们的日常业务中使用过（很明显，他们确实需要）电信基础设施；所有人都使用过大学和研发中心的孵化机构与科技公园提供的基础设施。另外，66% 的企业曾经使用过公共种子资本，仅有 10% 的企业称其接受过

从集聚到创新

表 5-2　里约热内卢城市的本地公共物品

技术方面	• 商业天使社区	制度和机构方面	• 技术学校
	• 商业孵化机构和科技园		• 可以改善公共管理服务质量和范围的技术能力
	• 从大学接受指导培训		• 传统的金融体系（银行、信贷财团等）
	• 管理咨询企业（市场营销、成本工程等）		• 代表公共部门的市场促进措施
	• 来自有经验的市场专家的指导		• 在大项目中引入可以提升官员管理技能的措施
	• 高度参与与 ICT 领域有关的研发活动的公立大学和私立大学		• 学校和大学中的企业家教育规划
	• 对初创企业技术能力的公共支持		• 高等教育方面（本科和研究生课程，假期高级培训）
	• 大企业的研发实验室		• 交通基础设施（机场、公路等）
	• 种子资本（公共和私人）		
	• 技术顾问企业（商业策划、技术选择、工程设计等）		
	• 电力通信设施		
	• 风险资本（公共和私人）		

集群方面

- 娱乐设施（公园、绿色区域等）
- 本地、区域和全国范围内公共管理机构的腐败程度下降
- 公共医疗体系
- 公共安全（质量、效率更高，腐败更少的警察部门、较低的犯罪率）
- 法律规则（可以加快司法进程的法律体系、对商业合同的保障等）

资料来源：Alves（2007）。

风险资本的投资，另外 30%的企业接受过商业天使的资金支持。30%的企业家对其创办企业成长过程中曾经利用到的来自学术机构——通常是研究项目中的教授或主管——的业务培训给出了 4 分的评价（这一分数表明非常重要）。当被问及他们是否有创造新产品和新服务的知识时，所有受访的企业家都声称他们有此能力，这意味着他们并不认为技术创新方面战略合作的重要性与自身有关。这一观点从巴西企业家教育规划的现有空白中就可以看出：合作使得基于技术创新实际经验的最佳实践成为可能，但这一点却很受限制并且也没有被优先考虑。巴西大学中的结构性企业家教育规划实际上并不存在。在里约热内卢，只有里约天主教大学（PUC-Rio）的商业孵化机构才提供这种综合性的规划。该计划瞄准的是大学里所有专业——工科、理科甚至人文学科——的本科生中那些愿意创业的学生，不管其创业地点是否在里约天主教大学商业孵化机构中。这一计划提供从公司金融到市场营销、从商业策划到会计学、从企业家心理学到口头表达技艺等

11门课程。里约天主教大学每年大约有600名本科生来选修这些课程。该大学商业孵化机构中的所有企业家都通过了一门或多门课程的考试。

但是，巴西企业家教育规划的主要特征是这些课程设计一方面具有实际性，另一方面也会用合适的语言向年轻的本科生传授。在许多情形中，这些教育课程中包含对技术创新和企业家精神的理论探讨，因而主题更具有企业（个人）导向性——比如商业策划、公司金融、会计、市场营销等——而缺少对企业从其初创期就进行合作的指导和激励，后者往往是国际上此类规划所强调的。这些内容确实是集群发展战略的一部分，因为类似企业家教育规划这样的项目的设计需要来自那些能够意识到合作重要性的本地参与者的支持，以在集群层面上构建一个有效框架来增强创新潜力。

机构性公共物品——也就是说，可以增强本地机构实现集群任务能力的本地公共物品——通常被认为是更为重要的：交通基础设施（3.25分）、大学（3分）、技术教育规划（2.75分）、公共机构的项目管理能力（2.75分）。因为我们的调查关注的是那些从商业孵化机构中成长起来的企业，所以这些企业自然认为大学是一个比较重要的本地公共物品。

通过其外部性为居民生活质量提供条件的本地公共物品对初创企业有较为显著的间接影响。人们认为法律规则十分重要（所有受访者都给出了4分）。在受访企业家中，70%的企业家认为他们的业务受到了巴西司法体系缓慢低效率与规则不透明的影响。根据大多数受访企业家的观点，巴西的法律体系并没有增进企业之间的合作，因为他们担心知识产权与合同得不到有效的保护。其他一些影响居民生活质量的条件为：公共安全（3.25分）；腐败（3.25分）；娱乐设施（广场、公园、绿色区域等）（2.75分）；公共医疗（2.25分）。如公共安全和腐败这样的因素被认为对受访者的业务产生了重要影响。

第五节 结 论

由于一些社会经济方面的特征没有得到恰当关注，里约热内卢吸引专业人才和投资的能力在很大程度上不能像在以前的产业政策下那样自然、逐渐地构建起

从集聚到创新

来，即便是印度的软件服务产业集群也受到了贫困问题的影响。但是直到最近，印度专业人才的经济机遇所受到的限制比巴西更多。此外，不同的时期需要不同的规则、不同的机构和不同的政策。如果缺少一个可以给生活带来技术方面、制度方面和集群方面公共物品的本地经济发展战略，里约热内卢将很难在高科技发展道路上与其他发展中国家的城市同台竞技。新的不确定性部门的技术创新——如 IT 领域中的软件和服务——也是社会包容性的副产品。无论是对于个别领域还是整个国民经济来说，将本地公共物品进行恰当搭配的能力在今天变得非常重要。然而，本地机构比国家政策在构造有利于新知识的本地公共物品方面更加有效。后者应该扮演协调的角色，特别是对于那些其外部性可以直接促进中小企业本地生产体系中高科技企业发展的公共物品方面。

在流行的产业集群政策制定视角下，类似的政策也在处理类似的问题。创新基础发生在不同的本地生产环境中这一事实被认为是同样的生产现象，并按照对意大利产业区域经验的相同方式进行了解释。这的确是巴西独特的结果，它希望通过对成功国际经验的研究来识别适用于巴西的模型。在这种视角下，马歇尔式工业区的经验在某种程度上被证明是幸运的。也就是说，外部经济产生的作用之所以被接受，既是合作的结果又源于吸引高素质专业人才的动机，以及隐藏在生产体系绩效背后的对公共物品重要性的整体认识。但是，巴西当前的公共政策辩论中还没有考虑到公共物品需要具有不同属性这一点，而这是产生创新所需的外部经济的来源。

发展中国家在产业集群转型或本地生产安排方面尚待解决的主要问题是如何将固有的、静态的企业集聚转化为演进的、动态的本地创新集群。欧盟很早以前就采取了一种类似的战略，但目前在其投资领域的创新方面没有重要成果。这方面的政策辩论依然在欧盟进行着，但我们必须认识到不管是在巴西还是欧盟，至少人们已经为理解中小企业的创新型本地生产体系的独特性做了很多事情。里约热内卢也并不例外，其在重构创新驱动型软件集群方面仍不完善的事实经验也表明这一挑战的规模和范围之大。对潜在创新想法的评价需要技巧、能力和优先次序，而这些因素无法在公共管理中找到。要使集群有能力构建促进创新的可认知、规范标准的公共物品，需要集群所有参与者长期奉献、承担责任、发挥领导力和积极参与。

本章的贡献是在一个创新驱动型服务业集群的改进流程图模型中纳入了新的

要素和边界条件，并强化了现有要素的作用。将服务业的集聚转化为一个真正的软件服务产业本地创新体系，这一任务的目标就是在快速变化和扩张的市场中依靠不同要素而非单纯的劳动力成本进行竞争，这需要厂商之间的创新型需求与切实的合作（Helper et al., 2000）。大公司作为锚企业是一个必要条件而不是充分条件。软件服务产业中的锚企业，无论是国内企业还是国际企业，都逐渐认识到通过促进小企业成长并使它们转变为一个创新导向集群也是这些大企业可以用超越劳动力成本的方式开展国际竞争的方法，因为出现了以下趋势：①离岸外包的范围在增加并且随着业务流程外包的兴起而逐渐深化；②对中小企业软件服务的需求规模和精细化程度在增加，并形成了一个软件服务产业的重要市场；③来自软件开发者和服务供应商的市场分化需求的增长要求不同程度的弹性，这一弹性与多元化的专业技能和持续的质量提升有关。

注释

［1］在 20 世纪 80 年代中期，IBM 巴西分公司只有 2200 名直属员工，而这一数据在 2007 年为 7200 名，另外还有 3000 多个间接岗位。其软件服务业务在巴西增长迅速，2005 年有超过 1000 名的程序员在 Hortolandia 中心工作，这一数字在 2010 年预计达到 10000 人。

［2］作为对比，截至 2007 年底，EDS 在印度雇佣的员工为 38000 人，2008 年底预计达到 25000 人。

［3］本节内容基于 Alves（2007）对产业园区的探讨。

［4］需要进一步指出的是，紧凑型社会结构并不意味着利益冲突就不存在，也不意味着本地生产体系的特征是高度分散化的社会环境甚至是如同意大利南部某些地区那样的犯罪经济猖獗的地区环境。后者也是目前里约热内卢贫民窟中令人担忧的问题，毒贩在那里通过暴力犯罪的手段阻碍了本地经济发展，也极大影响到居民的生活乃至整个城市的安全。

［5］关于软件服务企业的数量在研究中存在较大分歧：外国咨询机构认为有10000 家；ASSESPRO 的统计是 27000 家，其中有 4200 家从事软件开发；巴西统计局的数据是 38000 家，员工总数约 220000 人。

［6］在接下来的几年中，这促进了巴西数据处理服务产业集群的形成。

［7］但是，这些微型软件企业中有一些将其财务总部放在邻国，因为那里的

从集聚到创新

服务税收较低，而服务税是这些企业商业活动所面临的主要费用。

[8] 在过去数十年中，新的节点城市不断涌现，从巴西最东南部州的首府 Porto Alegre 到东北部 Pernambuco 州的经济中心 Recife 等；近些年来圣保罗州里的一些中等城市（比如 Sorocaba）、圣保罗附近的城市如 Campinas 和 Barueri，以及重焕活力的、作为巴西汽车和制造业中心的大圣保罗 ABC 地区等都成为新节点。

[9] 根据软件工程研究所（SEI），CMMI 是一种流程改进方法。它可以用于指导组织中的某个项目、某个部门或者整个组织的流程改进工作。CMMI 可以整合传统的分散化的组织职能、设置流程改进目标并对目标进行排序、为质量流程提供指导以及为现有流程的评估提供参考。

参考文献

ABES（2007）. Mercado Brasileiro de Software：Panorama e Tendencias. São Paulo：Associação Brasileira das Empresas de Software.

Alves, A. and da S.（2007）Local Economic Development and Innovation in the Information Society—A Comparative "Political Economy" Assessment of the Role of Collective Goods for Innovative in Brazilian Technological Districts. Tesi di Dottorato, Università Degli Studi Di Milano-Bicocca, Progetto QUA_SI, Corso di Dottorato in Società dell'Informazione, Milano, Italy.

Amendola, M., C.Amtonelli, and C. Trigilia（2005）Per lo sviluppo：Processi innovative e contesti territoriali. Bologna：Il Mulino.

Antonelli, C.（1986）L'attivita innovative in un distretto tecnologico. Turin：Edizione della Fondazione Agnelli.

Antonelli, C.（2001）The Microeconomics of Technological Systems. Oxford：Oxford University Press.

Associação Brasileira Das Empresas De Tecnologia Da Informação, Internet E Software（ASSESPRO）（2005）Levantamento da Industria de TI no Estado do Rio de Janeiro（2004）. Rio de Janeiro.

Avgerou, C. and R. L. La Rovere（2003）Information Systems and the Economics of Innovation. Cheltenham：Edward Elgar.

Bagnasco, A. and Sabel, C. (1995) Small and Medium-Size Enterprises. London: Pinter.

Becattini, G. (1979) "Del 'settore' industrial al 'distretto' industriale. Alcune considerazioni sull' Unità di indagine dell' economia industriale," Rivista di Economia e Politica Industriale, No.1, pp.30-63.

Becattini, G. (2000) Ildistretto Industriale. Un Nuovo Modo di Interpretare Il Cambiamento Economico. Torino: Rosenberg & Selier.

Botelho, A. J. and P. B. Tigre (2005) Country Report Brazil, Research Project Comparative Study on East Asian and Latin American Information Technology (IT) Industries. Santiago: CEPAL.

Botelho, A., G. Stefanuto, and F. Veloso (2005) "The Brazilian Software Industry," in From Underdogs to Tigers: The Rise and Growth of the Software Industry in Some Emerging Economies, A. Arora and A. Gambardella Eds, Oxford: Oxford University Press, pp.99-130.

Bresnahan, T., A. Gambardella, and A. Saxenian (2001) "'Old Economy' Inputs for 'New Economy' Outcomes: Cluster Formation in the New Sillicon Valley," Industrial and Corporate Change, Vol. 10, No.4, pp.835-860.

Britto, J. (2004) Arranjos Produtivos Locais: Perfil das Concentracoes de Atividades Econômicas no Estado do Rio de Janeiro. Rio de Janeiro: SEBRAE/RJ, pp.241.

Brusco, S. (1992) "The Emilian Model: Productive Decentralisation and Social Integration," Cambridge Journal of Economics, Vol.6, pp.167-180.

Camagni, R. (1999) Innovative Networks: Spatial Perspetives. New York: John Willey and Sons.

Castells, M. (2000) The Rise of the Network Society (2nd Eds.) Oxford: Blackwell.

Constant, I. (2007) Análise e Projeto de Desenvolvimento Para o APL de Tecnologia da Informação da Cidade do Rio de Janeiro—Curso de Gestao de Projectos em APLs. Brasilia: Comissao Economica para América Latina e Caribe (CEPAL).

Cooke, Ph. (2001) "Regional Innovation Systems, Clusters and the Knowledge

从
集
聚
到
创
新

Economy," Industrial and Corporate Change, Vol.10, No.4, pp.945-974.

Crouch, C., P. Le Gales, C. Trigilia, and H. Voelzkow (2004) Changing Governance of Local Economies: Responses of European Local Production Systems. Oxford: Oxford University Press.

De Negri, J. A. and M. S. Salerno (2005) Inovações, Padrões Tecnólogicos e Desempenho Das Firmas Industrias Brasileiras. Instituto de Pesquisa Economica Aplicada (IPEA), Brasilia.

De Vol, R. and A. Bedroussian (2006) Mind to Market: A Global Analysis of University Biotechnology Transfer and Commercialization. Santra Monica, CA: Milken Institute, September.

FIRJAN (Federção das Indústrias do Estado do Rio de Janeiro) (2006) Mapa do Desenvolvimeno do Estado do Rio de Janeiro: 2006-2015. Rio de Janeiro: Firjan.

Granovetter, M., E.Castilla, H. Hwang, and E. Granovetter (2000) "Social Networks in Silicon Valley," in the Silicon Valley Edge, Ch. Lee, W. Miller, M. Gong Hancock, and H. Rowen Eds. Standford: Standford University Press, pp. 218-247.

Helper, S., J. P. MacDuffie, and C. F. Sabel (2000) "Pragmatic Collaborations: Advancing Knowledge While Controlling Opportunism," Industrial and Corporate Change, Vol.9, No.3, pp.443-483.

Kabir, J., D. Eaton, and K. Yoshida (2007) "The Role of Innovation in Building a Sustainable Technology Cluster: The Austion Case," in the Flowchart Approach to the Formation of Industrial Cluster: Focusing on the Endogenous R&D and Innovation Mechanism, A. Kuchiki Ed., Institute of Developing Economies, Joint Research Program Series No.141, Chiba, Japan.

Keeble, D. and F. Wilkinson (1999) "Collective Learning and Konwledge Development in the Evolution of Regional Cluster of H-Tech SMES in Europe," Regional Studies, Vol.9, No.4, pp.295-303.

Kenney, M. (2000) Understanding Silicon Valley: The Anatomy of an Entrepreneurial Region. Stanford, CA: Stanford University Press.

Kuchiki, A. (2004) Prioritization of Policies: A Prototype Model of a Flowchart

Method. IDE Discussion Paper, No.10.

Kuchiki, A. (2007) "Cluster and Innovation: Beijing's Hi–Technology Cluster and Guangzhou's Automobile Cluster," in the Flowchart Approach to the Formation of Industrial Cluster: Focusing on the Endogenous R&D and Innovation Mechanism, A. Kuchiki Ed., Institue of Developing Economies, Joint Research Program Series No. 141, Chiba, Japan.

Kuchiki, A. and M. Tsuji (2005a) The Flowchart Approach to Industrial Cluster Policy. Unpublished. Chiba, Japan: IDE JETRO.

Kuchiki, A. and M. Tsuji (Eds.) (2005b). Industrial Cluster in Asia: Analyses of Their Competition and Cooperation. Basingstoke: Palgrave Macmillan and Chiba, Japan: IDE JETRO.

Leyten, J. (2004) Direction for Future Socio–Economic Research on ICTs. The Netherlands: TNO–STB.

May, C. (2002) The Information Society: A Skeptical View. New York: Routledge.

Navarro, L. (2003) Industrial Policies in the Economic Literature: Recent Theoretical Developments and Implications for EU Policy. Enterprise Paper No.12. European Commission, Diectorate General, Brussels.

OECD (1996) Network of Enterprises and Local Economic Development: Competing and Co–operation in Local Production Systems. Paris: OECD.

Okada, A. (2005) "Bangalore's Software Cluster," in Industrial Cluster in Asia: Analyses of Their Competition and Cooperation, A. Kuchiki and M.Tsuji (Eds.), Basingstoke: Palgrave Macmillan and Chiba, Japan: IDE JETRO, pp.244–247.

Picchieri, A. (2002) "Tesi Sullo Sviluppo Locale," Studi Organizzativi, Vol.3, pp.69–88.

Pinto, M. M. (1999) Aspectos da Dinamica do Sistema Nacional de Inovação-Uma Investigação a Partir da Análise Estratégica de Um Programa Mobilizador De esforcos Para a Inovação. PhD Thesis. Department of Industrial Engineering, Catholic University of Rio de Janeiro (PUC–Rio), Rio de Janeiro.

从集聚到创新

Piore, M. and C. Sabel (1984) The Second Industrial Divide. New York: Basic Books.

Powell, W. W. (1996) "Interorganizational Collaboration in the Biotechnology Industry," Journal of Institutional and Theoretical Economics, Vol.120, pp.197–215.

Powell, W. W., K. Koput, J. Bowie, and L. Smith-Doerr (2002) "The Spatial Clustering of Science and Capital: Accounting for Biotech Firm-Venture Capital Relationships," Regional Studies, Vol.36, No.3, pp. 291–360.

Ramella, F. and C. Trigilla (Eds.) (2006) Reti Sociali e Innovazione: i Sistemi Localli Dell' Informatica. Rirenza: Fizenze University Press.

Sapir, A. et al. (2003) An Agenda for a Growing Europe: Making the EU Economic System Deliver. Brussels: Economic Commission.

Saxenian, A. (1994) Regional Advantage: Culture and Copetition in Silicon Valley and Route 128. Cambridge, MA: Harvard University Press.

Saxenian (2006) The New Argonauts: Regional Advantage in a Global Economy. Cambridge, MA: Harvard University Press.

SEBRAE (2004) Arranjos Productivos Locais: Perfil Das Concentrações Das Atividades Econômicas no Estado do Rio de Janeiro: SEBRAE.

SEBRAE-RJ (2005) Diagnóstico do Setor de TI no Estado do Rio de Janeiro. Rio de Janeiro: SEBRAE RJ, Mimeo.

SEBRAE RJ/Secretaria de Estado de Desenvolvimento Económico do Rio de Janeiro (SEDE) Rede de Tecnologia do Rio de Janeiro (REDETEC)/Grupo de Produção Integrada/Escola Politécnica e COPPE/UFRJ (2007) Estudo sobre o setor de Telecomunicaçõses no Estado do Rio de Janeiro. Série estudos (Edição Preliminar), Rio de Janeiro, March, mimeo.

Shavinina, L. (eds.) (2003) The Handbook on Innovation. Oxford: Pergamon.

Sistema Firjan (2007) Base de Uma Estratégia Para o Fortalecimento Da Indústria de Software. Rio de Janeiro: FIRJAN/GTM.

Storper, M. (1997) The Regional World: Territorial Development in a Global Economy. London: The Guilford Press.

Swann, P., M. Prevezer, and D. Stout (1998) The Dynamics of Industrial

Clustering. Oxford: Oxford University Press.

Trigilia, C. (2005) Sviluppo locale: um progetto per l'Italia. Bari: Laterza.

Ueki, Y. (2007) "Industrial Development and Innovation System of the Sugar and Ethanol Sector in Brazail," in the Flowchart Approach to the Formation of Industrial Cluster: Focusing on the Endogenous R&D and Innovation Mechanism, A. Kuchiki Eds., Insititute of Developing Economie, Joint Research Program Series No. 141, Chiba, Japan.

第六章

通过长距离交流可以产生创新吗？来自印度班加罗尔离岸软件集群的经验

冈田彩

第一节　导　论

近些年来，产业集群正在成为学者和政策制定者在区域经济发展方面所探讨的焦点话题。最近的一些文献，特别是在经济地理学和区域经济学方面的研究都扩展了马歇尔的经典集聚经济学理论（Fujita et al.，1999；Rosenthal & Strange，2004）。产业集聚和集群方面的文献通常假定集群内的企业和产业都获得了本地化的外部收益，比如报酬递增、技能劳动与知识的溢出。其他学者则更强调集群内企业和产业会从区域创新体系（RIS）或本地创新体系中受益。即某个区域培育出了能够促进创新的能力，因为集群内各种不同的机构和制度都紧密互动、形成网络并共同学习（Breschi & Lissoui，2001；Breschi & Malerba，2001，2005；Cooke，2001，2005）。一个这些文献中的各种假设都暗含的理论认为，当产业集聚发生时，集群内的企业更有可能进行创新和产生新的知识（Porter，1990，2000）。原因就在于空间上的临近促进了企业的创造性以及默会性知识的交流，这一点越来越重要，因为可编码的知识变得更易复制和获取（Cumbers & MacKinnon，2006）。

随着全球化的推进，越来越多的跨国企业特别是那些总部在发达国家的企业都选择将其许多业务外包至海外，其中大部分流向了工资较低的经济体，如中国和印度。外包的产业不再仅局限于低附加值的劳动密集型制造业，制造业和服务业中高附加值的业务也进行了外包，包括信息通信技术（ICT）产业和医药产业中高度知识密集型的研发部门。[1] 众所周知，许多跨国技术类企业将其业务外包给印度。事实也确实如此，许多国际高科技 ICT 企业最近在印度都设立了运营机构。发达国家特别是美国的许多企业已经开始将其业务流程和研发的一部分甚至全部外包给印度。[2] 印度软件产业的巨大成功及其迅猛的出口增长成为该国经济发展的一个重要引擎，这一现象启发了许多发展中国家和新兴经济体。巴西、墨西哥、菲律宾、越南、巴基斯坦和其他 100 多个国家和地区都纷纷致力于构建出口导向的软件产业集群。[3]

但是，这种离岸外包模式却从两方面挑战了集聚的概念，尤其是对于硅谷这种成功的知识型集群来说（Saxenian，1994）。首先，与产业集聚相关文献的阐释相反的是，离岸外包几乎不涉及集群内那种面对面的互动，而这恰恰被认为对促进企业集聚和创新具有重要作用，因为集群企业的客户大多位于特定距离之内。其次，与文献阐释再次相反的是，区域创新体系/本地创新体系作为产生和交换知识的平台，其作用并不大，因为尽管集群中的企业聚集在一起，但它们会建立只属于自己的外部联系来创造和交换知识、学习、创新以及扩展市场。

基于集群理论的这种分歧，一些问题便产生了：那些客户都是外国企业的印度离岸软件集群内部发生了什么？既然同客户面对面互动被认为对于促进创新型企业的集聚如此重要，这些企业又是如何在不具备这个条件的情况下发展自身创新能力的？既然新创意通常来自集群外部、事实上甚至来自海外，那么什么样的本地举措——如果有的话——会有效地引致创新？本章通过一个具体的案例研究对上述问题进行解释，案例研究的对象是印度最大的软件产业集群班加罗尔市的主要企业，该集群在近些年来增长迅速，已经成为全球软件开发和 IT 服务的一个中心。

印度软件产业，尤其是开始于 20 世纪 90 年代与新世纪之交的班加罗尔软件产业集群的高速增长已经广为人知并得到了充分证实（D'Costa，2004；Okada，2005，2008；Parthasarathy，2000）。本章的研究来自 2004 年 12 月到 2005 年 1 月对位于班加罗尔市的 30 家企业的个人采访，这些企业包括印度主要的软件企业以及跨国 IT 企业的印度子公司。

在本章，笔者就创新与集聚间联系的流行观点提出了不同意见：笔者发现班

从集聚到创新

加罗尔软件集群中企业之间知识转移和创新的主要来源是其与集群外部的联系而非集群企业之间的面对面互动。另外，技能劳动力的充足储备对促进学习起到了重要作用，也就是说，促进了由外国生产网络所带来的知识的扩散。

因此，本书表明我们有必要考虑外部联系在促进创新当中的作用，特别是对于那些出口导向的离岸外包集群来说。外部联系在 Kuchiki（2005）的流程图模型中是一个被忽视的因素，该模型更强调企业和集群内本地大学/研究机构间联系的重要性。

本章剩余部分安排如下：第二节考察了促进知识密集型集群创新的因素；第三节描述了印度软件产业集群的离岸外包活动的特点，并重点关注了班加罗尔的情况；第四节考察了由软件服务企业构成的企业内和企业间的渠道与网络；第五节是对本章主要结论的总结，并探讨了对发展中国家构建离岸知识密集型产业集群的启示。

第二节　知识密集型产业集群的创新与网络

产业集聚文献的多种研究思路都指出了集聚和创新之间存在的正向关系。首先，区域产业集群方面的传统理论比较关注的是专业化企业构成的本地生产网络在外部经济产生的过程中所发挥的作用。当集群中的企业在生产产品的过程中开展合作的时候，这种本地生产网络就可以实现规模经济；通过企业之间的紧密互动，学习和创新行为被激发出来进而产生了知识溢出（Breschi & Malerba，2001，2005）。集聚促进了企业间的学习行为，因为经济越来越依赖复杂的不可编码信息和默会性知识的转播。这类集群的一个典型例子就是像汽车这样的"旧经济"产业集群，领头企业在集群中培育与供应商之间密切的企业间联络，这种联络促进了企业间的学习行为（Okada，2004；Okada & Siddharthan，2008）。

其次，另外一些学者认为，集聚通过构建所谓的地区创新体系（RIS）或本地创新体系（LIS）可使集群内企业有更多的创新活动，这些创新体系涉及不同的本地机构，如企业、大学、培训中心、研发中心、科技园和政府机构之间的集体学习并因此促进了知识的生产和转移（Breschi & Malerba，2001，2005；Cooke，

2001, 2005)。在此类文献的一个变体中,Kuchiki (2005) 提出了产业集群形成和发展的"流程图方法"。他强调了在培育集群过程中一个地区拥有足够的、连续的、由政策催生的有利条件的重要性。这涉及一系列用来吸引领头企业、培育相关产业以及升级人力资本和基础设施的公共政策。另一类变体则强调本地企业家、经理人、工程师和工人之间的非正式私人网络的重要性,这一网络建立在信任和共同的规范与价值的基础上;它通过合作促进了学习与创新行为 (Piore & Sabel,1984;Pyke et al.,1990)。由具有类似背景的关键参与者构成的专业化社区有助于这种非正式私人网络的发展,如硅谷 (Saxenian,1994)。

最后,还有一些研究关注的是作为集群内企业创新主要动力的内部竞争环境 (Porter,1998)。当企业观察到集群内其他企业的活动时,集聚可能会促进企业的学习行为 (Isaksen,2006)。集群企业倾向于通过进入其他有着相关和互补技术知识企业的经营领域来获取特定信息;这将促进复制、学习和渐进式创新行为。

关于软件和生物技术这样的知识密集型产业集群的文献强调企业、客户和供应商之间紧密联系和互动——通常是面对面交流——的重要性 (Isaksen,2006;Storper & Venables,2005)。Isaksen (2006) 通过研究奥斯陆的一个软件咨询集群发现,软件咨询项目的时限性增强了不同合作者之间为学习和创新而产生的面对面联系的需求,因而咨询企业离他们的客户较近。这一点很有意思,因为集聚行为被认为是寻求规模经济的企业通过靠近如供应商这样的交易伙伴以及同他们培育长期互信关系而发生的。

Isaksen 的研究意味着,无论契约关系是短期还是长期、无论生产流程和技术方面的行业差异性如何,企业通常会从与客户的直接面对面互动中获益,因为这带来了知识转移、学习与创新。但是,这一结论是从那些客户都在集群内部的软件部门的案例中得到的。班加罗尔大部分软件企业的客户都不在集群内部而是在地球另一边的国外市场,那么这一结论与班加罗尔案例的相关性如何?如果紧密的面对面互动对于创新如此关键,那么像班加罗尔那样的新兴经济体离岸外包软件企业是如何克服这一困难的?

在这方面,一些学者强调了与全球经济的外部联系的重要性,特别是对于知识密集型产业集群来说更是如此,因为这种外部联系为集群带来了新的理念、知识和技能 (Saxenian & Hsu,2001)。对于新兴经济体的集群来说,外国直接投资

从集聚到创新

（FDI）对于跨国企业的知识转移发挥了重要作用。确实，有知识的员工和企业家都被认为是"联系和活动最多的人、经常出差并且依赖远距离的业务活动"（Isaksen，2006）。这些流动性较高的人员往往有着类似的规则观念、学术背景和工作经历并因此形成专业化群体，进而促进了社会交往与知识共享网络的形成。正如 Isaksen（2006）指出的那样，发生在跨国公司内部、企业和项目团队之间的商品、服务、人员、信息、知识和技术的流动遍及全世界，超越了边境和国界。考虑到上述情形，这种外部联系能够帮助知识密集型产业集群里的离岸外包企业克服面对面互动缺失的困难吗？这种外部联系能促进创新吗？

在创新方面，Lester 和 Piore（2004）的研究表明，创新能力意味着可以生产出一系列在原有版本上改进的新产品，并能以更有效率的方式生产现有产品；实现这一结果需要依靠分析和说明两个基础性过程，因此维持创新能力的关键就是在这两个过程中寻求平衡。他们认为创新既涉及以解决问题为形式的分析过程，也涉及开放式的说明过程，特别是当结果未知且充满模糊性的时候。这正如消费者并不总是知道他们想要和需要什么，工程师并不总是知道他们要解决的问题是什么（Lester & Piore，2004）一样。因此，创新活动中不可避免地会掺杂一些意外的、随机的和试验性的因素，在说明过程中不同背景和视角的人员与组织之间的交流有助于识别问题和产生新的想法，而这两者在一开始都是模糊不清的（Lester & Piore，2004）。他们会识别在产品开发方面分析方法与说明方法之间的差异，如表 6-1 所示。

表 6-1　分析视角与说明视角

分析	说明
● 关注的一个项目，项目开头和结尾定义清晰	● 关注的是一个正在进行中的开放式过程
● 核心是解决问题	● 核心是发现新思路
● 经理设置目标	● 经理设置方向
● 经理主持会议、协调不同的观点并消除模糊不清之处	● 经理参与会议、鼓励不同的观点并探索不确定性
● 交流是大量信息的精确交换	● 交流是不固定的，依情境而定
● 设计师听取来自消费者的声音	● 设计师要培养满足客户潜在需求的本能
● 方法和结果清晰可见，并通过因果模型相互联系	● 方法和结果不能清晰地识别

资料来源：Lester 和 Piore（2004）。

按照这一框架，对那些涉及离岸活动的企业来说，确保有一种可以推动跨越距离和跨越国界的说明过程的机制十分重要。经理人应促进不同学科、不同技术背景以及不同文化背景的人员间的交流。这意味着企业之间、不同背景的 IT 专家之间以及工程师和客户之间拥有一些能发起说明性交流的界面十分重要。

在这方面，Lester 和 Piore（2004）认为创新和新产品开发过程中的一个关键事项就是整合。他们辨认了两种整合方式，一种发生在技术专家之间，并超越了从事设计和生产的不同企业和组织单元的边界；另一种发生在边界内的生产者和最终消费者之间（Lester & Piore，2004）。因此，他们强调了公司整合过程中边界管理的重要作用。

上述讨论表明，我们需要理解企业如何管理组织边界，这一问题存在于组织内部的不同单元之间和企业之间；下一节将重点关注这一过程。

第三节　班加罗尔软件集群的离岸类型

本节简要介绍了印度班加罗尔软件企业普遍采用的离岸类型。一些学者指出了促进班加罗尔软件集群形成和发展的重要因素（Okada，2005；Parthasarathy，2000；Saxenian，2001）。这些因素有：大量聚集的技能劳动力与充满活力的本地劳动力市场；高科技企业和研究机构的长期集聚；多元的文化环境和宜人的气候；国家和联邦政府的积极干预；首批 FDI 企业的成功经验，它们的成功吸引了其他的 FDI 企业（具体见 Okada，2005）。班加罗尔作为跨国企业外包目的地正受到越来越多的关注。本节考虑了软件开发和服务，特别是离岸外包业务的性质，并重点关注促进创新的活动。

班加罗尔的软件集群自 2000 年以来增长迅速，2003~2004 年约有 1300 家软件企业，其增长在很大程度上受几个大型印度企业驱动，比如 Tata Consultancy Service（TCS）、Infosys Technologies、Wipro Technologies、Satyam Computer Services and HCL。这些企业已经成长为全球性的跨国公司，通过提供一系列软件服务在许多国家开展业务。班加罗尔还有超过 240 家技术型跨国企业以及超过 600 家印度本土中小企业（关于班加罗尔软件集群结构方面更具体的讨论见 Okada，2005，2008）。

从集聚到创新

一、软件开发和服务的性质

在讨论班加罗尔软件集群的离岸外包类型之前，考察软件开发和服务活动的性质是有帮助的。软件产业由一系列不同活动构成，这些活动可以分成以下五种类型：①平台供应商；②产品开发；③应用软件开发；④软件解决方案与咨询；⑤售后服务[4]。本节不考虑如信息技术化服务（ITES）和业务流程外包（BPO）之类的包含很多后台支持活动的非软件业务活动，尽管许多软件公司也会涉及ITES/BPO。下面会逐一介绍这些类型的活动。尽管企业通常会同时从事数种业务活动（Okada，2005），将这些活动分开考察是有帮助的，因为它们决定了企业之间或者企业部门之间的组织边界。

（一）国际技术企业和平台供应商

国际技术企业，特别是平台供应商为其他企业提供一般性的技术和工具，这些技术和工具是开发软件解决方案（应用）的基础（Isaksen，2006）。它们通常是大型的国际（主要是总部位于美国的）IT企业，如IBM、微软和甲骨文，其子公司和分支机构遍布全世界。班加罗尔的大部分印度本土企业，包括许多中小企业都使用这些跨国公司的平台技术来开发自己的产品和应用。

对这些全球平台供应商来说，保持竞争力的核心在于大量的研发活动，这些活动主要发生在美国的总部，并且有越来越多的研发活动正在印度的离岸外包中心进行，大部分位于班加罗尔。班加罗尔的软件企业中，如德州仪器（TI）和惠普（HP）等国际技术企业的离岸外包中心从事的都是最具创新性的软件业务——比Infosys和Wipro这样的印度本土软件巨头更具创新力。通过开发技术和出售许可证，平台供应商可以涉足咨询服务、客户支持和维护等其他业务活动。

（二）产品开发

开发软件需要时间并且充满风险；它需要相当数量的启动资本、较大的硬件市场和广泛的分销渠道。此外，如果没有国际认可的品牌，印度软件企业将很难在国际市场上出口成套的软件产品。为了使其软件产品具有竞争力，企业需要开发深度领域知识，并同时培养高超的管理和营销技能（Carmel & Tjia，2005）。因此，几乎没有印度本土的软件企业去开发专利产品或成套的标准化软件产品。但许多企业都将其营业收入的一部分投入到产品开发中，作为对未来商业扩张的一种投资；同时它们将应用软件开发和咨询作为其主要的收入来源。产品开发通常采用在现有产品基础上不断升级的形式进行 (Isaksen, 2006)。

大多数印度大型软件企业都为国外公司从事离岸研发项目。比如, TCS 公司在普那 (位于马哈拉施特拉邦) 的研发中心有超过 700 名工程师; 从事的领域为软件工程、语言处理、设计、新产品开发和应用研究。[5] 类似地, Wipro 公司软件研发部有超过 6500 名工程师为外国客户从事研发项目 (Carmel & Tjia, 2005)。Infosys 公司研发部门有大约 200 名工程师从事软件工程技术、电子商务、电子通信和领域研究。[6]

(三) 应用软件开发

应用软件开发需要将其他企业开发的标准化软件进行改写和定制以满足每个客户企业的特定需求。其中包括咨询服务, 如将新的解决方案安装与整合到客户企业中、培训客户企业的员工、将现有数据转化为新的软件系统 (Isaksen, 2006)。这是印度大企业和中小企业从事最多的一类业务。软件开发包括数个阶段, 如识别和分析客户需求、将不同需求进行排序、对软件技术规范做出决策、设计软件、编程、测试和交付。在这些阶段, 印度企业最初从事的都是低端的应用软件开发, 特别是在低端设计、编程和编码方面。

(四) 软件解决方案和咨询业务

咨询项目需要开发定制化解决方案, 比如为客户企业开发和运行新软件系统 (Isaksen, 2006)。像 TCS、Infosys 和 Wipro 这样顶尖的印度软件企业在离岸外包软件解决方案和咨询服务方面都做得非常成功; 截至 2003 年, 它们已同超过半数的美国《财富》500 强企业建立了业务往来 (NASSCOM, 2004)。咨询项目通常包括软件产品的采购和安装建议、商业流程、能力和业务需求的分析、为客户企业组织商业活动、筹备 IT 战略 (Isaksen, 2006)。这些企业会开发基于以往项目的新定制化软件解决方案。企业会根据成功的项目来开发标准化程序或解决方案, 这涉及将默会性知识转化为可编码知识的过程。它们服务的客户企业遍布一系列行业, 如保险、金融、银行、通信、国防和公共服务, 也有越来越多的制造业企业。与特定客户有长期合作项目的软件企业会把员工派至客户企业那里进行驻场工作。

咨询企业通过多种方式培育竞争力: 它们持续建设能力和技能; 员工持续更新自身的知识; 不断寻求领域中最前沿的技术 (Isaksen, 2006)。企业会经常组建有不同技术专长的团队来完成某项任务 (Okada, 2005)。如果从公司内部找不

从集聚到创新

到合适的技能，它们就会招募有相应技能的新员工。项目中某些成员会留在客户企业的工作现场来了解客户的需求和经营方式，这种工作方式在项目早期很常见。同时，这些咨询企业经常为员工提供广泛的内部培训来更新他们的技能和知识。新知识通过这样的培训在企业内部传播开来。

（五）售后服务（支持、维护和培训）

大部分软件企业都有售后服务：它们为客户提供软件系统的支持与维护，并培训客户的员工去使用系统。这些售后服务通常都遵循非常标准化的流程，是一种为产品开发工作提供来自客户企业信息的反馈机制。

通常来说，像 TCS 和 Infosys 这样的软件服务企业会以矩阵的形式组织它们的运营和项目单元；一些活动（产品开发、应用开发、解决方案和咨询、售后服务）位于一个轴上，多个行业部门（银行、金融服务、保险、通信、制造业）位于另外一个轴 [7]。项目团队根据这种不同技能的组合而构建起来，这种技能组合也决定了项目与企业单元之间的组织边界。

在合同契约方面，大部分的软件开发采用两种模式：一个接一个的短期项目，或者与特定客户之间当下执行的合同。后一种模式的一种形式是离岸开发中心（ODC）。一个软件服务供应商企业为其外国客户企业成立软件开发中心；客户企业可能会提供一些专业化的硬件和软件，而供应商企业则为客户提供专业人员和其他资源（Carmel & Tjia，2005）。

二、离岸软件开发和服务的类型

有多个因素可以解释近年来观察到的在工业和服务业，特别是在软件行业中离岸活动的迅猛增长。第一，近年来信息通信技术的显著进步极大地降低了通信成本。第二，在当前激烈的全球竞争环境下，发达国家特别是美国的企业都面临不断上升的成本压力，因而离岸外包成为一个必要的战略（Carmel & Tjia，2005）。第三，像中国和印度这样的经济体有大量英语流利、训练有素且工资较低的科学家和工程师。第四，美国和印度之间的时差使美国的跨国技术企业可以昼夜不停地经营。第五，近年来软件开发业务和工具已经十分标准化以至于厂商生产的软件产品几乎是无差异的（Carmel & Tjia，2005）。考虑到这种高度的标准化，离岸外包活动能让班加罗尔的软件集群培育自己的创新能力吗？

在 20 世纪 90 年代的早期发展阶段，许多印度软件企业都从事如数据转化、软件定制、网站开发和代码重用等低端的劳动密集型业务，而这些业务正变得日益标准化。如漏洞修理（在维护阶段）和售后技术支持等互动被认为比较适合外包，因为它们都是复杂度较低的任务，可以在不同的场所进行标准化生产（Carmel & Tjia，2005）。印度企业最初通过将其低工资的本土工程师派到客户那里而进入到这一细分市场（主要是美国市场）（Parthasarathy，2000）。随着班加罗尔软件集群的发展，软件企业的数量激增并且离岸业务增多，承接这些离岸活动的企业不仅有跨国公司的子公司、平台供应商以及大型的印度软件企业，也包括许多本土的中小企业。这些印度离岸企业的外国客户不仅有软件终端用户（比如银行、航空和制造业企业），也有为终端用户提供服务的软件企业。对于后者来说，印度企业是分包商，从某个大项目中承包一部分业务[8]。表 6-2 展示了印度出口的软件服务交付模式的转变。

表 6-2　印度出口软件服务的交付模式

单位：%

	年份					
	1994~1995	1995~1999	1999~2000	2000~2001	2001~2002	2002~2003
现场	61.0	58.18	57.43	56.08	45.21	38.95
离岸	29.5	33.92	34.70	38.62	50.68	57.89
产品和未分类业务	9.5	7.90	7.87	5.29	4.11	3.16
总计	100	100	100	100	100	100

资料来源：Sridharan（2004）。

　　软件业务通常划分成十个阶段：①形成概念；②需求分析和技术规范；③高水平（一体化）设计；④低水平（具体化）设计；⑤编码和编程；⑥快速成型；⑦单元测试；⑧交付和集成；⑨系统测试；⑩客户支持和维护（见图 6-1）。如图 6-1 所示，业务流程的方向与价值链方向正好相反：企业活动越是接近上游，其越占据价值链高端环节。

　　这些阶段中外包最多的是：④低水平（具体化）设计；⑤编码和编程；⑥快速成型；⑦单元测试；⑩客户支持和维护。这些业务大多是标准化的，可以被明确界定和规范并且被客户企业认为是单调、重复和不想做的（Carmel & Tjia，2005）。确实，许多离岸业务都是零碎的单个项目，而非全流程活动（Carmel & Tjia，2005）。根据对班加罗尔一家小型印度软件企业的采访，类似低端（具体化）设计、编码和编程这样的业务都遵循如 SEICMM 等设定的标准化指南和程

从集聚到创新

188

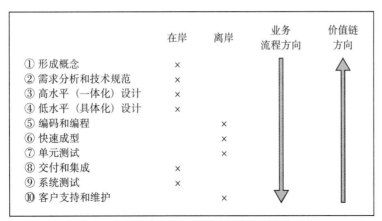

图 6-1　按业务阶段划分的软件开发服务生命周期

资料来源：对 Infosys 公司的个人采访（2004 年 12 月），改编自 Carmel 和 Tjia（2005）。

序。[9] 这些业务较为依赖可编码知识，因此根据 Lester 和 Piore（2004），它们都是分析性的过程（见第二节表 6-1）。

与此相反，通常放在跨国公司总部的在岸业务是：①形成概念（比如，客户想要什么）；②需求分析和技术规范（比如，需要什么产品以及产品看起来如何）；③高水平（一体化）设计；⑧交付和集成；⑨系统测试。这些活动几乎没有标准化规范，但却与客户进行密切的面对面互动。这些活动也需要深入了解领域知识和文化知识，因为要满足客户的需求并用客户的母语进行沟通（Carmel & Tjia，2005）。这些活动要求那些具备技术知识的工程师与具备特定领域知识的人员之间、软件开发企业和客户之间开展广泛的交流沟通。因此，根据 Lester 和 Piore（2004），它们都是说明性过程（见第二节表 6-1）。

如图 6-1 所示，也有一些带来高附加值的高端业务活动，因为这些活动更有创造力、更具创新性、更加有研究导向，因此需要渊博的知识（Carmel & Tjia，2005）。这些活动构成了前一节所探讨的咨询业务的重要部分。发达国家的技术企业都倾向于将这些活动放在本国（在岸）进行以保持竞争力（Carmel & Tjia，2005）。但是有些印度软件企业，甚至包括一些中小企业都正在承接产品开发项目，这些项目无论规模多小，其从产生概念到最终产品发布的全部过程都被承接下来。包括中小企业在内的许多印度企业都通过向价值链高端环节的攀升来扩大自身的业务范围。

离岸模式对来自发达国家的客户与它们在印度的服务供应商企业都提出了重

要挑战。Carmel 和 Tjia（2005）认为有 5 个方面的挑战：①跨距离沟通、用电子邮件或电话来表述某些模糊性概念和默会性知识非常困难。②协调非常困难，软件开发需要企业和客户之间一系列的协商调解。软件项目工作人员经常会通过大量的调试工作与其团队成员和客户之间进行协调，这通常是以"自然的、面对面对话"发生的（Carmel & Tjia，2005）。很明显，离岸业务使这种交流对话变得困难，协调活动也因此更困难。③软件生产流程的监督和控制也更加困难，"当经理可以漫步四周去查看、观察并同员工谈话的时候，成功的管理控制才能发生"（Carmel & Tjia，2005）。但是在离岸的情形下，经理无法以这种方式管理员工。④社交关系很难培养，离岸模式很难创造一种团队工作的感觉，也很难在那些距离遥远的项目成员之间产生互信。⑤文化差异的干扰，离岸模式不可避免地将员工置于跨文化情境中并要求员工发展跨文化沟通和理解的能力，这一点也比较困难。

考虑到全球软件产业沿着在岸与离岸两种方式的不同生产阶段进行劳动分工的格局以及上述那些离岸运营过程中的困难，印度软件集群变得更具创新性的空间很小，除非它们能从事高端业务活动并升级到价值链的高附加值环节。确实，由于印度软件产业大多集中在相对低端的服务环节，一些学者甚至认为印度软件产业根本不具有创新性，因为它被狭小的国内硬件市场所限制（D'Costa，2004）。若果真如此，那么印度特别是班加罗尔的软件集群就是在没有创新的情况下实现了迅速增长，这完全颠覆了传统理论所强调的集聚和创新之间的密切联系。

但如果印度软件企业提供的离岸服务没有创新因素的话，这就出现了一个更令人困惑的地方：为何这么多的国际技术企业都集聚在班加罗尔，并且有这么多的印度本土企业迅猛成长为向国际顶尖企业提供研发活动的软件服务公司？

国际技术企业大多数是平台供应商，它们涉足高端业务活动，降低成本已不再是其关注的核心，而是通过从印度的外包生产中依靠创新、快速灵活的方式获取利润（Carmel & Tjia，2005）。这些将业务外包的企业提高了它们的速度与灵活性、完成项目的时间更少并且能对频繁变化的市场需求迅速做出反应，通过雇佣技能高超和极富创造力的工程师提升了创新能力。截至 2003 年，77 家跨国软件企业已经在印度建立了研发子公司（Carmel & Tjia，2005）。一个尚待回答的问题是：软件企业是如何获取和发展其创新能力的？下一节将阐释这个问题。

第四节 班加罗尔软件企业的外部联系

本节阐释了班加罗尔软件企业获得创新知识的渠道和机制，并重点关注它们的外部联系。近期关于集聚网络的文献指出了集聚和创新过程中外部联系的重要作用（Breschi & Malerba，2001，2005；Cooke，2001，2005；Saxenian & Hsu，2001）。一方面，对于像班加罗尔这样的新兴产业集群来说，外部联系可以使集群企业获取知识、技能、合同、资本、客户需求信息、技术和市场趋势。另一方面，对于像硅谷这样的成熟产业集群来说，与其他地区产业集群的外部联系可以使集群企业通过保持对新创意和新技术的开放性来实现产业升级、降低锁定风险（Breschi & Malerba，2005）。换句话说，这种外部联系可以促进企业家和员工实现跨越不同地理区位的"对话"（Lester & Piore，2004），创建一个交流思想和互相理解的平台，因此它引致了创新。

班加罗尔企业有五类外部联系：①跨国公司（包括平台供应商）子公司之间的企业内联系；②包括跨国公司战略联盟在内的企业间联系；③高素质技术人才和管理人才的国际流动；④软件企业将其员工派驻到国外的客户企业中去，时间从数星期到数年不等；⑤广泛利用可以帮助交流和说明的代理机构，这些机构可以将知识传播至班加罗尔的软件企业。本节剩余部分就这五个方面分别来探讨班加罗尔企业的经验。

一、跨国公司的企业内联系和全球劳动力分工

在班加罗尔，无论是印度还是美国（或欧洲）的跨国公司都有它们自己的全球网络。例如，成立于 1968 年的印度最大软件企业 TCS，2003~2004 年的总收入为 15.6 亿美元，在全球 47 个国家开展业务并有 152 个分支机构[10]。在印度国内，它也在班加罗尔之外的七个集群中经营业务：德里、孟买、浦那、金奈、海德拉巴、加尔各答和勒克瑙。每个地区都有不同的业务，呈现出很有意思的企业内劳动分工格局。其在印度的所有区位分支机构都通过内联网连接。TCS 在 IT 技术和基础设施、软件架构、设计和开发、测试与调度、系统集成和应用管理等

领域为外国客户提供多元化的 IT 咨询与服务。截至 2005 年，TCS 已经建立了 33 个离岸开发中心（ODCs），遍及北美及布达佩斯、墨尔本、蒙得维的亚、吉尔福德、杭州和横滨等全球 10 多个城市[11]。类似地，Infosys 公司和 Wipro 公司也为外国客户成立了研发中心。这些为外国客户成立的离岸开发中心和研发中心促进了印度软件企业与包括国际知名 IT 技术企业在内的外国客户之间的紧密互动。因此它们有利于之前描述过的说明性过程的实现，并帮助企业发展了自身的创新能力。

班加罗尔有大量的高素质 IT 技术人员（具体内容见 Okada，2005），这使跨国公司可以构建一个协调有序的企业内全球劳动分工网络，并且可以有效地将最优秀的人才派遣到特定类型的项目中去。这些优秀的软件工程人员是保持竞争力与软件研发创新的关键。例如，印度有 7000~9000 名工程师从事 IC 芯片设计；其中 60% 的人在班加罗尔软件集群中工作[12]。大量技术高超的软件工程师吸引了许多跨国企业进驻班加罗尔，包括其研发中心。这对集群内的本土企业产生了相当规模的知识和技能转移（Patibandla & Peterson，2002）。这些全球顶尖 IT 企业的集聚又使许多训练有素的软件工程师聚集到班加罗尔（Okada，2005），产生了良性循环。在班加罗尔的软件企业中，这些跨国企业的人才中心从事着最具创新性的软件业务——比大部分像 Infosys 和 Wipro 这样的成功的印度本土软件服务企业所从事的活动更具创新性。

例如，德州仪器（TI）是第一家在班加罗尔成立离岸运营公司的跨国企业，其成立时间为 1985 年，它充分利用企业内劳动分工网络将其在不同国家的子公司联系起来。图 6-2 展现了德州仪器在不同国家的企业内劳动分工格局，这是其为了利用 "24×7" 设计周期和降低生产成本而引入的。但是在德州仪器内部，最具创新性的业务——硅元素研究——仍然只在美国进行[13]。像德州仪器一样，大部分国际技术企业对自身的企业内劳动分工在不同国家的布局会做出安排，以充分利用每个子公司的区位优势。

这里值得一提的是，国际平台供应商和技术公司也会在集群内部与那些使用其平台的本地软件企业培养内部联系。比如，微软有自己的认证计划，通过该计划来选择依靠微软平台的本地软件企业，并且会组织本地使用者的研讨会来扩散与产品有关的知识[14]。类似地，英特尔公司通过 "早期准入计划" 发展与其产品用户之间的伙伴关系，这使本地用户可以在新产品上市前对其进行测试，英特

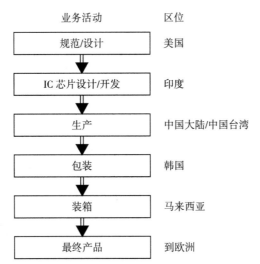

图 6-2　企业内国际劳动分工类型：德州仪器半导体生产的案例

资料来源：对德州仪器一名高级经理的采访（2005 年 1 月）。

尔公司可以从这些用户那里得到反馈。英特尔通过纠正问题对本地用户的评价做出反应。通过这种方式，知识转移和扩散也发生在这些跨国技术企业和集群内的本地软件企业之间。

这些跨国平台供应商和技术企业也将许多本地企业，主要是中小企业，作为低端设计和编程这样的低端软件开发业务的分包商。这些工作都是高度标准化和程序化的，因此本地分包商没有可以从事创新业务的空间。事实上，英特尔的软件开发业务几乎全部由印度本土企业完成，包括像 Wipro 和 Infosys 这样的大企业，但是它将芯片设计——高端业务——留在内部。类似地，微软有 70% 的业务以项目的形式分包给了本地软件企业[15]。

换句话说，位于班加罗尔的国际平台供应商在集群内形成了垂直型企业内联系。但是，这些垂直型联系与"旧经济"中制造业集群里的那种是不同的，在后者当中，大型跨国企业通过与本地企业的后向关联在发展其配套支持产业方面发挥了引领作用。有意思的是，班加罗尔软件集群的情况恰好与此相反，大型跨国企业与印度本土企业之间既有前向关联也有后向关联。不过，跨国企业和本地企业之间的内部垂直后向关联却没有使后者的创新能力发展起来，因为分包给本土企业的工作相当的标准化、重复化和碎片化。

二、企业间外部联系和战略联盟

班加罗尔的许多企业都与集群外的其他企业和机构保持广泛的外部联系。例如，国际顶级平台供应商 IBM 就与印度软件开发企业 i-flex 组成了战略联盟，后者在 IBM 的平台上生产银行软件产品。IBM 为 i-flex 提供技术支持，正如它为其他使用其平台的企业所做的那样。这些合作促进了国际平台供应商向印度企业的知识转移。

包括中小企业在内的许多印度企业使用另一种战略来进入高端业务领域，并使自身变得更具创新性：兼并和收购（M&A）。例如，Eximsoft Ltd. 是位于班加罗尔的一家向外国客户提供低端离岸软件服务的印度本土中型企业，它在 2004 年 12 月被一家美国的 IT 技术咨询企业收购，借此成长为一家高端咨询和技术服务企业，市场的地理范围更大了 [16]。这类联盟使印度中小企业能获取更高水平的知识、管理技能和市场。此外，它也促进了有着不同背景、不同商业文化和不同经历的专业人才之间的"对话"；这产生了更有创意的想法进而引发创新。

除此之外，一些印度企业还与外国的大学和研究机构构建合作关系。例如，TCS 在世界范围内已经与 12 所大学建立了合作伙伴关系，包括加州大学洛杉矶分校、威斯康星大学密尔沃基分校和卡内基梅隆大学，共同致力于技术开发（见表 6-3）。另外，TCS 每年都会选送 5~10 名员工到这些大学进行学习与联合研究 [17]。很显然，这些合作可以使 TCS 获得最新的技术并使企业参与创新活动。有意思的是，许多文献都强调集群中企业—大学联系的重要作用是本地创新体系（LIS）的一个组成部分，而 TCS 的经验则表明，与集群之外距离较远的大学之间的联系实际上可以帮助企业发展自身的创新能力。

表 6-3 TCS 与世界范围内一些大学的合作

有合作关系的大学	联合研发项目
威斯康星大学密尔沃基分校	数据库技术
加州大学洛杉矶分校	多媒体
加州大学河滨分校	无线技术
亨伯赛德大学，英国	系统工程和控制论
鹿特丹管理学院	电子商务
金奈理工学院	VLSI 设计，智能网络
印度科学学院，班加罗尔	APDAP 中心

从集聚到创新

续表

有合作关系的大学	联合研发项目
卡内基梅隆大学	软件产业的新趋势
南洋理工大学，新加坡	嵌入式系统中的软件产品
奥尔堡大学，丹麦	4G 移动技术
西蒙弗雷泽大学，温哥华	IT 研究和开发
纽约州立大学	即时外观支持技术
伦敦国王学院，英国	

资料来源：TCS 未公开的内部文件（2005）。

三、高素质专业劳动力的国际流动

班加罗尔软件集群得益于高素质人才的国际流动性，因为技术高超的 IT 专业人员经常在印度和其他国家之间流动。这种流动性的来源有两方面：一方面，众所周知，那些在外国，特别是美国学习和工作的印度籍工程师很多都返回了印度。另一方面，如前所述，印度本地专业人员也被派到外国客户企业中去开展现场工作，时期或长或短，这通常成为他们项目的一部分。

从美国回来的人才尚未在班加罗尔形成一个较大的专业化社区（Okada，2005），而在中国台湾地区却做到了（Saxenian & Hsu，2001）。即使像 TCS 这样的有着超过 40000 名员工/工程师的印度最大软件企业，也几乎没有博士学历的人才。其 60%的工程师为学士，36%为硕士和 MBA；这些人大多毕业于印度最好的高等教育机构。但是，对那些创建印度中小软件企业的企业家来说，他们越来越普遍地去寻找那些毕业于国外大学（主要是美国）而且在回到印度之前曾在美国的大型 IT 技术企业里工作过的人才。比如，三名彼此都是好友的年轻企业家在 2000 年成立了一家小型软件服务企业，其中包括一名曾经在微软公司里土满总部工作了 8 年的工程师[18]。

此外，即使在那些较小的软件开发企业里，也有很多员工有国外工作经历。比如，在一家成立于 2003 年的中等规模企业的 70 名员工里，12 人有海外工作经历，企业所有者认为他们的工作经历对于公司很有价值[19]。

一个更常见的情形是跨国公司、印度本土大型企业以及一些中等规模企业中专业人才的企业内转移，这种转移发生在印度分公司和海外分公司之间。例如，班加罗尔一家有 150 名员工的中等规模的软件企业将其中 40 名员工安排到了其在日本的办事处[20]。

四、外部代理的作用

许多企业都认为其客户需求，特别是来自美国市场的需求，是创新的一个重要来源[21]。这意味着软件企业的创新活动不仅受供给因素也受需求因素的重要影响。出口企业的客户通常位于地球的另一边，很明显这使得面对面互动十分困难。为克服这一问题，大多数印度软件出口企业在其国外市场上使用代理来作为中介，比如在美国、欧洲、日本，并且有时候在新加坡、马来西亚和中国也是如此。这些代理就像印度软件企业与其海外客户之间的一个交互界面。这些代理机构可能是企业的办事处、销售点或子公司；在其他情形中他们或许是私人朋友、亲戚或少数营销人员。本书采访的 30 家企业几乎都有这种海外代理，通常分布在不同地区。海外代理人员通常是印度人，有时候也是非印度公民（NRI）。例如，一家成立于 1996 年有 40 名员工的小型软件公司在新加坡和英国各有一个合伙人。这些合伙人的工作是了解客户的需求、在客户现场监督项目以及寻找新的客户[22]。另一个小公司在国外有 11 名合伙人，大部分都是兼职的独立顾问，每人负责 10~12 名客户；他们为客户提供支持并发现新客户[23]。另一家成立于 1999 年有 35 名员工的企业在马来西亚和美国共有 2 个代理，他们都是老板的亲戚，从合同角度上来说也是独立合伙人。公司老板认为这种海外网络有助于技术知识向企业转移，为企业提供了资金支持并能帮助他们发现新客户和新资源[24]。

这些代理会去现场访问客户来讨论和了解客户面临的问题，然后他们将情况反馈给印度企业。他们不仅了解客户的业务性质也了解更宏观的商业环境、市场趋势以及客户的语言和文化。因此他们可以作为一个促进印度企业与远距离客户之间跨文化和跨部门"对话"的界面。他们有利于说明性过程的实现，因为他们不仅传达了技术信息和知识，也传达了来自客户的需求和反馈。

第五节　结　论

通过对班加罗尔软件集群的案例研究，本章考察了印度离岸知识密集型集群中的企业在无法与其国外客户面对面互动——这通常被认为是促进企业集聚和创

从集聚到创新

新的因素——的情况下是如何发展其创新能力的。本章首先识别了发达国家的客户企业外包给班加罗尔印度本土企业的软件开发和服务的业务类型。研究表明，这些离岸软件开发和服务活动大多是低端的、劳动密集的、标准化和重复性的，如低端（具体化）设计、编程、编码和维护。近年来，在班加罗尔的印度本土软件企业已经将其业务活动进行了多元化以实现向价值链高端环节的攀升；有更多的企业正在涉足高端业务，比如产品开发与研发，甚至承接了全周期的软件开发业务。

本章的研究发现，一方面，班加罗尔集群中领先的软件企业已经通过多种渠道与同行业企业、客户企业、大学和代理之间进行远距离交流。这些渠道共同促进了想法、信息和知识的流动，进而使企业可以从事更高端的业务活动。班加罗尔的集群内企业与不同的个人、企业和大学之间构建了五种类型的外部渠道；这些渠道有助于说明性过程和创新的实现。这些渠道是：①跨国公司（包括已经成为跨国公司的印度本土顶尖的软件服务企业）内部超国界和超距离的企业结构，特别是企业内联系以及跨国公司的全球劳动分工；②企业间外部联系和联盟，包括以 ODC 和研发中心的形式与全球顶级 IT 技术企业间的联系、以并购的方式与那些从事高端业务的外国企业进行联盟、与国外大学构建伙伴关系来进行合作研究和创新；③高素质专业劳动力的国际流动，有国外留学以及在国外 IT 企业工作经历的印度籍工程师和专家回到印度，国内员工去印度公司的海外分支机构工作；④把离岸和现场工作组织起来作为边界管理战略的组织安排；⑤国外市场代理的广泛使用，代理可能是个人（通常是朋友和亲戚）、独立组织或企业的分支机构、子公司和海外销售点。作为印度软件企业与其海外客户之间的交流界面，代理促进了二者间的"对话"以及新想法、新知识和新技术的转移与扩散，进而帮助班加罗尔的印度企业改进了产品、解决方案和工艺流程。外部联系的存在使技术知识可以从挑剔的客户那里传播并扩展了市场机遇。

另一方面，位于班加罗尔的全球平台供应商和跨国技术企业也与当地本土企业，特别是那些中小企业之间保持着后向和前向关联，因为它们是这些平台技术的终端使用者和这些跨国公司的分包商。但是，通过分包像编程和编码这样的低端劳动密集型的碎片化业务而建立的后向关联却使企业没有空间来发展其创新能力。

因此，与那种认为创新和集聚之间存在重要联系的流行观点相反的是，本章研究发现外部国际联系和内部企业结构对于班加罗尔本土软件集群的创新更为重要。这一结论对传统理论提出了挑战，即通过集群内密切的企业间联系而产生的知识溢出在以往的文献中被普遍认为是促进创新的关键因素。外部联系比内部面对面联系更加重要这一结论可以由班加罗尔集群的独特性质来解释，因为它是出口导向和离岸式集群；对新知识和新产品/流程开发的需要来自远距离的外国市场而不是来自班加罗尔集群内部或者印度国内。

正如之前讨论过的那样（Okada，2005），班加罗尔软件集群的发展至少可以部分地由其独特的演进路径来解释。其他一些因素也十分重要：集群内有大量的高素质技能劳动力和充满活力的本地劳动力市场、积极的政府干预、班加罗尔工程和技术产业的发展历史、大量会讲英语的人口以及全年宜人的气候。但是，为了促进创新，就必须考虑外部联系这样的因素。本书的研究发现表明，产业集聚方面的文献倾向于把集聚和创新联系起来，并认为集群内本地因素如本地创新体系（LIS）是重要决定因素，但是应该看到，解释集群形成和发展的因素不同于解释集群创新的因素。

本书的研究也为政策提供了一些启示：为了促进发展中国家的产业集群，特别是那些离岸集群的创新，政府除了支持本地创新体系（LIS）的构建之外，在促进集群内企业与诸如公司、代理和大学等外国参与者之间的外部联系的形成和扩张过程中也能发挥着重要作用。

注释

［1］外包是将工作任务和流程通过合约承包的途径在企业边界以外完成的方式（Carmel & Tjia，2005）。

［2］离岸是指将工作任务转移到发展中国家和新兴经济体（Carmel & Tjia，2005）。与此相反，现场服务是指由外国（发展中国家）企业，通常是工资较低的外国（发展中国家）工人在当地（现场）进行工作。

［3］Carmel 和 Tjia（2005）根据出口软件的阶段将 100 多个软件出口国分成三个层级。层级一：成熟的软件出口国，包括以色列、爱尔兰、印度、中国和俄罗斯。层级二：新兴软件出口国，包括巴西、墨西哥、哥斯达黎加、菲律宾、马来西亚、斯里兰卡、巴基斯坦和许多东欧国家。层级三：婴儿期软件出口国，包括萨尔瓦多、约旦、埃及、孟加拉国、印度尼西亚、越南和其他许多国家。

从集聚到创新

〔4〕这一分类来自 Isaksen（2006）的研究，他将软件业务分成四类：平台供应商、软件生产、咨询、售后服务。

〔5〕对 TCS 的个人采访，班加罗尔，2004 年 12 月。

〔6〕对 Infosys 的个人采访，班加罗尔，2004 年 12 月。

〔7〕对 Infosys 和 TCS 的个人采访，班加罗尔，2004 年 12 月。

〔8〕笔者采访的许多企业都声称自己有这种承包类型（比如，Bright Sword Technologies，班加罗尔，2004 年 11 月）

〔9〕对 Metalearn 的个人采访，班加罗尔，2004 年 11 月。

〔10〕对 TCS 的个人采访，班加罗尔，2004 年 12 月。

〔11〕对 TCS 的个人采访，班加罗尔，2004 年 12 月。

〔12〕对得州仪器（TI）的个人采访，班加罗尔，2005 年 1 月。

〔13〕对得州仪器（TI）的个人采访，班加罗尔，2005 年 1 月。

〔14〕对一家印度小型软件企业（M 公司）的个人采访，班加罗尔，2004 年 11 月。

〔15〕对一家印度小型软件企业（B 公司）的个人采访，班加罗尔，2004 年 11 月。

〔16〕对 Eximsoft 公司和 Trianz 公司几名经理的个人采访，班加罗尔，2004 年 12 月。

〔17〕对 TCS 的个人采访，班加罗尔，2004 年 12 月。

〔18〕对一家印度小型软件企业（B 公司）的个人采访，班加罗尔，2004 年 11 月。

〔19〕对一家印度中型软件企业（I 公司）的个人采访，班加罗尔，2004 年 12 月。

〔20〕对一家印度中型软件企业（F 公司）的个人采访，班加罗尔，2004 年 12 月。

〔21〕比如，对德州仪器（TI）的个人采访，班加罗尔，2004 年 12 月。

〔22〕对 PLSPL 的个人采访，班加罗尔，2004 年 12 月。

〔23〕对一家印度小型软件企业（S 公司）的个人采访，班加罗尔，2004 年 12 月。

〔24〕对一家印度小型软件企业（L 公司）的个人采访，班加罗尔，2004 年

12 月。

参考文献

Breschi, Stefano and Franco Malerba (2001). "The Geography of Innovation and Economic Clustering: Some Introductory Notes," Industrial and Corporate Change, Vol. 10, No. 4, pp. 817–833.

Breschi, Stefano and Franco Malerba (2005) "Clusters, Networks, and Innovation: Research Results and New Directions," in Clusters, Networks, and Innovation, Stefano Breschi and Franco Malerba (Eds.), Oxford: Oxford University Press, pp. 1–26.

Breschi, Stefano and Francesco Lissoni (2001) "Knowledge Spillovers and Local Innovation Systems: A Critical Survey," Industrial and Corporate Change, Vol. 10, No.4, pp. 975–1005.

Carmel, Erran and Paul Tjia (2005) Offshoring Information Technology: Sourcing and Outsourcing to a Global Workforce. Cambridge: Cambridge University Press.

Cooke, Philip (2001) "Regional Innovation Systems, Clusters, and the Knowledge Economy," Industrial and Corporate Change, Vol. 10, No. 4, pp. 945–974.

Cooke, Philip (2005) "Regional Knowledge Capabilities and Open Innovation: Regional Innovation Systems and Clusters in the Asymetric Knowledge Economy," in Clusters, Networks, and Innovation, Stefano Breschi and Franco Malerba Eds, Oxford: Oxford University Press, pp. 80–109.

Cumbers, Andy and Danny MacKinnon (2006) "Introduction: Clusters in Urban and Regional Development," in Clusters in Urban and Regional Development, Andy Cumbers and Danny MacKinnon (Eds.), New York: Routledge, pp. i–xvii.

D'Costa, Anthony P. (2004) "The Indian Software Industry in the Global Division of Labour," in India in the Global Software Industry: Innovation, Firm Strategies and Development, Anthony P. D'Costa and E. Sridharan (Eds.), Delhi: Macmillan India, pp. 1–26.

从集聚到创新

Fujita, Masahisa, Paul Krugman, and A. J. Venables (1999) The Spatial Economy: Cities, Regions, and International Trade. Cambridge, MA: MIT Press.

Isaksen, Arne (2006) "Knowledge-based Clusters and Urban Location: The Clustering of Software Consultancy in Oslo," in Clusters in Urban and Regional Development, Andy Cumbers and Danny MacKinnon Eds, New York: Routledge, pp. 187-204.

Kuchiki, Akifumi (2005) "A Flowchart Approach," in Industrial Clusters in Asia: Analyses of Their Competition and Cooperation, Akifumi Kuchiki and Masatsugu Tsuji Eds, New York: Palgrave Macmillan, pp. 169-199.

Lester, Richard K. and Michael J. Piore (2004) Innovation: The Missing Dimension. Cambridge, MA: Harvard University Press.

Nasscom (2004) Strategic Review 2003: The IT Industry in India. New Delhi: Nasscom.

Okada, Aya (2004) "Skills Development and Interfirm Learning Linkages under Globalization: Lessons from the Indian Automobile Industry," World Development, Vol. 32, No. 7, pp. 1265-1288.

Nasscom (2005) "Bangalore's Software Cluster," in Industrial Clusters in Asia: Analyses of Their Competition and Cooperation, Akifumi Kuchiki and Masatsugu Tsuji Eds, New York: Palgrave Macmillan, pp. 244-277.

Nasscom (2008) "Small Firms in the Indian Software Clusters: Building Global Competitiveness," in High-tech Industries, Employment and Global Competitiveness, S. R. Hashim and N. S. Siddharthan Eds, London and Delhi: Routledge, pp. 43-69.

Okada, A. and N. S. Siddharthan (2008) "Automobile Clusters in India: Evidence from Chennai and the National Capital Region," in the Flowchart Approach to Industrial Cluster Policy, Akifumi Kuchiki and Masatsugu Tsuji Eds, New York: Plagrave Macmillan, pp. 109-144.

Parthasarathy, Balaji (2000) Globalization and Agglomeration in Newly Industrializing Countries: The State and the Information Technology Industry in Bangalore, India. PhD dissertation, Berkeley, CA: University of California.

Patibandla, Murali and Bent Peterson (2002) "Role of Transnational Corporations in the Evolution of a High-Tech Industry: The Case of India's Software Industry," World Development, Vol. 30, No. 9, pp. 1561–1577.

Piore, Michael J. and Charles F. Sabel (1984) The Second Industrial Divide. New York: The Basic Books.

Porter, Michael (1990) The Competitive Advantage of Nations. Basingstoke: Macmillan.

Porter, Michael (1998) "Clusters and the New Economics of Competition," Harvard Business Review, November/December, pp. 77–90.

Porter, Michael (2000) "Locations, Clusters and Company Strategies," in the Oxford Handbook of Economic Geography, G. L. Clark, M. Feldman, and M. Gertler (Eds.), Oxford: Oxford University Press, pp. 253–274.

Pyke, Frank, Giacomo Becattini, and Werner Sengenberger (Eds.) (1990) Industrial Districts and Inter-firm Cooperation in Italy. Geneva: International Institute for Labor Studies/ILO.

Rosenthal, Stuart S. and William C. Strange (2004) "Evidence on the Nature and Sources of Agglomeration Economies," in Handbook of Regional and Urban Economics, Volume 4, J. V. Henderson and J. F. Thisse Eds, Amsterdam: Elsevier B. V., pp. 2120–2171.

Saxenian, AnnaLee (1994) Regional Advantage: Culture and Competition in Silicon Valley and Route 128. Cambridge, MA: Harvard University Press.

Saxenian, AnnaLee (2001) "Bangalore: The Silicon Valley of Asia?" Centre for Research on Economic Development and Policy Reform Working Paper No. 91, Stanford, CA: Stanford University.

Saxenian, AnnaLee and Jinn-Yuh Hsu (2001) "The Silicon Valley-Hsinchu Connection: Technical Communities and Industrial Upgrading," Industrial and Corporate Change, Vol. 10, No.4, pp. 893–920.

Storper, Michael and Anthony J. Venables (2005) "Buzz: Face-to-face Contact and the Urban Economy," in Clusters, Networks, and Innovation, Stefano Breschi and Franco Malerba Eds, Oxford: Oxford University Press, pp. 319–342.

从集聚到创新

Sridharan, E. (2004) "Evolving Towards Innovation? The Recent Evolution and Future Trajectory of the Indian Software Industry," in India in the Global Software Industry: Innovation, Firm Stratees and Development, Authony P. D'Costa, and E. Sridharan Eds, Delhi: Macmillan India, pp. 27-50.

第二篇

作为集群创建和创新之驱动力的市场共享与组织变革

第七章

基于通信技术的日本中小企业组织创新比较研究

辻正次　宫原昭一

第一节　引　言

日本中小企业由于提供了高质量的制造业产品，因而在日本经济发展过程中起到了重要作用。事实上，日本产品质量之所以无法超越很大程度上归功于中小企业。在如今的信息时代，日本中小企业的生存面临全球挑战。因此，它们必须利用信息通信技术（ICT）。要使所有商业活动，尤其是组织重新焕发活力，信息通信技术是关键。本章集中研究创新中的某一种类，即采用基于使用 ICT 而产生的新的组织结构，并分析促使组织创新的因素。

Tsuji 等（2005）和 Bunno 等（2006a，2006b）的文章试图确定促进中小企业使用 ICT 的因素有哪些。我们将对日本最为著名的两个中小企业集群进行实地调查、邮件调查和深度访谈。这两个集群一个位于大阪府的东大阪市；另一个位于东京市区的大田区。2004 年，问卷发放至这两个集群中超过 6000 家的中小企业，收到近 1200 份回复。尽管采用了 ICT，在这些中小企业中组织革新的创新并不广泛，我们也对"关西地区商业实践 TOP 100"的中小企业和被日本经济产业省选为"100 家最佳中小企业"的企业进行了邮件调查。因为这些中小企业被认为广泛采用了 ICT。2005 年 12 月，又向它们发送了同样的问卷。其中，取得联系的有 336 家，137 家给予了回复。Bunno 等（2007）对邮件调查的结构进行了总结。

发送给中小企业的问题主要关于：①公司特征（资本总量、员工规模等）；②管理导向，将中小企业分为扩张型、激励提供型、适应型或者数据使用型；③商业环境，比如竞争程度；④使用 ICT 的目的，比如提高利润和生产率；⑤使用 ICT 的期望；⑥其他因素，比如上一财年的 ICT 投资、公司对在企业管理中使用 ICT 的重要性的认识。之前的文献阐述了被分析的共同问题，一是识别促进中小企业采用 ICT 的因素，主要聚焦在管理类型和政策上；二是构建一个测量中小企业采用 ICT 的指标。

在这些文献中，主要问题便是构建一个合适的中小企业使用 ICT 的指标，基于此确定哪些因素促进了 ICT 的使用。Tsuji 等（2005）确定了以下项目是中小企业使用 ICT 程度比较高的指标：①所有软件对管理资源有效使用的贡献；②网络使用。在这些数据的基础上，他们构建了一个指标。其中，使用简单软件或者网络的分值为 1 分，而更为复杂和一体化的使用分值为 10 分。这种评分看起来比较武断，但是 Bunno 等（2006a）认为小型企业对软件或网络的普遍使用的重要程度较低，因此得分较少。根据中小企业使用某种软件的百分比来对其匹配得分，即得分与使用的百分比相反。

Bunno 等（2006b，2007）通过采用层次分析法（AHP）构建了一个代表中小企业 ICT 使用程度的指标。[1] 指标主要基于：①硬件的使用；②信息系统的使用。前者包括①中小企业拥有的笔记本电脑的数量；②连接如 LAN 网络的笔记本数量。后者包括①软件使用；②网络使用；③安全措施。另外，指标也考量了：①与常规工作和非常规工作相关的软件的使用；②与收集和发送信息以及电子商务相关的网络使用；③与为确保安全而采用的技术和组织手段相关的安全使用情况。为了计算 AHP 的层级，我们要求 11 位 ICT 专家回答与这些指标和项目的重要性相关的问题。

通过利用这些指标，Bunno 等（2006a，2006b，2007）发现最为重要的因素之一是"ICT 期望"，例如"整个业务流程的重建"，在所有的评估中被认为是最显著的因素。使用 ICT 的中小企业广泛地相信其有效性，并且对此进行了一大笔投资。接下来，最重要的促进中小企业使用 ICT 的方法便是激励他们进行前瞻性思考。一旦他们有了这样的视野，中小企业就能决定它们引进和使用 ICT 来满足它们特殊目标的具体方法。另外，概率分析发现 CEO 或者高管的行为尤其重要。因为使用 ICT 是企业管理的工具和战略，因此高管的决策是关键的。即便中小企业在最优的环境下运营，它们也不可能使用新的技术来增加它们的优势，除非它们的管理者做出了正确的决策。我们也识别了那些促进中小企业 ICT 投资的政策，如税收和补贴计划以及各种去监管的措施。

本章利用基于 Bunno 等（2006b）的 AHP 法的指标，聚焦于那些通过使用 ICT 来促进组织创新的因素。另外，模型中有两组企业进行比较，一组包括发达的中小企业，另一组则是不发达的中小企业。前者以东大阪市/大田区的中小企业为代表，后者则由 IT 百选委员会和经济产业省（类似于 IT 百选组）选择的企业作为代表。我们分析在使用 ICT 促进组织创新方面两组有哪些不同。本章充分利用哑变量来阐释这两个中小企业集群的不同；特别是额外在常数项上加入哑变量，我们将它们作为独立变量的协同因素。

在使用流程图方法分析产业集群和创新的框架下，本章内容当然与后者相关，因为我们在这里分析的两个中小企业集群已经达到高水平的产业集聚，以及基于集聚之上的管理创新和技术创新。Kuchili 和 Tsuji（2004，2008），以及 Tsuji 等（2007）广泛地分析了当时在东亚发生的集聚过程，提出一个假设，这个假设就被称为"流程图方法"。它识别了哪些因素吸引公司到某一个特定的地区。这些因素包括：①自然资源，如原材料和人力资源，包括技能工人、专业人士或者没有技能的劳动力；②基础设施建设，包括高速公路、公路、机场、电力、水供应和其他设施；③社会基础设施，如法律、金融和知识产权体系、去监管、政府制度框架；④政府提供的激励机制，如对投资和出口的税收津贴和补助。流程图方法的实践重要性在于它提出了一个达成产业集群的流程图，这就要检查以上条件是否被满足。然而，内生性创新过程的流程图方法还没有被提出，或者说内生性创新过程本身也还没有被清晰地定义。[2] 为了创建这个过程，我们必须理解产业集群是如何发展成创新过程，或者更基础的创新是如何在商业活动过程中创造出来的。本章阐释了中小企业通过使用 ICT 完成组织创新的基本数据，通过对调查数据的分析，本章也表明了中小企业组织创新的困难和障碍、中小企业如何通过使用 ICT 来提高企业和管理的效率，以及政府政策如何支持创新。在此基础上构建内生性创新过程的流程图方法。

本章包括六个部分。在第二节我们探讨由 ICT 使用产生的组织创新的定义。第三节阐述通过聚焦层次分析法而建立的 ICT 使用指标体系。我们在第四节中利用估计变量来明晰两组中小企业的差异。第五节介绍了最小二乘法、逻辑和概率估计法，以及基于调研答案识别出促进组织创新的因素。第六节鉴别出中小企业在 ICT 使用方面遇到的困难和面临的政策。第七节则是总结和对未来研究的建议。

第二节 组织创新和 IT

一、创新的定义

熊彼特关于创新的定义包括以下五种改变：①新产品；②新技术；③新材料；④新市场；⑤新的管理方式。[3] 本书所指创新聚焦于前三种创新，换言之，主要讨论物质技术方面的创新。这种定义适合 ICT（信息通信技术）。ICT 是一种导致计算机、服务器和移动通信工具等产品产生的全新技术。作为新材料，它在半导体和 CPU 的发展中也起到一定作用。即半导体被认为是"工业之源"，就像钢铁过去被认为是"工业之粮"。ICT 也创造了电商、电子银行和线上交易等新的市场形式。现在我们几乎能通过网络购买任何商品。在某些领域，网络交易量远远超过传统交易。

由于 ICT，企业管理加速发展，企业组织也经历迅速转变。ICT 通过破坏传统的组织形式，创造出新的组织形式。ICT 的组织形式包括：①外包工作的能力；②速度经济；③网络经济的性质已经改变了商业模式。企业利用 ICT 网络，通过将工作委派给效率更高、专业性更强的外包公司提升效率，而它们能获得像以前一样的信息。ICT 也能在瞬间传输大量信息，这将允许公司更快地做出决策。政府网络连接大学等研究机构、公司和个人网络导致密集的信息流动。在这种环境下，更容易产生新想法。

二、案例研究：一个促进出口的中小企业供应链

尽管中小企业曾经是日本出口背后的主要力量，但是大公司最终替代了这种作用。然而，随着 IT 的普及，钟摆似乎又摆回来了。本节考察一个出口导向的中小企业的案例，这个中小企业通过使用 ICT 来帮助构建自己的国际供应链达成了组织创新。

（一）公司概况

Dan 是一家建立于 1968 年的袜子制造、批发和零售公司。它通过自己在伦敦以及日本的店面销售袜子。公司总部位于大阪郊区八尾市，总资本大约 3.33 亿日元，拥有 83 名员工（因为员工少于 100 人，所以被归类为中小企业）。

袜子制造商被分成三种类型：非常有竞争力的民族品牌、专业袜子制造商和中小企业袜子制造商。Dan 的袜子售价在它的零售店达到 850 日元至 900 日元。因为它大多数的客户——主要是女学生——通常每月去一次它的店里，所以 Dan 每一个月都会更新它的袜子。通过公司的 POS 机系统收集客户信息。POS 机系统直接和它的分销中心以及供应商（袜子编制厂）连接。这种商业模式要求 Dan 擅长广泛的设计和颜色，尽管每一项生产相对较少。Dan 提供 500 款，每款 12 种颜色，总共 6000 种产品。管理监工在店内销售，基于每周的订单生产，以保证能提供全系列的袜子去吸引年轻顾客。不像其他日本中小企业将生产外包至中国，Dan 主要在日本生产。

（二）供应链

Dan 的董事长开始是希望在直销店的附近建立工厂，但这被证明不可行。然而，公司通过使用 IT 达到了类似的效果。它创建了自己的供应链系统，通过 POS 机系统实时传输顾客信息，并使工厂、分销中心和制造部门接收和利用这个信息做决策。Dan 有 40 个合约编织厂，其中 7 家为 Dan 独家生产。这些编织厂拥有 8~25 名员工，位于分销中心附近——通常在十分钟车程内。编织厂通过 POS 机接收销售信息，使它们能更新自己的生产计划。Dan 在供应商的编织机器上安装了计数器，生产资料自动传送至 Dan 的管理者那里，这使得管理者可以监控产品生产过程。建立分销网络和供应链网络的总费用为 13.5 亿日元，其中大部分由政府补贴提供。

Dan 的供应链垂直构建，Dan 在顶层，编织厂在下层。Dan 不能阻止上游网络，例如分销线程，因为每个公司的编码和采购单元非常不同。这使得 Dan 的供应链系统不可能管理这些交易。

Dan 拥有独特的采购和订单计划。不是向它的编织厂下袜子订单，而是要求编织厂利用 POS 机系统的信息自行决定送到分销中心的生产总量。如果袜子卖不动，编织厂必须承担损失。这种对存货的高度风险规避妨碍了 Dan 利用大规模的潜在优势。通过进行风险分析，管理过程中选择以牺牲潜在大订单为代价，强调存货管理。尽管这种市场战略被批判过于保守，但是公司相信这对于中小企业是安全的战略。

（三）海外商店和国际供应链

Dan 是日本三家拥有海外零售直营店的袜子制造商之一。公司于 2001 年在英国伦敦建立"Dan 袜子"，并于 2002 年 3 月开办第一家商店。它也通过哈罗德等百货公司售卖袜子。Dan 的海外市场战略不同于其他日本公司倾向于依靠大型海外贸易公司进行销售，Dan 自己直接管理它的海外销售业务。在开办伦敦公司之前，Dan 从贸易公司学习了重要的技巧，包括如何尽可能在国内实施任务以减少成本。

伦敦商店通过基于网络的 POS 机系统与国内总部办公司连接。国王街的商店拥有 IBM 计算机，尼尔街的商店拥有戴尔计算机。两个系统都报告诸如所售商品数量、每一单销售时间、顾客的性别和年龄等数据，而且能自动计算增值税。所有的数据都被传输至编织厂和公司总部。如果伦敦需要额外的袜子，编织厂能在 24 小时内通知将它们运送至分销中心。一旦出口英国的海关报单完成，产品就会被送到关西国际机场。虽然 Dan 尝试在英国寻找合适的编织厂，但是它们的质量不符合 Dan 的标准。由于两国之间的差异，如英国规定禁止从日本进口组装的机器，以及电压和安全标准，Dan 放弃了在这里建立自己的工厂的机会。因此 Dan 从日本运送它的所有产品。六名员工被委派负责伦敦商店的 POS 机系统软件。尽管存在较大的成本差异，Dan 还是喜欢从当地雇佣员工而非外包。尽管外包给外国制造商的能力——IT 提供的常用的优势之一——据称能使公司提高效率，但是这样的外包也需要必要的投资。因此，Dan 发现分包给日本当地的公司更经济。

第三节　两组中小企业的组织创新

一、东大阪市/大田区中小企业的特征

日本中小制造企业通过提供更好的零部件支撑起了整个日本的制造部门，日

本产品著名的优越性主要基于中小企业的技术诀窍和积累的技能。本节对两组中小企业，东大阪市/大田区和 IT 百选，由 IT 促成的组织创新进行了比较。前者代表发达中小企业，后者代表发展中中小企业。本节考察它们在组织创新方面是否有任何不同，以及什么样的因素影响 IT 的引入。

东大阪市和东京的大田区是我们研究领域的目标，因为它们是较大的两个中小企业集群。它们拥有高度专业的技术和区域协作网络。然而，这两个地区并不相同，因为两者的特征并不相同。东大阪市的中小企业为机械和金属加工产业制造成品。东大阪市一百多家中小企业制造它们自己独特的产品，并且保持这些产品在日本市场以及国外市场上最大的份额。东大阪市中小企业的核心部门包括金属器皿、塑料制品、电子产品、通用机械以及印刷/出版。尽管它们也承揽诸如索尼、三洋和夏普等公司的"需求转移"合同，但是相比于大田区的中小企业，这些中小企业更趋于独立思考，且更少聚焦于分包合同。在东大阪市，制造业中小企业通过中小企业间的水平协作，已经建立起当地的网络。这些中小企业生产独特的定制产品和周边产品。在东大阪市集群中，中小企业实行多种跨行业交流，以吸收新技术、产品市场化等想法。这种交流强烈地以在市场上创造新奇的事物为导向。

大田区的大多数中小企业在金属制造加工方面有专长，而且被认为拥有高技术水准。像电子和汽车行业主要的中型企业，如东芝、索尼、NEC 以及尼桑那样的大企业，都从它们那里购买优质的零部件而受益。历史上，大型公司选择建立在东京大都会区域，就使得大田区的中小企业能与它们发展紧密地联系并与它们合作。这种合作提升了中小企业的效率，但是反过来也限制了它们的行为，即大田区工业区的中小企业变得被动，接受了分包商的角色。考虑两者区位的差异，东大阪市的中小企业可以被称为"水平型集群"，而大田区的集群则是"垂直型集群"。

我们进行了实地调研，在东京大都会区域内位于东大阪市、大阪县和大田区的日本最优秀的两个中小企业集群中进行邮件调研和深度访谈。2004 年，我们对两个集群中 6000 多家中小企业发放了问卷，得到近 1200 份回复。

二、IT Hyakusen 中小企业的特征

在 ICT 使用方面，东大阪市和大田区都被发现不是很发达。为了平衡调研

库，我们包含了其他广泛使用 ICT 的中小企业，这两个中小企业集群的结果也将与 Bunno 等（2006b）得到的结果进行比较。为了这样做，我们将从"IT 百选组"中进行选择。"IT 百选"是指关西地区被选为"商业实践 TOP 100"的中小企业和被日本经济产业省选为"100 家最佳中小企业"的企业。前者是关西 IT 战略委员会根据企业使用 IT 进行管理和商业实践的情况选择出来的；后者是根据同样的标准从所有日本企业中选择出来的。一些中小企业被两者同时选中。2005 年 12 月，我们向包括上面提及的 336 家中小企业发送了调研邮件。在联系的 336 家企业中，137 家进行了答复。

第四节　ICT 发展指标

一、通过层次分析法构建的指标

由于使用 ICT 而促成的组织创新不能只用单一指标评估，因为涉及规模、产业、商业实践等各种因素。对于调查而言，我们选择了如下中小企业组织创新指标：①计算机拥有量；②联网，如连接 LAN 网络的计算机数量；③促进管理资源有效利用的软件的实施程度；④网络使用。对于第①项和第②项不需要解释，因为这些指数是对 ICT 使用的简单定量指标；计算机的数量与商业活动转化的程度正相关。第③项和第④项是 ICT 使用更为定性的衡量，因为拥有大量计算机并不意味着它们被有效使用。首先，例如，引进提升内部效率的会计和市场管理软件包，这些应用一般在没有任何网络连接的个人电脑上使用。使用更高级 ICT 系统的企业能连接这些应用的使用者，并将可得的数据库分享给他们。尤其是第③项。其次，一般通过使用群件程序，在一个或几个地方的计算机能相互连接。

通过 Tsuji 等（2005）和 Bunno 等（2007）先前的研究，指标是如此建立的：1~8 问分值 1 分，9~13 问分值 10 分。1~8 问对 ICT 使用的描述与 9~13 问截然不同，因为 9~13 问处理了更复杂、更综合的应用。在一定程度上，这种评分可能看起来是武断的。在本章，我们利用层次分析法。对于建立指标来说，层次分析法是更严谨的方法。

从集聚到创新

Bunno 等（2006a，2006b，2007）也采用了层次分析法，其中决策程序的步骤被赋予了数值。例如，当进行购买时，消费者根据什么因素进行决策？在根据他或她自己的标准进行决策之前，一个消费者可能考虑价格、效果以及各种替代产品的设计。层次分析法形成了这种决策机制。它允许我们对决策程序的主要部分进行赋值，这将广泛适用于一系列领域。通常来说，每一个人不只有一个评判标准而是有很多个评判标准，而且这些标准还相互矛盾。在一个消费者的决策程序里，选择什么是首要"问题"，其次是几个"替代选项"。层次分析法假设有些与特定"问题"和"替代选项"相关的标准，使用层次结构，试图使决策程序客观化。

在本章，促进 ICT 在中小企业中使用的主要因素被分解为两类：建立硬件和信息系统的使用。前者有两个次要因素：①计算机的拥有量；②联网，如连接 LAN 网的计算机数量。后者包含以下三方面的因素：①促进管理资源有效利用的软件的实施程度；②网络使用；③安全措施。另外，包含与常规和非常规工作相关的软件使用、包含与收集和传送信息以及电子商务相关的网络使用。

二、软件和网络使用

本节解释调查中包括的与软件和网络使用有关的问题，分列于表 7-1 和表 7-2。

表 7-1 关于软件使用的问题

常规工作
（1）销售管理（包括 POS 机和条形码）
（2）会计
（3）工资管理
（4）采购管理
（5）存货管理
（6）设计管理（包括 CAD/CAM）
（7）生产管理
（8）物流
非常规工作
（9）企业资源计划（ERP）包
（10）客户关系管理（CRM）
（11）群件（办公室信息分享系统）
（12）销售能力自动化（SFA）
（13）供应链管理（SCM）

资料来源：笔者整理。

调查中问题的数量使得我们可以问成对的问题来确定相对权重，这对于层次分析法是最基础的。因此，为了便于管理问题数量，我们对问题进行分层，见表7-1。

三、由层次分析法推导的项目权重

根据 11 个 ICT 专家的回答，层次分析法将问题分为三个权重层（表 7-2）。他们对"信息系统的建立和运营"比"硬件的重要性"评价更高。尤其是，前者的得分为 0801，而后者的得分为 0.199。前者包括软件的使用和网络的使用（分别得分 0.444 和 0.357）等因素。

表 7-2　关于网络使用的问题

信息的收集和交换
（1）信息的收集和交换
（2）公司和产品公关
（3）有效的业务管理
电子商务
（4）网络银行
（5）对公司的电子商务（B2B）
（6）对消费者的电子商务（B2C）

资料来源：笔者整理。

接下来，根据层次分析法的权重，我们计算每个中小企业组织创新程度的指标，并将它们与东大阪市/大田区和 IT Hyakusen 两组中小企业比较，这两组中小企业是由 IT Hyakusen 委员会选择的。结果概括在表 7-3 和图 7-3 中。

东大阪市/大田区和 IT Hyakusen 组织创新指标值的平均分分别为 0.17 和 0.07，前者 ICT 使用水平更高级。利用这个指标，我们能分析出促进中小企业 ICT 使用的必要因素。

四、影响组织创新的因素

我们在此对由于 ICT 发展而促进组织创新的变量进行解释。问卷调查了中小企业以下问题：①公司特征；②管理定位；③商业环境；④引进 ICT 的重要性；⑤ICT 使用的预期结果；⑥上一财年的 ICT 投资。这一系列的变量和相关具体问题详见表 7-4。

从集聚到创新

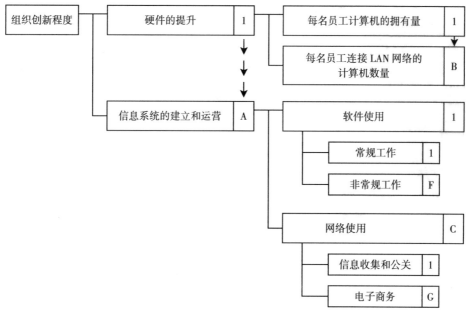

图 7-1　AHP 问题分层

资料来源：笔者整理。

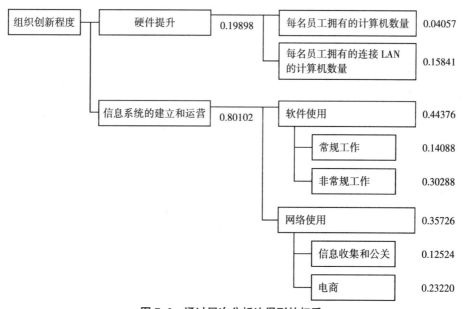

图 7-2　通过层次分析法得到的权重

资料来源：笔者整理。

表 7-3　两组的组织创新指标

组织创新程度	频率			比率（%）		
	IT 自选	东天阪市/大田区	总数	工厂自选	东大阪市/田大区	总数
0~0.05	1	553	554	0.73	46.16	41.5
0.05~0.1	10	368	378	7.3	30.72	28.31
0.1~0.15	31	173	204	22.63	14.44	15.28
0.15~0.2	36	63	99	26.28	5.26	7.42
0.2~0.25	26	28	54	18.98	2.37	4.27
0.25~0.3	16	11	27	11.68	0.92	2.02
0.3~0.35	17	2	19	12.24	0.17	0.22
总数	137	1198	1335	100	100	100
组织创新程度	平均	标准差				
IT 自选	0.39	0.15				
东大阪市/大田区	0.13	0.11				
总数	0.16	0.14				

资料来源：笔者整理。

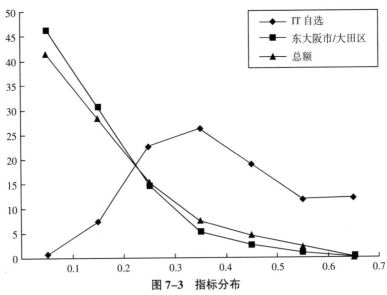

图 7-3　指标分布

资料来源：笔者整理。

表 7-4 主成分分析结果

管理行为	共同因素			
	培训/扩张类型	信息分享类型	自适应类型	数据使用类型
有培训和轮岗来运用每名员工的知识和能力	0.790	0.127	0.256	0.116
公司为首席执行官、管理者和员工提供 ICT 培训	0.662	0.187	0.202	0.142
员工评估公司未来 2~3 年的计划	0.556	0.306	0.179	0.382
不断寻求新业务线和产品开发	0.453	0.322	0.206	0.198
公司业务业绩对员工公开	0.243	0.684	0.221	0.256
高级管理者拥有广泛的责任和权力	0.210	0.355	0.444	0.290
公司研究竞争对手的经验并从中学习	0.180	0.404	0.486	0.280
公司听取员工关于如何提高管理的意见	0.261	0.182	0.708	0.276
在公司的管理中过去的业务数据被广泛利用	0.175	0.239	0.245	0.567
利用月度数据提升管理	0.349	0.217	0.237	0.428
特征值	4.568	1.049	0.774	0.765
旋转后的因子模型	41.045	6.065	3.050	2.214
累计比例（%）	70.670			

资料来源：笔者整理。

　　六个变量中的前四个解释如下：首先，①公司特征包括像总资产、正式员工数量、兼职员工数量、公司的建立年份以及现任所有者是第几代等变量。②理解为什么管理定位被作为一个变量，需要更详细的解释。问卷包含管理人员的十项（见表 7-4）日常活动，试图通过主成分分析隔离变量。东大阪市和 IT 百选两组中的调查对象创建了一个数据池，从这个数据池中可以得出管理的类型。四个变量，占据总回答的 70.7%，都是用这种方式决定的。这些问题决定了一家中小企业以什么为扩张方针的程度以及 ICT 培训和教育的程度，这一类变量被认为是"培训/扩张导向"。第二类变量，"信息分享导向"包含关于业绩公布方面的问题。第三个变量，包含有关企业从错误中学习的程度以及最高层管理者是否考虑员工的建议。因为那样的做法暗示了管理者的响应，这个因素被认为是"适应性导向"。第四个变量，"数据使用导向"，包含关于公司如何充分利用数据做决策的问题。所有变量的统计见表 7-5 [4]。

表 7-5　统计结果

变量		东大阪市/大田区		IT 自选		数据库	
		平均数	标准差	平均数	标准差	平均数	标准差
组织创新程度 *		0.13	0.11	0.39	0.15	0.16	0.142
公司特征	规模（10000 日元）	1963.66	2612.46	13356.10	40297.08	14070	40297
	员工人数	20.491	31.078	78.938	108.45	48.866	108.45
	兼职员工人数	5.719	10.778	32.734	74.729	27.639	74.729
	运营年数	44.09	79.863	49.117647	40.248138	7.575	40.248
	CEO 代表	1.79	0.848	2.199	0.091	0.876	0.091
管理行为 **	培训/扩张类型	0	1	0	1	0	1
	信息分享类型	0	1	0	1	0	1
	自适应类型	0	1	0	1	0	1
	数据使用类型	0	1	0	1	0	1
商业环境	我们每年得到新业务伙伴	3.106	1.33	3.689	1.034	1.31	1.034
	我们公司新产品和服务的份额比以前更大	3.055	1.214	3.008	1.044	1.014	0.95
	很多采购订单重复来自同一个业务伙伴	3.923	1.01	3.91	0.95	1.263	1.193
	我们能为我们的产品定价	3.323	1.26	3.403	1.193	1.212	1.044
	近年来，我们没有雇佣年轻（30 岁以下）员工	2.938	1.59	2.121	1.214	1.587	1.214
在公司管理中引进 ICT 的重要性		3.974	1.122	4.728	0.051	3.968	1.162
对 ICT 使用的期望	增加利润	2.712	0.964	3.44	0.072	1.133	0.072
	常规工作更高的生产力，如管理工作	3.292	0.828	3.744	0.046	0.895	0.046
	非常规工作更高的生产力	2.536	0.956	3.069	0.08	1.233	0.08
	在管理和业务发展中更快速决策	2.867	0.902	3.45	0.064	1.081	0.064
	重构整个业务流程	2.598	0.9	3.252	0.067	1.183	0.067
	信息知识的积极交流和积累分享	3.012	0.895	3.511	0.06	1.046	0.06
	精准理解顾客需求	2.733	0.91	3.183	0.076	1.124	0.076
	通过提升服务和产品获得更高的顾客满意度	2.697	0.918	3.323	0.068	1.143	0.068
上财年公司 IT 投资（10000 日元）		292.735	1646.98	2781.20	5591.50	1574	22361
样本总量		1198		137		1335	

注：* 表示 AHP 结果。** 表示根据因子分析法分类的四种管理类型。
资料来源：笔者整理。

从集聚到创新

第五节 估 计

一、两组之间差异的估计

通过使用两组形成的数据库的数据，考察了决定每个中小企业得到特定分数的因素。首先，通过引进哑变量，以 1 表示 IT 百选，以 0 表示东大阪市，我们探讨了 IT 百选和东大阪市的指标是否存在差异。我们构建了以下回归模型：

$$Y_i = \beta_0 + \beta_1 X_{1i} + \beta_2 X_{2i} + \beta_3 X_{3i} + \cdots\cdots + \beta_n X_{ni} + \beta_d \text{ITdummy} + e_{it} \tag{1}$$

其中，Y_i 是指每个中小企业的组织创新指标；X_{ij} 是指中小企业特征、管理行为、ICT 使用的期望等变量；β_i 是指将被估计的回归系数；ITdummy 是指关于 IT 百选组的哑变量，用 β_d 作为它的回归系数；e_i 是指残差。为了估计，通过检查协方差矩阵选择重要的变量。估计的结果总结见表 7-6。

表 7-6 OLS 估计的结果

变量	系数	t 值
制造业	0.009	1.338
零售	0.019	1.401
资金	0.016	4.382***
我们能决定价格	0.006	2.261**
新产品运送频率	0.005	1.756*
对 ICT 重要性的认识	0.02	6.352***
提高盈利能力	−0.001	−0.38
常规工作效率	−0.005	−1.291
对顾客需求精准理解	−0.004	−1.266
ICT 投资总量	0.034	10.825***
培训/扩张类型	0.025	5.975***
自适应类型	0.002	0.544
数据使用类型	0.021	4.02***
属于 IT 百选组的哑变量	0.146	12.389***
常数	−0.022	−1.085
R^2	0.571	

注：***，** 和 * 分别表示 1%，5% 和 10% 显著性水平。
资料来源：笔者整理。

表 7–6 表明 IT 百选哑变量在 1% 的水平上显著，两组组织创新的指标均数存在显著差异，即 IT 百选组组织创新的指标均数比东大阪市组的高出 0.28。

二、影响组织创新指标因素的 OLS 估计

本节我们分析影响两组组织创新指标的因素。为此，哑变量是每一个解释变量的附属；1 代表 IT 百选组，0 代表东大阪市组。如先前一样，按照与指标的相关程度来选择解释变量。没有哑变量的变量回归系数估计表示对两组都起作用，而那些有哑变量的估计只影响 IT 百选组。前者是指"共同影响"，后者指"交叉影响"。用以下方程式进行估计：

$$Y_i = b_0 + \sum_{j=i} b_j X_{ji} + \sum_{j=i} b_j'(X_{ji} ITdummy_i) + b_0' ITdummy_i + \varepsilon_i \tag{2}$$

OLS 估计的结果见表 7–7。在本次估计中，考虑对两组的影响，与"资本"有关的变量、对 ICT 重要性的认识、ICT 投资总量以及管理行为相关的变量，如"培训/扩张类型"和"数据使用类型"在 1% 的水平上显著，而"我们能决定价格"和"顾客需求的精准理解"在 10% 的水平上显著。关于哑变量的交叉影响，"资本"在 5% 的水平上显著，而"我们能决定过程"、"新产品的运送频率"、"常规工作的效率"和"培训/扩张类型"在 10% 的水平上显著。

表 7–7 影响组织创新的因素（1）

变量	系数	t 值
制造业	0.012	1.641
零售	0.002	0.138
资金	0.023	5.52***
我们能决定价格	0.004	1.703*
新产品运送频率	0.005	1.544
对 ICT 重要性的认识	0.02	6.243***
提高盈利能力	−0.001	−0.394
常规工作效率	−0.006	−1.512
对顾客需求精准理解	−0.006	−1.784*
ICT 投资总量	0.033	9.814***
培训/扩张类型	0.021	4.987***
自适使类型	0.002	0.547
数据使用类型	0.021	4.038***
属于 IT 百选组的哑变量	−0.196	−1.636

续表

变量	系数	t 值
交叉影响（哑变量）		
制造业	−0.026	−1.232
零售	0.025	0.801
资金	−0.022	−2.374**
我们能决定价格	0.017	1.877*
新产品运行频率	0.018	1.768*
对认识到 ICT 重构性的认识	0.022	1.224
提高盈利能力	−0.006	−0.444
常规工作效率	0.035	1.851*
对顾客需求精准理解	0.013	1.026
ICT 投资总量	0.005	0.564
培训/扩张类型	0.026	1.653*
自适应类型	0.028	1.407
数据适用类型	−0.01	−0.443
常数	−0.019	−0.936
R^2	0.591	

注：***，** 和 * 分别表示 1%，5% 和 10% 显著性水平。
资料来源：笔者整理。

　　为了更细致地分析影响因素，我们将用来估计的变量分成四类：第 I 组、第 II 组、第 III 组、第 IV 组。第 I 组变量有显著的交叉影响（只影响 IT 百选）和共同影响（影响两组）；第 II 组变量只有交叉影响，换言之，它们只影响 IT 百选；第 III 组变量对两组都有影响；第 IV 组变量并不显著，可以忽略。这种分类计划见表 7-8。

表 7-8　影响组织创新的因素（2）

变量	共同影响系数	交叉影响系数
资金	0.023	
I		
我们能决定价格	0.004	
培训/扩张类型	0.021	
II		
常规工作效率		0.026
新产品运送频率		0.018
对 ICT 重要性的认识		0.035

变量	共同影响系数	交叉影响系数
数据使用类型	0.02	
Ⅲ		
对顾客需求的精准理解	0.021	
ICT 投资总量	−0.006	
制造业	0.033	
零售		
Ⅳ		
提高盈利能力		
自适应类型		

注：
Ⅰ：交叉影响和自有影响显著。
Ⅱ：只有交叉影响显著。
Ⅲ：只有自有影响显著。
Ⅳ：没有任何显著性。
资料来源：笔者整理。

第Ⅰ组变量，如"资本"，"我们能决定价格"和"培训/扩张类型"对两组都显著，对 IT 百选影响更大（"资本"除外，"资本"有负的协同效应）。这表明一般来说大型的中小企业更倾向进行更多高级组织创新；对于拥有发达的 ICT 的中小企业来说，像 IT 百选组里的企业，资本总量与创新的相关性更低。对于第Ⅱ组变量，"常规工作效率"、"新产品运送频率"只与 IT 百选组相关。发达的中小企业更频繁地运送新产品到市场，并且渴求通过组织创新寻求效率。第Ⅲ组变量"ICT 重要性的认识"、"数据使用类型"、"对顾客需求的精准理解"和"ICT 投资总量"是 IT 百选组和东大阪市组的共同特征。

三、Probit 模型/Logit 模型估计影响创新指标的因素

通过邮件调查得到的数据构建 Logit 和 Probit 估计的变量，通常取离散值，这使得它们比 OLS 模型更好。

在这些估计中，中小企业被分为两组，一组的指数比平均指标更大，一组比平均指标更小。用于估计的方程式如下：

$$\text{Logit 模型：} F(x_i'\beta) \frac{\exp(x_i'\beta)}{1 + \exp(x_i'\beta)} \tag{3}$$

$$\text{Probit 模型：} F(x_i'\beta) = \Phi(x_i'\beta) \tag{4}$$

其中，F 指函数的标准正态分布，变量 X_i 与 OLS 估计中的相似。

Logit 模型和 Probit 模型估计的结果见表 7-9。前面部分它们与 OLS 估计相似。"资本总量"（边际效应：0.0572 和 0.0656），"先前年份的 ICT 投资总量"（边际效应：0.6417 和 0.3728），"数据使用类型"（边际效应：0.0760 和 0.0789）和 IT 百选哑变量（边际效应：0.06821 和 0.2984）在 1% 的水平上显著。"对 ICT 重要性的认知"（边际效应：0.0399 和 0.0418）在 5% 的水平上显著。另外，"我们能决定价格"（边际效应：0.0247 和 0.0258）和"培训/扩张类型"（边际效应：0.0431 和 0.0452）在 10% 的水平上显著。这些结果与 OLS 分析一致。

表 7-9 Probit 模型和 Logit 模型估计结果

变量	Logit 模型			Probit 模型		
	系数	z 值	边际效应	系数	z 值	边际效应
制造业	0.2712557	1.36	0.0572834	0.1532331	1.28	0.054518
零售	0.7308473	1.56	0.1289557	0.4303353	1.59	0.1338354
资金	0.3140201	2.9**	0.0648077	0.1873305	3***	0.065617
我们能决定价值	0.1197586	1.71*	0.0247159	0.0738191	1.76*	0.0258569
新产品运送频率	0.0974063	1.26	0.0201028	0.060102	1.3	0.0210522
对 ICT 重要性的认识	0.1934601	2.04**	0.0399265	0.1193981	2.07**	0.041822
提高盈利能力	0.1310588	1.29	0.027048	0.079551	1.31	0.0278646
常规工作效率	−0.0212161	−0.19	−0.0043786	−0.0160118	−0.23	−0.0056085
精准理解顾客需求	−0.0685335	−0.71	−0.014144	−0.0316916	−0.55	−0.0111007
ICT 投资总量	0.6416951	6.3***	0.1324336	0.3727549	6.64***	0.1305662
培训/扩张类型	0.2087655	1.87*	0.0430852	0.1289496	1.93*	0.0451677
自适应类型	0.0059616	0.05	0.0012304	−0.0001967	0	−0.0000689
数据使用类型	0.3684085	2.63***	0.0760324	0.2278896	2.72***	0.0798237
属于 IT 百选组的哑变量	2.177614	3.55***	0.2934461	1.185455	3.93***	0.2983793
常数	−2.937576	−4.99***	−1.786065	−5.03***		
Logit 生计		−412.66702		−412.13722		

注：***，** 和 * 分别表示 1%，5% 和 10% 显著性水平。
资料来源：笔者整理。

第六节　组织创新的挑战和政策建议

一、使用 ICT 导致组织创新的挑战

迄今为止，分析聚焦于通过使用 ICT 促进组织创新的因素。本节探讨中小企业面临的企业组织创新和与 ICT 相关的问题，以鉴别出难题和推荐政策，从而能去实施以解决问题。

本节还研究了发达组（IT 百选）和发展组（东大阪市/大田区）中每一类中小企业面临的障碍的种类。障碍总结在问卷的 Q9。我们使用与之前章节同样的分析方法，增加两种哑变量：IT 百选哑变量被当作常数，以及每个变量；后者也被认为是交叉效应。用方程式（2）进行的 OLS 估计结果见表 7-10。一系列独立变量见表 7-11。

表 7-10　中小企业组织创新问题

变量	系数	t 值
Common effect		
Lack of leadership regarding ICT use	−0.025	−3.139***
Unclear objectives of management	0.014	1.696*
ICT has been introduced without any restructuring of works	0.015	1.694*
Lack of employees who can use ICT	0.007	0.887
Lack of workers' ICT knowledge	0.01	1.302
Lack of workers' cooperation with ICT usage at the office	0.007	0.551
Lack of ICT advisers	−0.008	−0.998
We leave everything of ICT introduction to ICT adviser（s）	0.031	2.177**
We leave everything of ICT introduction to ICT makers	0.009	0.834
Lack of software that we need	0.017	2.025**
We can't keep up with technological innovation	−0.026	−2.917***
Each business partner wants to adopt its own ICT systems	0.046	4.895***

续表

变量	系数	t 值
ICT investment does not yield explicit profit	−0.013	−1.626
ICT investment is very costly	0.022	2.872***
We have deep concern for information security, if ICT is introduced	0.051	6.831***
It tates time to introduce ICT	−0.024	−2.29**
Others	−0.032	−1.655*
IT *Hyakusen* dummy variable	0.302	15.589***
Cross−effect （dummy X variable）		
Lack of leadership regarding ICT use	−0.013	−0.391
Unclear objectives of management	−0.043	−1.676*
ICT has been introduced without any restructuring of works	−0.029	−1.028
Lack of employees who can use ICT	−0.013	−0.527
Lack of employees' ICT Knowledge	−0.06	−2.315**
Lack of workers' cooperation with ICT usage at the office	0.095	1.763*
Lack of ICT advisers	0.033	0.928
We leave everything of ICT introduction to ICT adviser (s)	−0.085	−1.45
We leave everything of ICT introduction to ICT makers	−0.1	−2.101**
Lack of software that we need	0.026	0.914
We can't keep up with technological innovation	0.042	1.303
Each business partner wants to adopt its own ICT systems	−0.043	−1.462
ICT investment does not yield explicit profit	−0.001	−0.019
ICT investment is very costly	−0.01	−0.424
We have deep concern for information security, if ICT is introduced	−0.06	−2.764***
It takes time to introduce ICT	0.015	0.313
Others	0.11	2.488**
Constants	0.107	18.94***
R^2	0.39	

注：***，** 和 * 分别表示 1%，5%和 10%显著性水平。
资料来源：笔者整理。

表 7-11 中小企业组织创新问题（2）

Variables	Common effect	Cross effect
	Coefficient	Coefficient
Unclear objectives of management	0.014	−0.043
Ⅰ. We have deep concern for information security, if ICT is introduced.	0.051	−0.085
Otehrs	−0.032	0.11
Lack of employees' ICT Knowledge		−0.06
Ⅱ. Lack of worke' cooperation with ICT usage at the office		0.095
We leave everything concerning ICT introduction to ICT makers		−0.1
Lack of leadership regarding ICT use	−0.025	
ICT has been introduced without any restructuring of works	0.015	
We leave everything concerning ICT introduction to ICT adviser（s）	0.031	
Ⅲ. Lack of software that we need	0.017	
We can't keep up with technological innovation.	−0.026	
Each business partner wants to adopt its own ICT systems.	0.046	
ICT investment is very costly	0.022	
It takes time to introduce ICT	−0.024	
Lack of employees' who can use ICT		
Ⅳ. Lack of ICT advisers		
ICT investment does not yield explicit profit		

注：Ⅰ：交叉影响和自有影响显著。Ⅱ：只有交叉影响显著。Ⅲ：只有自有影响显著。Ⅳ：没有任何显著性。

资料来源：笔者整理。

　　表 7-10 中的信息可用来识别组织创新的问题。一方面，因为因变量是指组织创新的程度和困难的种类，系数被期望为负，即由于严峻的问题，中小企业不愿意引进 ICT。另一方面，正的系数可以理解为即便中小企业有这些问题，但是它们也愿意努力引进 ICT 以解决问题。从这个意义上说，系数的负（正）表明 ICT 投资决策的负（正）和理由。

　　如先前所述，相关变量根据显著性分成四类。第 1 组变量，"不清楚的管理目标"和"ICT 安全是主要的关心"对共同影响和交叉效应都是显著的。应该关心：交叉效应的系数是负数，而共同影响的系数为正。因为后者显示东大阪市/大田区的中小企业，而 IT 百选由两种影响的总和来表述，即 IT 百选的中小企业

从集聚到创新

关于这两种变量有负的系数。[5] 这些变量的相反符号可以如下表述：IT 百选的中小企业在 ICT 使用方面已经达到较高水平，这两个变量也许并不是它们引进 ICT 的主要原因，而东大阪市/大田区的中小企业相对来说在 ICT 使用方面处于较低水平，它们对这些问题强烈关心，因此一直在积极引进 ICT 的使用。[6] 第 2 组变量对于 IT 百选组更为显著："员工缺乏 ICT 知识"、"引进 ICT 只激励硬件/软件制作者"和"办公室员工在 ICT 使用上缺乏合作。"前两者符号为负，表明对于 IT 百选组来说，这些不是严峻的问题，但是最后一个符号是正；这个问题对它们来说更为重要。第 3 组八个变量是两组的共同问题。正（负）号表明这个变量与中小企业更大（更小）的创新指标有关。"没有任何任务重构，ICT 就已经被引进"、"引进 ICT 留给 ICT 建议者"、"缺乏必要的软件"、"每个生意合作伙伴都想采用自己的 ICT 系统"和"ICT 投资花费高"对于创新指标更高的中小企更严峻。第 4 组变量，"ICT 使用缺乏领导力"、"不能与技术创新保持同步"和"引进 ICT 使用需要更多的时间"对于创新指标更小的中小企业来说，是更重要的问题。这三个变量似乎尤其是中小企业引进 ICT 的共同障碍。

两组的共同难题是"ICT 使用缺乏领导力"，表明日本中小企业仍然需要高层管理强有力的 ICT 领导力。调查显示员工的 ICT 知识和高层管理者的 ICT 领导力都需要提高，这表明这个问题与人力资源有关。这对以提升中小企业 ICT 为方针的政策至关重要。

二、实证研究提出的对创新有益的政策

本节分析用于促进采取组织创新的政策种类。为了考察这个问题，采用 OLS 模型（方程式（2））。估计的结果见表 7-12 和表 7-13。

"ICT 投资免税"、"对 ICT 投资的政府补贴和其他的财政支持"、"对小企业充分利用 ICT 的商业模式的褒奖"、"电子竞标系统的引进"、"ICT 低利率贷款"和"ICT 低利率租赁"以及"去监管"是两组中小企业最渴望的政策，与创新指标正相关。IT 百选组尤其关心电子竞标系统，因为这关系到 ICT 更高的使用比例。相比而言，它们对补贴，如免税和培训以及教育感兴趣的程度低。这些与 IT 百选组一致，因为它们已经取得一定程度的组织创新。

表 7-12 组织创新亟须政策（1）

Variables	Coefficient	t-value
Common effect		
Opening of ICT seminars	0.007	0.969
Implcmcntation of education for PC operation	−0.002	−0.205
Adviser system	0.005	0.656
Low−interest loans for ICT	0.016	2.09**
Low−interest lease for ICT	0.016	2.199**
Tax exemptions on ICT investment	0.064	8.887***
Support for opening new portals	−0.002	−0.132
Deregulation	0.039	4.469***
Commendation of small company business models that make use of ICT	0.059	3.546***
Introduction of e−bidding system	0.031	2.482**
Others	0.012	0.834
Dummy variable attacked to IT Hyakusen	0.277	15.199***
Cross−effect（dummy X variable）		
Opening of ICT seminars	−0.013	−0.476
Implementation of education for PC operation	−0.072	−2.082**
Adviser system	−0.046	−1.764*
Low−interest loans for ICT	−0.019	−0.736
Low−interest lease for ICT	−0.004	−0.152
Tax exemptions on ICT investment	−0.042	−1.943*
Support for opening new portals	0.061	1.405
Deregulation	0.009	0.378
Commendation of small company business models that make use of ICT	−0.073	−2.453**
Introduction of e−bidding system	0.119	2.74***
Others	0.077	2.053**
Constants	0.088	15.795***
R^2	0.404	

注：***，** 和 * 分别表示 1%，5% 和 10% 显著性水平。

资料来源：笔者整理。

表 7-13　组织创新亟须政策（2）

Variables	Common effect	Cross effect
	Coefficient	Coefficient
Tax exemptions on ICT investment	0.064	−0.042
Ⅰ. Commendation of small company business models that make use of ICT	0.059	−0.073
Introduction of e-bidding system	0.031	0.119
Implementation of education for PC operation		−0.072
Ⅱ. Adviser system		−0.046
Others		0.012
Low-interest loans for ICT	0.016	
Ⅲ. Low-interest lease for ICT	0.016	
Deregulation	0.039	
Ⅳ. Support for opening new portals		
Opening of ICT seminars		

注：Ⅰ：交叉影响和自有影响显著。Ⅱ：只有交叉影响显著。Ⅲ：只有自有影响显著。Ⅳ：没有任何显著性。

资料来源：笔者整理。

第七节　结　论

基于对两组日本主要的中小企业——东大阪市/大田区和 IT 百选中小企业进行集中的邮件调研，后者在 ICT 使用方面得到了公认。调研的数据用来创建这些中小企业 ICT 使用的指标，从而明晰促进中小企业组织创新和使用 ICT 的因素。我们发现中小企业广泛地使用 ICT 是相信它的效用，并且投资了许多资金以提升它们的业务。因此，提升中小企业 ICT 使用的最重要方法便是鼓励它们前瞻性思考。一旦它们采取了这样的观点，它们就能决定引进和使用 ICT 来满足特定目标的具体方法。

对引进 ICT 的相关困难的估计，尤其与东大阪市/大田区中小企业相关，显示了 ICT 指标与"每个生意合作伙伴都想采用自己的 ICT 系统"或"信息安全是主要的关切"正相关。这表明由于以下原因，问题主要与定位和人力资源相关：

● 大型企业想要其分包商采用它们的 ICT 系统。

- 需要大量资金满足大型企业的 ICT 要求。

- 缺乏人力资源处理 ICT。

- 对与顾客、交易和隐私有关的数据存在安全考虑。

一方面，这些地区 ICT 使用处于较高水平的中小企业倾向于通过业务重组来改变它们的业务活动或者解决管理问题。为此，与顾客关系和员工 ICT 使用方面的问题就变得重要。

另一方面，IT 百选的中小企业，由自己的员工引进和运营 ICT，没有外面专家的帮助。另外，它们并没有通过所有业务重组的方式引进 ICT，而是逐渐提升它们的业务。用这种方法，它们提升员工 ICT 能力，并且更新 ICT 系统。

本章聚焦于分析促进中小企业提升 ICT 的因素。一旦识别出来，它们就可以被用来构建合适的政策措施。我们的调查表明东大阪市/大田区需要对 ICT 投资的税收减免和补贴，这暗示 ICT 发展的最主要障碍是资金短缺。由于随着技术发展，ICT 需要更新，这个问题变本加厉。另外，IT 百选组的中小企业对扩张自己的业务机会更感兴趣，比如引进电子竞标系统。

本书研究的发现作为未来的政策措施基础是必要的。迄今为止，不同政府部门已经实施了许多的政策（Tsuji 等，2005；中小企业管理局，2004），但是它们几乎很难被认为是成功的。需要有基于严谨研究之上的合适的政策措施，但其还未建立。

附录

问卷
请写下您的名字和联系方式

公司名字			
地址			
电话号码		传真号码	
回复者的名字		头衔/职位	
E-mail			

Section A：贵公司的 IT

IT（信息技术）是指信息设备或信息技术，例如个人计算机和网络。本部分，我们想要询问贵公司通过利用 IT 进行业务管理革新的积极性。

Q1 贵公司拥有多少台个人计算机（包括租赁的）？

Q1-1 其中多少台计算机连接了 LAN 网络（本地区网络）？

Q2 贵公司使用何种软件？何种软件你们现在还没有使用但是未来想要使用？

	正在使用	想要使用
1. 销售管理（包括 POS 机和条形码）	1	1
2. 会计	2	2
3. 工资管理	3	3
4. 采购管理	4	4
5. 存货管理	5	5
6. 设计管理（包括 CAD/CAM）	6	6
7. 产品管理	7	7
8. 物流	8	8
9. 企业资源计划（ERP）包	9	9
10. 客户关系管理（CRM）	10	10
11. 群件（办公室信息分享系统）	11	11
12. 销售自动化（SFA）	12	12
13. 供应链管理（SCM）	13	13
14. 其他	14	14

Q3 贵公司使用网络吗？（选择一项）

1. 是的　　　　　　　2. 不是

如果选择"是的"，请到 Q3-1 至 Q3-4。

如果选择"不是"，请跳至 Q4。

Q3-1 贵公司何时开始使用网络？

年份：

Q3-2 现在使用的是何种网络连接？（选择一项或多项）

1. 租赁电路　　　　　　　　2. 光纤

3. 机顶盒　　　　　　　　　4. 不对称数字用户线（ADSL）

5. 数字网络一体化服务（ISDN）　6. 拨号

Q3-3 贵公司现用网络的目的描述？（选择一项或多项）

1. 开发公司主页或者相关网页。

2. 员工个人邮件地址（这种地址的号码）。

3. 电子板和（或）电子会议板。

4. 使用顾客和企业合作伙伴的邮件清单。

5. 拥有自己的域名。

6. 其他。

Q3-4　您使用网络的目的是什么？

1. 收集/交流信息　　　　　　　2. 公司和产品公关

3. 网上银行　　　　　　　　　4. 使业务管理有效率

5. 企业之间的电商（B2B）　　　6. 与消费者之间的电商（B2C）

7. 其他

如果在 Q3-4 选择"电商"（5 或 6），请至 Q3-5 和 Q3-6。

如果没有选择 5 或 6，请跳至 Q4。

Q3-5　上一财年贵公司电商业绩如何？

网上销售比率（销售总额 100%）

大约_____%

相比于三年前，这个比率是：

1. 增加　　　　　　2. 几乎持平　　　　　3. 降低

网络采购的比率（所有采购=100%）

大约_____%

相比于三年前，这个比率是：

1. 增加　　　　　　2. 几乎持平　　　　　3. 降低

Q3-6　相比于三年前，通过电子商务与贵公司所在地区的企业有业务往来的比例是：

1. 增加　　　　　　2. 几乎持平　　　　　3. 降低

Q4　贵公司为员工提供何种 IT 培训？（选择一项或多项）

1. 支持参加外面的 IT 培训和专题培训　　2. 内部 IT 培训和专题培训

3. 支持个人学习　　　　　　　　　　　4. 雇佣高 IT 技能的人

5. 其他　　　　　　　　　　　　　　　6. 我们没有任何培训

Q5　贵公司有何安全措施？贵公司计划引进何种安全措施？（选择一项或多项）

从集聚到创新

	我们有的	我们想要有的
1. 安全准则	1	1
2. 风险分析	2	2
3. 机密信息评估	3	3
4. 禁止泄露机密信息和顾客信息	4	4
5. 密码管控	5	5
6. 引进防火墙	6	6
7. 反病毒措施	7	7
8. 系统试用和信息安全试用	8	8
9. 其他	9	9

Section B：贵公司关于 IT 使用的意见

Q6 您期望享受到在以下范围内何种 IT 使用的好处？

	我们非常期望	我们在一定程度上期望	我们不是很期望	我们根本不期望
1. 增加利润	1	2	3	4
2. 常规工作更高的生产率，如管理工作	1	2	3	4
3. 非常规工作更高的生产率，如项目规划	1	2	3	4
4. 在管理和业务发展方面更快决策	1	2	3	4
5. 整个业务流程重塑	1	2	3	4
6. 积极的交流和信息知识积累共享	1	2	3	4
7. 与客户和业务伙伴更亲密地合作	1	2	3	4
8. 对顾客需求更精准的理解	1	2	3	4
9. 通过提升服务和产品得到更高的顾客满意度	1	2	3	4

Q7 在以下范围内您对贵公司 IT 使用目前的收益满意度如何？如果贵公司迄今还未使用 IT，请跳至 Q8。

	我们非常期望	我们在一定程度上期望	我们不是很期望	我们根本不期望
1. 增加利润	1	2	3	4
2. 更高的常规工作生产率，如管理工作	1	2	3	4
3. 更高的非常规工作生产率，如项目规划	1	2	3	4
4. 在管理和业务发展方面更快决策	1	2	3	4
5. 整个业务流程重塑	1	2	3	4
6. 积极的交流和信息知识积累共享	1	2	3	4
7. 与客户和业务伙伴更亲密地合作	1	2	3	4

	我们非常 期望	我们在一定程度 上期望	我们不是很 期望	我们根本不 期望
8. 对顾客需求更精准的理解	1	2	3	4
9. 通过提升服务和产品得到更高的顾客满意度	1	2	3	4

Q8　您认为贵公司目前的 IT 使用有任何问题吗？（选择一项）

1. 有严重的问题　　　　　2. 有一些问题　　　　　3. 不确定

4. 只有很少的问题　　　　5. 根本没有问题

Q9　贵公司目前的 IT 使用问题是什么？（选择一项或多项）

1. 无人领导 IT 使用

2. 还未明确 IT 使用的公司目标

3. 没有任何业务重组，IT 就已经被引进

4. 缺乏高 IT 技能的员工

5. 员工的 IT 知识很差

6. 办公室 IT 使用缺乏员工合作

7. 缺乏合适的 IT 顾问

8. 公司让 IT 顾问按照他们的喜好引进 IT

9. 公司让卖者（制造商）按照他们的喜好计划和引进 IT

10. 没有软件适用于我们的业务和工作

11. 我们无法追赶 IT 的快速发展

12. 每个业务合作伙伴都想要采用它们自己的 IT 系统

13. IT 投资还没有产生清晰的利润

14. IT 投资花费高昂

15. 如果 IT 被引进，我们高度关心信息安全

16. 如果 IT 被引进，我们高度关心个人资料的泄露

17. IT 引进需要很多的时间

18. 其他（请指明：＿＿＿＿＿＿＿＿＿）

Q9-1　上述 18 个问题中最严峻的 3 个问题是什么？

#1　　　　　　　#2　　　　　　　#3

Q10　在业务管理中引进 IT 的重要性如何？（选择一项）

1. 非常重要　　　　2. 一定程度上重要　　　　3. 不确定

4. 不是很重要　　5. 根本不重要

Q11　贵公司计划更多地使用 IT 的程度如何？（选择一项）

1. 非常重要　　　　2. 一定程度上重要　　　　3. 不确定

4. 不是很重要　　5. 根本不重要

Q12　贵公司计划增加 IT 投资的程度如何？（选择一项）

1. 非常重要　　　　2. 一定程度上重要　　　　3. 不确定

4. 不是很重要　　5. 根本不重要

Q13　上一财年贵公司 IT 投资是多少？

大约＿＿＿＿日元

Section C：贵公司的公司政策

Q14　贵公司目前最重要的挑战是什么？（选择一项）

1. 保证订单和销售　　　　2. 保证正利润和资金管理

3. 保证好员工和人力资源管理　　4. 发展规划、研发和技术的能力

5. IT 使用　　　　6. 公司延续

7. 其他

Q15　以下陈述在多大程度上适用于贵公司？

	非常符合	一定程度上符合	不确定	不是很符合	根本不符合
1. 公司业绩对员工公开	1	2	3	4	5
2. 在业务管理中利用过去的业务数据	1	2	3	4	5
3. 首席执行官拥有广泛的权利和责任	1	2	3	4	5
4. 我们学习并吸取其他公司失败的经验	1	2	3	4	5
5. 我们听取员工关于更好管理的意见	1	2	3	4	5
6. 我们持续不断发展新的业务和产品	1	2	3	4	5
7. 管理中使用月度业务统计	1	2	3	4	5
8. 我们为公司首席执行官、管理者和员工提供 IT 培训		2	3	4	5
9. 实行培训和个人岗位轮换以便调动员工的能力和知识	1	2	3	4	5
10. 员工被提前告知公司 2~3 年的发展方向	1	2	3	4	5
11. 我们每年都有新的合作伙伴	1	2	3	4	5
12. 许多采购订单重复地来自同一个生意伙伴	1	2	3	4	5

	非常符合	一定程度上符合	不确定	不是很符合	根本不符合
13. 我们能为自己的产品定价	1	2	3	4	5
14. 与竞争对手的竞争最近变得更加严峻	1	2	3	4	5
15. 最近来自其他商业领域的进入我们市场的新进入者增加	1	2	3	4	5
16. 我们的业务中新产品和新服务的份额比以前更大	1	2	3	4	5
17. 最近,我们已经不能雇佣年轻(30 岁左右或者更小)的工人	1	2	3	4	5

Section D: 未来 IT 和政策

Q16　您最想看到政府未来实施关于 IT 使用的哪些政策?(选择一项)

1. IT 研讨会

2. 个人计算机使用培训

3. 网页开发培训

4. IT 提升建议

5. IT 低利率贷款

6. IT 租赁低费用

7. 税收减免促进 IT 投资

8. 对 IT 投资相关项目进行政府补贴和财政支持

9. 支持新开门户网站

10. 去监管

11. 嘉奖小企业充分利用 IT 的商业模式

12. 政府电子采购,企业电子采购

13. 其他(请指明):＿＿＿＿＿＿＿＿＿

Q16-1　以上 13 项倡议中你最期望的是哪三项?

\#1　　　　　　 \#2　　　　　　 \#3

　　Q17　日本政府正在通过建立"结构改革特区"来去监管。"IT 和新商业振兴特区"的描述如下,请给我们您的意见。

　　"IT 和新商业振兴特区"是通过基于在光纤网络和当地政府的部署之上的 IT 和通信基础设施的发展来创造新产业,邀请和孵化新企业,为大众提供更好的

从集聚到创新

服务。

	非常赞同	在一定程度上赞同	不确定	不是很赞同	根本不赞同
1. 特区是日本制造企业获得国际竞争力很大的优势	1	2	3	4	5
2. 我们期待特区为我们提供资金支持	1	2	3	4	5
3. 我们期待特区为我们提供人力资源发展的支持	1	2	3	4	5
4. 只有大型企业或者 IT 产业能够充分利用特区的优势，中小企业则不能	1	2	3	4	5
5. 如果特区建立在东大阪市或者大田区（东京），我们愿意实际地使用它	1	2	3	4	5

Q17-1　如果上述"IT 和新企业振兴特区"建立在东大阪市和大田区（东京），您对它的期望是什么？

Q18　贵公司愿意与大学的研究机构和其他组织促成合作项目吗？（选择一项）

1. 是的，非常愿意　　　2. 是的，在一定程度上愿意

3. 不确定　　　　　　4. 不是很想　　　　　　5. 根本不想

如果你选择"是的"（1 或 2），请至 Q18-1。

如果你选择 3~5，请跳至 Q19。

Q18-1　您愿意具体在哪个领域进行合作？

Q19　您认为 IT 交流空间从根本上是公共空间还是私人空间？（选择一项）

1. 公共空间，绝对的　　　2. 主要是公共空间

3. 不确定　　　　　　　4. 主要是私人空间

5. 私人空间，绝对的

Q20　您在何种程度上同意以下观点？（为每一个观点选择一项）

	十分同意	在某种程度上同意	不确定	不是很同意	根本不同意
1. IT 为所有人提供了信息交流的平等机会	1	2	3	4	5
2. 通过 IT 得到的数据对公众和企业充分开放	1	2	3	4	5
3. IT 使得人们和企业达到更高程度的自治	1	2	3	4	5
4. IT 会加深大企业与中小企业之间的差距	1	2	3	4	5

	十分同意	在某种程度上同意	不确定	不是很同意	根本不同意
5. IT 会加大发达国家和发展中国家之间的经济差距	1	2	3	4	5
6. IT 提升了世界的全球化	1	2	3	4	5
7. IT 创造了新市场，代替了旧市场	1	2	3	4	5
8. IT 使得我们能从世界各地得到我们所宣传的回应，因此我们能随时调整方向	1	2	3	4	5

Q21　欢迎提出任何进一步的关于 IT 和新企业的意见或要求。

Section E：公司概况

Q22

成立　　　　　　　　现任 CEO：　　　　　　　资本

年份：　月：　　　1. 公司的建立者　　　　　日元

　　　　　　　　　2. 第二任 CEO

　　　　　　　　　3. 第三任 CEO

　　　　　　　　　4. 第四任或者更早的

Q23　您的业务领域（选择一项或多项）

1. 制造业　　　　　2. 批发　　　　　　3. 零售

4. 运输、交通　　　5. 建筑业　　　　　6. 金融、保险

7. 房地产　　　　　8. 企业服务　　　　9. 个体服务

10. 信息服务　　　　11. 其他 （　　　　）

Q23-1　如果上一题您选择"1"（制造业），您生产的产品是什么？

1. 食品　　　　　　2. 纺织品　　　　　3. 羊毛

4. 纸张　　　　　　5. 合成树脂橡胶　　6. 陶瓷、岩石、砂

7. 钢铁　　　　　　8. 有色金属　　　　9. 金属

10. 机械和工具　　　11. 电机及工具　　　12. 运输机械

13. 其他 （　　　　）

Q24　与公司初创时的定位相比，现在公司的定位是什么？（选择一项）

1. 与原先的业务一样

2. 在原先的业务基础上，向上游发展（制造者/供应商端）。

从集聚到创新

3. 在原先的业务基础上，向下游发展（消费者/用户端）。

4. 在原先的业务基础上，水平发展（向不同的业务）。

5. 是一个全新的业务，原先的业务已经废除或减少。

Q25　贵公司拥有多少名员工？

	总数	常规/全职	兼职
总数			
IT 员工（例如，系统管理员）			

Q26 和 Q27 在本调研中非常重要，请务必填写以下表格。

Q26

毛利率（毛利/销售额×100）		销售利润率（营业收入/销售额×100）	
大约	％	大约	％

Q27　请在贵公司政策允许范围之内尽力填写以下表格，如果您不能填写数据资料，请在下一表格中告诉我们公司的发展趋势。

	销售额	毛利润	营业收入	设备投资	IT 投资	出口	进口
上一财年（三年前为100）							
趋势（与三年前相比）	1. 增加 2. 几乎持平 3. 降低	1. 增加 2. 几乎持平 3. 降低	1. 增加 2. 几乎持平 3. 降低	1. 增加 2. 几乎持平 3. 降低	1. 增加 2. 几乎持平 3. 降低	1. 增加 2. 几乎持平 3. 降低	1. 增加 2. 几乎持平 3. 降低

以上是全部问题。我们十分感谢您的合作。

我们将十分感激您在 6 月 30 日之前邮寄这份问卷。请您使用封闭的回复信封。

注释：

[1] 例如，对于 AHP，指的是 Saaty（1980，1986）。

[2] 除了 Fujita 等（1999）。

[3] 见熊彼特（1934）。

[4] 这种分类是指像 Tsuji 等（2005）和 Bunno 等（2006a，2006b）的"数据使用的定位"或者"数据使用的类型"。

[5] "不清晰的管理目标"为-0.029，"ICT 安全是主要的关心"为-0.034。

[6] 系数表达了自变量对指标的边际贡献，它的总量取决于指标的现有水平。这是一种解释，但是需要未来的研究中更为严谨的分析去鉴别产生这些问题的原因。

参考文献

Bunno, T., H. Idota, M. Tsuji, H. Miyoshi, M. Ogawa, and M. Nakanishi (2006a) "An Empirical Analysis of Indices and Factors of ICT Use by Small-and Medium-sized enterprises in Japan," Proceedings of 16th ITS Biennial Conference, Beijing, China, June 2006.

Bunno, T., H. Idota, M. Ogawa, M. Tsuji, H. Miyoshi, and M. Nakanishi (2006b) "Index of the Diffusion of Information Technology among SMEs: An AHP Approach," The Proceedings of the 17th European Regional ITS Conference, Amsterdam, Holland, August 2006.

Bunno, T., H. Idota, M. M. Tsuji, and M. Nakanishi (2007) "Factors and Policies for the Diffusion of Information and Communications Technology among Japanese SMEs," Proceedings of the 18th European Regional ITS Conference, Istanbul, Turkey, September 2007.

Fujita, M., P. Krugman, and A. Venables (1999) The Special Economy: Cities, Region, and International Trade. Cambridge, MA: MIT Press.

Japan Small and Medium Enterprise Management Consultants Association (2003) Report of Research on SCM Business Models for SMEs (in Japanese). Tokyo.

Kuchiki, M. and M. Tsuji (eds) (2004), Industrial Clusters in Asia: Competition and Coordination. Basingstoke: Palgrave Macmillan.

Kuchiki, M. (2008) The Flowchart Approach to Industrial Cluster Policy. Basingstoke: Palgrave Macmillan.

Saaty, T. L. (1980) The Analytic Hierarchy Process: Planning, Priority Setting, Resource Allocation. Newyork: McGraw-Hill.

从集聚到创新

Saaty, T. L. (1986) "Absolute and Relative Measurement with the AHP: The Most Livable Cities in the United States," Socio-Economic Planning Sciences, Vol. 20, No. 6, pp. 2-37.

Schumpeter, J. A. (1934) The Theory of Economic Development. Oxford: Oxford University Press.

Small and Medium Enterprise Agency (2004) "Project Ⅱ for Promotion of ICT Use by SMEs (in Japanese)," Tokyo, Ministry of Economy, Trade and Industry (METI).

Small and Medium Enterprise Agency (2001, 2002, 2003, 2004) "White Paper on Small and Medium Enterprises in Japan," (in Japanese) Tokyo, Ministry of Economy, Trade and Industry (METI).

Tsuji, M., E. Giovannetti, and M. Kagami (eds) (2007) Industrial Agglomeration and New Technologies: A global perspective. Cheltenham-Edward Elgar.

Tsuji, M., H. Miyoshi, T. Bunno, H. Idota, M. Ogawa, M. Nakanishi, E. Tsutsumi, and N. Smith (2005) "ICT Use by SMEs in Japan: A Comparative Study of Higashi-Osaka and Ohta Ward, Tokyo," OSIPP Discussion Paper, No. 06-05, Oskaka University.

专业市场在中国产业集群升级中的作用 第八章

丁 可

第一节 引 言

本章试图为流程图方法提供一些互补案例。流程图方法的典型范式认为东亚机械工业集群的出现及升级是通过在产业园里引入外国锚公司（Kuchiki and Tsuji，2005，2008）。通过加强与科研机构如高校的联系，内生型研发得以完成。这种典型模式特别注重产业园支持锚公司和高校的制度条件。[1]

笔者同意在一些产业（如汽车）和特定的初始条件下（如一个没有制造业或交易传统的地区），锚公司的作用必不可缺。然而与现有研究相反，我们认为也不能忽视市场的作用。[2] 换言之，产业集群能够在拥有无数中小企业的完全竞争的市场中得以升级。

在这方面，中国有许多令人信服的案例。中国很多重要的产业集群拥有独一无二的专业市场。它们通常是批发市场，其中每个摊位都提供高度专业化的集群当地商品。[3] 它的销售者和购买者都是数不清的中小企业。正如 Jin（2004）和 Ding（2006a）发现的，在中国最大的日用品、服装、皮革、纺织和金属制造专业市场，产业集群跟随市场发展持续不断地升级和扩张。

实际上，几乎所有发展中国家的集群都有这样的市场。然而，由于支持市场交易的制度不充分，大多数市场逐渐成为一个大的非正式部门，阻碍了集群的进一步发展。这正是市场被有限的几个锚公司取代的原因。相较而言，中国的专业市场又是如何克服市场失败的呢？是什么样的决定性因素让中国产业集群中的市场机制顺利运行的呢？

本章通过分析一些典型案例尝试回答如上问题。第二节介绍专业市场特征。第三节、第四节和第五节调查中国三个在各自行业中最大的产业集群。这三个产业集群都历经巨变，从而促使集群升级。在第六节我们做出总结。

第二节　专业市场的特征

如第一节所言，在中国许多重要的产业集群中，专业市场是独一无二的市场。本部分通过浙江省 53 个典型产业集群中 68 个市场的资料来详细分析专业市场的特征。选取浙江省是因为专业市场和产业集群在浙江最早出现，也发展得最好。

第一，一方面，专业市场的市场结构极度分散，如表 8-1 所示，1998 年，浙江的 68 个市场中，至少 56 个市场中的摊位不低于 100 家。其中，14 个市场拥有 1000~4999 家摊位，7 个市场拥有不低于 5000 家的摊位。

表 8-1　浙江主要产业集群中专业市场的摊位数量（1998 年）

摊位数量（个）	100~999	1000~4999	不少于 5000	不知道
市场数量（个）	35	14	7	12

资料来源：笔者根据 ZPMCEC（2000）数据整理。

另一方面，专业市场上存在大量的购买者。在上述浙江 68 个市场中，据有限的数据，有两个市场每天的人流量达到 10 万人。[4] 另外，有 5 个市场每天的人流量分别达到 5 万人、1.5 万人、1 万人、8000 人和 50 人。[5] 他们的采购目标是低端需求。我们可以推断在这样的市场结构中没有一家公司能够控制其他公司。

第二，在 1998 年，专业市场的商品主要分布在国内市场。表 8-2 清楚地显示，在 68 个市场中，51 个市场向中国国内市场售卖商品、21 个市场向发展中国家售卖商品、15 个市场向发达国家售卖商品。除了国内市场，专业市场似乎在开发发展中国家的市场方面表现更好。

从集聚到创新

表 8-2　浙江主要产业集群中专业市场的范围（1998 年）

市场范围	市内	市外浙江省以内	浙江省以外中国以内	其他发展中国家	发达国家	未知
市场数量（个）	5	1	45	21	21	15

资料来源：同上。

第三，专业市场与产业集群同时发展。在浙江 68 个专业市场中，至少 36 个市场已经扩张规模或者迁移了交易大厦。这其中，又有 21 个专业市场数次扩张或者迁移新址。由于只有在产业集群的商业规模急剧扩张时，专业市场才扩张或迁移新址，我们可以认为专业市场随着产业集群同时发展。

专业市场的主要特征是地方政府的积极干预。在浙江 68 个市场中，当地政府掌管或曾经掌管了至少 38 个市场的建立和交易。只有 5 个市场从一开始就是公司管理。通常，地方政府通过建立一个包含地方政府人员的专业委员会对专业市场进行干预。

由于资料的限制，上面谈到的 1998 年的数据也是有限的。那年之后，几乎所有指标均大幅提升。[6] 包括其他类型的市场在内，从 1998 年到 2007 年，浙江市场上的平均交易量从 0.695 亿元增长到 1.79 亿元。然而，同时，由于竞争加剧，市场数量从 4619 家减少到 4008 家（Jin，2007）。

基于以上特征，专业市场可以认为是中国新兴市场的缩景——一个高速扩张、完全竞争的市场。它的主要参与者是无数的中小企业，目标在于低端需求。专业市场的交易量迅速扩张，新的商业关系不断建立，地方政府在专业市场的发展中发挥了重要作用。因此，对专业市场的研究实质上是对地方政府在一个大的新兴市场中的作用进行研究。

第三节　义乌：日用品集群的一个案例研究

一、义乌日用品集群概况 [7]

义乌是世界最大的日用品生产和分销中心。义乌中国商品城（义乌市场）[8]

拥有来自 43 个产业的 1901 类超过 40 万件商品。这些商品不仅在中国国内市场分销,更是在世界上 212 个国家和地区销售。

在 20 世纪 70 年代,义乌还是一个纯粹的乡村。然而,自从当地政府在 1982 年正式建立义乌市场后,义乌开始迅速形成集群。[9] 在 1982~1990 年,随着义乌市场摊位从 700 个增加至 8900 个,义乌出现了 180 个手工业集群,被称为"一个乡村,一种产品"。90 年代后,义乌市场的摊位增加到 5.8 万个。相应地,义乌市场整体交易量达到 315 亿元。在此过程中,义乌形成了八大产业集群:袜子、无缝内衣、旅行箱、皮革商品、拉链、工艺品、文具以及其他日用品。[10] 集群中的主要公司已经发展成为现代化的大批量生产工厂。

当地政府在义乌市场的发展中起到了至关重要的作用。它们设立一些专业机构来管理市场。早期,义乌政府设立了一个由政府部门人员组成的管理委员会。1994 年,它们设立了一个市场化的管理公司,叫作浙江中国商品城公司(ZCCC Group),这家公司于 2002 年在上海交易所上市。同时,地方政府部门,如工商行政管理局、质量技术监督局继续与市场保持联系。

为了支持市场交易,管理委员会和管理公司都提供各种公共设施。一方面,1982 年,规范的市场最初开始建立。随着市场扩张,公共设施约束凸显,于是一个新的、第二代市场被建立起来,取代了原先 1982 年建立的市场。从此,新一代市场定期取代原先的市场。现在,义乌市场已经发展到第六代了。另一方面,在 80 年代早期,管理委员会和管理公司对私营中小企业实行去监管。但是它们仍然干预质量控制和造假的曝光,比如在义乌市场。

本章特别关注管理委员会 1992 年的措施。尤其是"一个乡村,一种产品"的出现,直到 1992 年,义乌的第三产业持续扩张。然而,在此之后,第二产业突然开始兴起。1992~1998 年,第二产业的份额从 28.1% 增长至 50.7%(ZUESRG,2008)。1992 年无疑是义乌产业集群发展的转折点。

二、商品归类升级 [11]

商品归类是理解以上结构转变的关键因素。尽管义乌市场已经扩张了好几次,到第三代市场时,商品归类依然十分粗糙。1990 年,市场上 8000 家摊位只被归为四种行业:日用品、服装、针织品和鞋类(YYLGE 办公室,1992)。虽然所有的商品根据行业被划分到特定的区域,但是在其他的商品区域内也能轻易找

从集聚到创新

到同类商品。某些情况下，当摊位主改变，摊位的商品也随之改变。一些和制造商没有稳定关系的小商贩也经常更换他们的生意。结果导致同类商品以不同的价格在市场上不同的区域售卖。在这种混乱的情况下市场机制明显失去了作用。

因此，当1991年计划兴建第四代市场时，管理委员会的主要成员AIC决定设计一种根据行业和位置对义乌市场上售卖的商品的数量和种类进行有效分类的方法（划行归市）。在义乌市场上，所有摊位的所有权归义乌政府所有，摊贩只有使用权。另外，在中国，土地所有权属于公共部门。因此，AIC才能够如他们所想地设计一种归类商品的方法。

对于划行归市，AIC的员工走访了许多部门和五金店来学习通过用途、原材料和组成构造等进行商品归类的方法。他们最终设计出一套将义乌市场划分为8个区域的计划。在这8个区域内可以买卖16个行业的商品。这些行业包括：①服装；②针织品；③鞋；④袜子；⑤丝带；⑥羊毛纱；⑦小五金；⑧装饰品；⑨日用品；⑩雨衣、箱包；⑪体育用品；⑫化妆品和其他医药产品；⑬纽扣、拉链和其他配件；⑭玩具；⑮打火机、手表和电子产品；⑯人造花。[12]

作为执行AIC计划的第一步，在搬进新市场之前，摊位主要注册，获得执照。[13] 然而，开始的时候摊位主并没有行动。他们中的许多人都担心业务范围限制后利润下降。为了解决这个问题，AIC的员工联系了义乌市场上的领头商人，尤其是那些共产党员。最后，大多数摊位主都注册了。

在1992年第四代市场开办以后，AIC继续采取灵活的措施来提升商品的分类。首先，新建的摊位被随机分配给1300多位商人。其次，他们允许所有的商人，不管注册与否，都可进入新市场。从第二个月起，他们开始允许重新售卖或者交易摊位执照。到第三个月，他们要求市场上所有的摊位主出示他们的执照。

通过采取以上措施，义乌市场的环境经历了巨大的变化，导致义乌产业集群的形成。[14]

首先，商品分类刺激了摊位主在专业领域的专业化，因此他们的业务变得更稳定。结果，在1992~1997年，与制造商保持长期关系的摊位主的比例从低于30%增长到53.6%。同时，至少1300名摊位主建立了自己的工厂（Ding，2006a）。

其次，通过将交易同类商品的摊位组织在一起，商人们更有动力去开发新的和更好的商品。例如，1990~1992年，鞋摊位从220个增加到1700个。[15] 据报道，人造花摊位主几乎每天开发一种新产品。

最后，商品分类促使义乌市场扩张。1994年，第四代市场再次扩张。新市场分为13个区，买卖21个行业的商品。[16] 目前，如上所述，市场上有来自43个行业的1901种超过40万件商品。摊位的数量增长至5.8万个。伴随市场的增长趋势，摊位主对制造部门加速投资。

商品分类有广泛的影响。1998年，在浙江如上所述的68个专业市场中，至少18个市场根据行业和区域分类。其中，5个市场的交易量总共为1亿~10亿元，13个市场的交易量不低于10亿元（ZPMCEC，2000）。我们能清晰地观察到市场交易规模和商品分类的相关性。

第四节　丹阳：眼镜集群的案例研究

一、丹阳眼镜集群概况 [17]

丹阳位于江苏省镇江市，是县级城市。它是中国最大的眼镜集群之一。[18] 20世纪30年代至40年代，大量居住在丹阳乡村的农民迁移到上海和苏州，作为学徒在眼镜厂工作。20世纪60年代初开始，一部分农民回到丹阳，并开始制作镜片、镜框和螺丝。之后，丹阳就出现了一些眼镜厂。1977年，丹阳有5家眼镜厂，产量为28.96万副镜片和38.76万副镜框。1985年，乡镇级眼镜厂总共有23家。它们的总产量增至456.31万副镜片和259.25万副镜框，占据中国国内总市场的1/3。

在整个80年代和90年代，丹阳的眼镜集群保持增势。2004年，丹阳眼镜总产值增至30亿元，其中出口占1亿多美元。在眼镜行业工作的工人增至5万人。集群中有超过1000家工厂和贸易公司。其中，400多家生产镜框，70多家生产CR-39塑料镜片，[19] 100多家生产玻璃镜片，20多家生产螺丝，20多家是眼镜盒生产商，以及500家生产贸易公司和其他配套公司。丹阳眼镜商会公布丹阳塑料透镜的国内市场占有率已经超过70%。丹阳玻璃镜片和塑料镜片分别占据80%和50%的世界市场份额（DOCC，2005）。[20]

丹阳的眼镜市场（丹阳市场）是中国最大的眼镜市场，在丹阳眼镜集群的发

展过程中发挥了关键作用。[21] 20 世纪 70 年代，一个交易眼镜产品的小市场在丹阳火车站附近自发形成。1982 年，丹阳市政府 AIC 和火车站附近的村子联合建立了正式的丹阳眼镜市场。1986 年，市场开业，当时只有 35 个摊位。然而，几经扩展，到 2003 年，总的摊位数量已经超过 700 个。同年，市场交易量达到 6.2 亿元。[22] 市场上销售几乎所有与眼镜相关的商品，包括镜片、镜框、配件和测量仪器。

有趣的是，在 1987 年的第一阶段，在丹阳市场上售卖的与眼镜相关的商品中只有 25% 在丹阳生产。然而，到 2002 年，超过 200 家摊位主在市场上营业后都开办了自己的工厂，许多当地的生产商也充分利用这个市场。结果，丹阳市场上，丹阳本地镜片和镜框生产商的份额分别上升至 80% 和 70%。[23] 为了理解丹阳集群的发展，有必要厘清是哪些工厂导致了这种结构变迁。

二、提升质量监控 [24]

理解上述结构变迁中质量监控方面取得的进步是最为重要的。"中国质量万里行"是开始于 1992 年的社会运动。它由中国中央政府、主要的大众媒体及知名公司、学者和技术专家发起。[25] 1995 年，一些中国质量万里行的会员访问丹阳市场，并对眼镜进行检查。非常令人吃惊的是，检查报告表明这个市场的检查合格率为零。[26] 中国 CCTV 和主要的大众媒体都报道了此事，结果导致丹阳集群遭受重创。

在巨大的社会压力下，丹阳政府和丹阳市场管理委员会不得不采取严厉措施来处理质量问题。1996 年 8 月，丹阳市场建立了质量和技术监督部门。[27] 同年 9 月，质量和技术监督管理部及与丹阳市场相关的会员检查了市场上眼镜的质量。[28] 他们确认质量的确非常差。镜片的检查通过率只有 45%，眼镜框的通过率只有 60%。

质量和技术监督管理部断定质量差有两方面的原因：一是质量控制技术差。30% 的劣等商品质量差就是这个原因。例如，丹阳市场的少数摊位能达到当时中国国家眼镜镜片质量标准 GB 10180，许多摊位甚至都没有自己的测量仪器，而这些测量仪器对于生产和镜片销售是必不可少的。

为了提升差的质量控制技术，质量和技术监督部门决定对与丹阳市场相关的所有工厂进行年检。[29] 质量和技术监督部门的员工通常检查所有的生产系统，向工厂主详细讲解问题的所在。

在镜片方面，质量和技术监督部门要求所有拥有镜片工厂的摊位主引进电子镜片测量仪器。[30] 1996 年，每个仪器的单桥为 3 万元。为了防止摊位主无力负担仪器，丹阳市场的质量和技术监督部门作为担保人，要求仪器销售代理商接受延后付款。有时，他们甚至帮助摊位主从顾客那里收债。[31]

二是缺少质量控制意识。质量和技术监督管理部门将此分为两种情况。

第一种情况是由于管理意识弱。具体表现如下：①为了获得更高利润，将 A 产品作为 B 产品售卖；②尽管技术受限制，还用质量低的原材料加工高质量要求的镜片。

第二种情况是极度缺乏商标权意识。1996 年，整个丹阳市场上只有康明和华光两个商标。第一个是一家新加坡公司的品牌，第二个是一家湖北制造公司的品牌。

在这种情况下，质量和技术监督部门采取了以下措施来提升摊位主的质量意识。

第一，质量和技术监督部门组织摊位主圆桌会议。在特定的市场，商人通常基于地域起源而产生联系（Ding, 2006a）。因此，质量和技术监督部门邀请各区域商人团体的主要领导，试图使他们之间建立一种信任关系。之后，质量和技术监督部门的人向他们阐明质量控制的重要性。这种谈话持续了两年。

第二，质量和技术监督部门为丹阳市场上所有的摊位主每一季度举办一次质量控制课程，学费和课本都是免费的。

第三，质量和技术监督部门建议拥有工厂的摊位主注册自己的商标。结果，到 2001 年，400 多家摊位主注册了自己的商标，一些摊位主甚至拥有五个或六个商标。

除了以上临时性措施，质量和技术监督部门对摊位进行常规性的监管和审查。2001 年，每一个月检查镜片一次、每六个月检查镜框一次、每一个月检查眼镜装配一次。[32] 摊位主也没有被检查的提前通知，所有产品都要被检查。如果发现了质量问题，质量和技术监督部门则要求摊位主提升质量。如果第二次检查还有质量问题，丹阳质量和技术监督部门就会发出一份报告。违反者将会被罚10000~100000 元。在一些情况下，摊位主甚至被要求停止生产。[33]

在丹阳市场，不仅质量和技术监督部门，其他部门也主管质量控制问题。例

从集聚到创新

如，AIC 部门重点曝光假冒产品。部门员工可随意参观摊位或其他物流点，如果发现了假冒产品，摊位上的所有产品将会被没收，而且违反者总共会被罚款10000~100000 元不等。[34]

丹阳市场管理委员会的成员有时也加入进来一起处理质量控制问题。每年，在质量和技术监督部门、AIC、税收部门和当地乡村的赞助下在市场举办质量比赛。胜出者将被授予证书。证书放置在他们摊位的明显位置上，作为质量保证吸引顾客。这为摊位主提供了很强的动机去维持质量控制。

经过管理委员会成员的努力，检查通过率平稳增长。1998 年，镜片的检查通过率为 85%，镜框的通过率为 89%（JPZCCE 办公室，1999）。2000 年，丹阳市场荣获江苏省购物放心保障市场的称号。[35] 2001 年 4 月，丹阳市场最好的406 家摊位的检查通过率为：镜片 95%、镜框 98%[36]、老花镜 59.8%[37]。质量的提升恢复了丹阳市场的声誉。市场上新购物者的数量持续增加，于是更多的眼镜商人开始在制造部门投资。

第五节　余姚：模具产业案例研究

一、余姚模具集群概况 [38]

余姚是浙江省宁波市下属的县级市。它是中国最大的塑料产品和模具集群之一。[39] 余姚塑料工厂的出现可追溯到 20 世纪 60 年代在城市中出现的少量的小胶木塑料厂。伴随塑料行业的发展，对模具的需求快速增长。结果到 20 世纪 80年代大量工厂专门生产模具。据中国模具协会公布的数据，20 世纪 80 年代中期，余姚模具生产和铸造的产量占据整个中国市场容量的 1/4。自此以后，余姚就被称为"塑料之乡"和"模具王国"。[40]

20 世纪 90 年代初，为了提升余姚集群，中国轻工业协会（GLIA）投资三千多万元建立了模具公司。公司名为浙江模具生产中心（ZMPC）。ZMPC 接收了一整套能整合生产的模具机械。然而，由于产能并没有完全被利用，且由于一些其他的管理上的原因，公司很快就破产了，在余姚留下了许多技能工人。[41]

为了维持日常生活，大多数工人开始了自己的生意。然而，由于当时与其他公司和社会中介组织的联系弱，这些中小企业不能立即获得原材料，或者获得为外地供应商提供制造过程中一部分产品的订单。因此，他们在相当长的一段时间内处于停滞状态。为了为产业复苏提供支持，余姚政府建立了专门的模具市场。1995 年，在与中国轻工业协会的合作下，中国轻工业（余姚）模具城开业[42]，地址就在 150 家中小企业非正式集聚的地方。

之后，模具产业的中小企业似乎快速发展。1995~2000 年的情况不是很清楚。然而，如表 8-3 所示，2001~2006 年，余姚模具公司的数量从 1000 多家增至 1300 多家，工人也从 2 万多人增加到 4.5 万多人。同时，模具产量从 80 亿元增至 520 亿元。

通过比较余姚集群和余姚市场上模具产业的数量，我们很容易观察到余姚市场和余姚模具集群的关联。如表 8-3 所示，余姚市场新建企业的数量比余姚集群的大，余姚市场上的公司数量增长更迅速。这表明除了新建企业落户于余姚市场之外，许多外面的企业也搬进了余姚市场。换言之，余姚市场成功取代了 ZMPC 提升余姚集群的位置。

表 8-3 余姚模具集群概况

年份	余姚集群产量（百万元）	余姚集群工人数量	余姚集群公司数量	余姚市场公司数量
2001	800	2 万多人	1000 多家	220 家
2002	1530	3 万多人	1200 多家	521 家
2005	3000	5 万多人	1300 多家	658 家
2006	5200	4.5 万人	1300 多家	700 多家

资料来源：2001：CPCIC（2007 年 1 月 17 日访问）；2002：ZQMW（2007 年 1 月 17 日访问）；2005：龚、万（2007 年 1 月 17 日访问）；2006："余姚模具实现一站式服务制造"［余姚模具市场为制造部门提供"一站式服务"］，http://www.chemhello.com（2008 年 1 月 28 日访问）。

二、模具价值链升级

委员会管理余姚市场，委员会成员来自余姚政府的工作人员。借助对委员会活动的分析，我们能详细了解余姚市场如何对余姚集群进行升级。[43] 具体而言，委员会采取了如下措施：

第一，20 世纪 90 年代，管理委员会建立了两个原材料辅助市场，面积大致为 4600 平方米。截至 2007 年，他们已经邀请了 80 多家国内外的原材料生产商在这些市场上设立销售网点，包括上海宝钢和新加坡一胜百钢铁等知名公司。如表 8-4 所示，2001~2005 年，原材料厂商几乎增加了两倍，交易量和原材料重量也相应增加。众所周知，中国金属原材料的价格在这期间急剧上升。在同时期，中国钢的价格上升了 3~4 倍。然而，由于集群公司提供同质产品导致激烈竞争，余姚市场的原材料价格只上升了不超过 1.1 倍。

表 8-4　余姚市场的原材料生意

年份	原材料公司数量	原材料交易量（百万元）	原材料重量（千吨）
2001	40 多家	500 多	少于 60
2005	80 多家	900 多	100

资料来源：2001：CPCIC（2007 年 1 月访问）；2005：龚、万（2007 年 1 月 17 日访问）。

第二，1999 年，管理委员会建立了一个模具技术和机械展览中心。占地 4600 平方米。2006 年，中心展出来自余姚最好的 12 家公司的超过 100 种类型的模具以及其他中小企业的模具。[44] 自 1999 年以来，中心也举办年度模具交易博览会。[45]

第三，2003 年，管理委员会和浙江省科学部门合作设立信息中心，并建立了网站。2006 年，中心已经接受了 13.32 万个会员，发布信息超过 30 万条。[46]

原材料和信息的高获得性促使余姚市场劳动分工深化。如图 8-5 所示，2001~2005 年，模具生产企业双倍增加。同时，模具加工企业增加了 3 倍多。生产原材料的公司及其他类型公司也有所增加。到 2005 年，余姚市场的模具价值链演化到设计、软件开发、金属切削、NC 线、工具、零部件等。每一个制造程序都由专业化的公司进行。

表 8-5　余姚市场劳动分工

年份	余姚市场总公司数量	模具生产公司数量	模具加工公司数量	生产原材料的公司及其他公司的数量
2001	220 家	50 家	100 家	70 家
2005	658 家	超过 100 家	超过 300 家	少于 258 家

资料来源：余姚市场公司总数量：与表 8-3 一样。2001 年的其他数据：邵、丁（2006 年 1 月 17 日访问）。2005 年的其他数据：2006 年对余姚模具协会主席的采访。

劳动分工的深化直接导致生产成本的降低。2002 年，余姚模具价格只有日本的 1/3 和广东省的一半。同年，余姚市场上公司的估价的差异不超过 10%~

15%。[47]

　　最近几年，管理委员会意识到他们在组织模具价值链方面的作用日益增加。2006 年，他们启动了一个将余姚市场建设成为包含"5 个中心 1 个基地"的创新平台的项目。随着项目的开展，市场同时扩大。除了上述展览中心和信息中心，他们还创建了以下机构：

　　第一，管理委员会花费 5000 万建立了一个 5000 平方米的精密加工基地。他们鼓励余姚的顶尖公司将他们不用的机器搬到这里，以便当地的中小企业能分享额外的产能。[48] 另外，当地大学学生也能充分利用这个精密加工空间作为培训中心。到 2007 年 11 月，这里已经引进了 50 套机器。

　　第二，管理委员会与包头技术学校以及余姚教育部门合作建立了技能工人培训中心。2007 年 11 月，中心已经培训了 500 多名模具工人，也引进了 45 名在大学学习 CAD/CAM 等模具技术的学生。[49]

　　第三，管理委员会设立检查和测量中心，以便他们能提供解决技术相关难题的权威报告。此中心和武器科学研究院宁波分院合作分析金属材料的成分，并且和余姚质量技术监督中心合作测量模具的长度和立方含量。

　　第四，管理委员会建立了模具创新研发中心。目前，他们与浙江大学汽车研究所合作引荐新技术；和北京机械研究所开发新软件；和华东理工大学模具国家级实验室合作研究模具的基础理论。

　　综上所述，管理委员会的目的是形成一个平台，推动余姚模具集群的链条治理，即龙头公司在全球价值链中扮演的角色。唯一的不同便是前者是通过市场机制得以实现，后者是依赖大企业的权威来实现。

第六节　结　论

　　在发展中国家，集群发展过程中通常会有大的中断。据笔者的理解，流程图方法最核心的理念就是只提供一个克服各种困难的平台，以便促进集群从不成熟的阶段向下一步前进。

　　由于初始条件不同，会有不同形式的集群支撑平台。典型的流程图方法平台显示，当在一个产业集群里龙头公司占主导，一个精心设计的产业园就能起到这样的平台作用。除了这种典型的平台以外，专业市场案例表明了其他可能性。即当一个集群主要由众多中小企业组成，就更需要能使市场机制顺利运转的平台。分享核心理念，这种专业市场机制能大大丰富流程图方法的框架。

一种可能解释专业市场的理论是市场设计方法。这个领域中成果最突出的McMillan（2002）指出，为了使市场很好地运转，有必要设计一个平台。这个平台拥有五个要素，即信息顺利流动；知识产权得到保护；人们被信任能完成自己的承诺；对第三方的副作用得到抑制；以及竞争被培育。

这种方法也强调如果市场要充分发挥潜力，政府的帮助作用是必需的。就像McMillan所说："为达到成熟的程度，需要明细它（市场）的程序并给予执行它们的机构权利。只有当非正式规则被一些正式规则替代，市场才能充分发挥潜力，交易才能有效进行，复杂的生意也很明晰。"（McMillan，2002）

市场设计方法能很好地解释地方政府在上述三个案例中的作用：

在义乌案例中，AIC有效地将同类商品归类到同一个地方。结果，购买者能轻易获得日用品信息。摊位主也能轻易获得他们的竞争者的信息。因此刺激了进一步的竞争和新的思想。

在丹阳案例中，质量和技术监督部门及其他部门尝试了各种可能的方法来维护市场上眼镜交易的信誉。他们为摊位主提供质量控制信息，也为购买者提供眼镜质量信息。他们鼓励商标注册，通过对质量控制标准的违反者施加罚款来执行规则。结果丹阳眼镜的声誉大大提升。

在余姚案例中，当地政府清楚地认识到余姚市场是支持中小企业的市场基础平台。通过将余姚市场内外的各种机构形成联系，从模具产业上游到下游的相关公司在余姚市场上聚集，建立了劳动力、设备和信息等新市场。因此，更加复杂和精细的模具价值链得以形成。

在上述案例中，政府所为最终都满足了上面五个因素中的一个或者多个。从这种意义上讲，市场设计方法是一个解释专业市场非常合适的理论。然而，凭直觉，我们仍然注意到专业市场案例的市场机制与硅谷（Saxnian，1994；Yonekura，1999）或者第三意大利（Piore & Sabel，1993）的市场机制有相当大的不同。这可以被总结为大型新兴市场和发达国家的差异。最后，我们试图对中国通过市场机制提升他们的集群做出一些尝试性的解释。

第一，中国和发达国家的需求条件相当不同。发达国家的市场潜力相当程度上未知。因此公司需要冒更多的风险和面对更多的失败。相比而言，中国的国内市场规模持续扩大。然而，大部分仍然是低端需求。因此，专业市场的基础设施和制度一旦提高，不仅规模而且交易的内容也大大提升。为了充分挖掘发展中国家的市场潜力，有必要弄清楚中国如何在庞大的国内市场和这些专业市场间形成紧密的联系。[50]

第二，发达国家的市场支撑平台往往不可见、分布广泛（如电商网站或者商业协会）。相比而言，在中国这样的平台形成了一个具体的市场。就像在每个案例中所讲的，当地政府通过充分利用中国土地制度的灵活性和摊位的所有权性质，扩大和改善专业市场的交易空间。为了学习中国的经验，我们必须进一步调查产业集群的土地所有权问题。

第三，当地政府有干预经济发展的强烈动机。他们比公司更有资源和信息，因此更有权力，但是也对私人公司的自主性造成了尽可能少的负面影响。与之相反，在发达国家，公司更有活力，政府的角色被限制在提供法律和其他正式规则。为了充分利用公共部门的潜力，必须阐明中国地方政府活动的特征。

注释

本章的草稿已经作为千叶县日本贸易振兴机构研究所的第 88 号研讨文章发表。

［1］一方面，大多数着眼于发展中国家重要产业集群的研究团队都强调大企业的作用。例如，全球价值链团队认为产业集群通过与国外的龙头公司交易能获得发展机会。他们考察这两者之间的不同关系，并将其归类成模式（见全球价值链倡议网站：http://www.globalvaluechains.org，2006 年 10 月 2 日访问）。另一方面，基于集群的产业发展团队相信发展中国家也能培育他们自己的大公司（Sonobe & Otsuka，2004）。他们对数量扩张阶段激烈的价格竞争之后，一些大企业能出现并带领整个集群迈向质量提升阶段进行了实证研究。

［2］根据 McMillan（2002）本章将市场交易定义为资源交易：每一方都能禁止（遵从市场规则），每一方都能自由地同意这些条款。在这种定义下，自主决策就是判断市场上一笔交易是否基于市场及其市场化程度的关键。根据这个定义，当产业集群由有限的锚公司统领，在同样集群中的中小企业自主决策在一定

从集聚到创新

程度上就受到了限制。因此，这个集群内的大多数交易就不是确切的市场交易。

［3］参见 Fernand Braudel 书中对不同欧洲市场的介绍。

［4］这是一个极大值。

［5］这是一个极小值。

［6］发达国家和发展中国家专门市场的出口份额都已经增加。

［7］想要详细了解义乌市场，请参见 Lu 等（2003）和丁（2006a，2006b）。

［8］义乌是上面提及的浙江 68 个市场之一。如下所述，它被认为是几个专业市场的集群。

［9］20 世纪 70 年代，义乌一些小商贩自发形成了两个周期性的市场。正式的义乌市场由他们其中的一个转化而来。

［10］来自 2007 年 9 月对义乌经济部门官员的采访。

［11］这部分主要基于新华网（2006）以及 2007 年 9 月笔者对何樟兴的采访，自 1992 年，他一直掌管 AIC。下面关于义乌市场的段落中，只有当引用其他来源时，来源才被注明。

［12］1992 年的分类计划的数据引用自张等（1993）。

［13］何先生没有详细说明如何注册。假设摊位的范围直到那时没有被严格固定。

［14］以下三点主要由何樟兴提出来，在这章中被重新组织和强化。

［15］1990 年鞋摊的数量引自 YYLGE 办公室（1992）。

［16］1994 年的数据引自 ZPZHD 委员会（1997）。

［17］丹阳集群的概况主要基于 XU 和 XU（2005）。笔者也参与了他们的工作。2001 年以来，笔者也完成了在丹阳自己领域的工作。以下关于丹阳集群概况的段落，只有当引自于其他作者时，才标注来源。

［18］其他典型的眼镜集群是浙江省的杜桥集群和温州集群，以及广东省的深圳集群。

［19］塑料镜片的产量总共为 15 亿副。

［20］塑料镜片的数据同样来自这一个来源。对精确的全球数据而言，这些数据的可信度仍需检查。

［21］丹阳集群位于江苏省的南部。这个区域工业化的模式与浙江东北部的模式相似（丁，2006a）。因此，从浙江 68 个市场得出的专业市场的基本特征也

可以适用于这个市场。

[22] 如下所述，这个市场的大量摊位主都有自己的工厂。在第一次交易后，大多数购买者跳过市场，与工厂直接交易。因此，丹阳市场的交易量份额并没有丹阳集群的大。

[23] 本段基于 2002 年 5 月笔者对丹阳市场上一个摊位主的采访。

[24] 本部分主要基于 2001 年 4 月笔者对丹阳市场上质量技术监督部门负责人的采访。以下关于丹阳市场质量控制的段落，只有当其资料来源是引用自他处时才注释。

[25] 此次运动重点强调对假冒伪劣产品的披露。为了获得真实信息，ZZW 成员将在没有提前通知的情况下参观工厂、市场，或者部门商店，并在这些地方整体检测商品的质量。结果在中国大众媒体上发布。

[26] 根据采访，这个市场上的大多数摊位在那一天关闭了商店。这个数据仅仅基于对三个摊位的检测结果。

[27] 这个部门的所有员工都来自丹阳市的质量技术监督部门。

[28] 包括公安局、工商业办公厅、税务局和当地媒体。

[29] 当然，他们的活动仅限于在丹阳。

[30] 大多数仪器是由日本制造商 TOPCON 制造的。

[31] 截至 2001 年，我们采访过的丹阳市场质量技术监督部门的负责人已经帮助了 22 个摊位主。

[32] 然而，没有检查这部分。

[33] 这条关于罚款的信息来自 2001 年 4 月对丹阳市场上一个摊位主的采访。

[34] 这条关于 AIC 的信息来自 2001 年 4 月对丹阳市场上一个摊位主的采访。

[35] 江苏省只有四个市场赢得了这个头衔。

[36] 剩余的 2%是仿货。

[37] 剩余摊位主的眼镜（大多数是太阳镜、近视镜及其零部件）一般是从其他的产业集群购买的，比如温州。这些摊位的合格率为 60%，仍然较低。

[38] 这部分主要基于 2006 年 7 月我们对余姚市场管理委员会副经理和余姚模具协会副总经理的采访。以下关于余姚模具产业概况的段落只有当资料来源是别处的时候才注明。

[39] 浙江台州黄岩集群的模具产业也很知名。

[40] 关于中国模具协会的信息引自 CPCIC（2007 年 1 月 17 日进入）。

[41] 关于 ZMPC 的信息部分引自 Shao 和 Ding（2002，2007 年 1 月 17 日进入）。

[42] 余姚市场是上述浙江 68 个市场之一。购买者通常去这个市场直接下单，本章我们将这个区域作为专业市场处理。同时，由于大多数摊位主在本市场内生产模具，余姚市场有时也被认为是产业园。

[43] 这部分主要基于 2006 年 7 月我们对余姚市场管理委员会副经理和余姚模具协会副总经理的采访。以下关于余姚模具产业概况的段落只有当资料来源是别处的时候才注明。

[44] 关于展览中心用途的信息引自 Gong 和 Wan（2007 年 1 月 17 日进入）。

[45] 关于交易博览会的信息引自 ZQMW（2007 年 1 月 17 日进入）。

[46] 关于会员数量的数据和零件的信息引自 Gong 和 Wan（2007 年 1 月 18 日进入）。

[47] 余姚模具价格的信息引自中国模具网（2007 年 1 月 18 日进入）。

[48] 如果余姚只有一台机器，空间的使用将没有任何费用，并且所有者将得到补贴。如果余姚有不低于两台的同类型机器，所有者则被要求对空间使用付一些费用。当然，中小企必须付租赁费用。

[49] 关于加工过程和培训中心的精确的细节引自"余姚模具实现'一站式'服务制造"（余姚模具市场为制造部门提供"一站式"服务）（http://www.chemhello.com，2008 年 1 月 28 日进入）。

[50] 关于此问题，Ding（2006b）提供了关于义乌集群国内分销体系的完整研究案例。

参考文献

China Moulds Net "Yuyao Mojucheng Chenggong Mijue" [The Key to Success of Yuyao Moulds City]，http://www.tyzb.corn.cn/info8710.htm（accessed 18 January 2007）.

China Plastic City Information Center（CPCIC）"Zhongguo Qinggong Momu Cheng–Mojucheng Jianjie" [Brief Introduction to China Light Industrial（Yuyao）Moulds City]，http://cpe.21cp.net/zgqgmjc/jianjie.htm（accessed 17 January 2007）.

Danyang Optical Chamber of Commerce (DOCC) (2005) Danyang Glasses-China. Danyang: Docc.

Ding, Ke (2006a) Gendai Chuugoku niokeru Sanchikeisei Bunseki no Tame no Ichishiron [A Study on the Formation of Industrial Clusters in Modern China]. Nagoya University, Doctoral thesis.

Ding, Ke (2006b) "Distribution System of China's Industrial Clusters: Case Study of Yiwu China Commodity City," IDE Discussion Papers, No. 75, Chiba: IDE-JETRO.

Gong, Ning and Keda Wan (2006) "Suliao Wanguo Zhanling Mojuye Zhigaodian" [Yuyao: A "Plastic Kingdom" that Occupied a Commanding Height of the Moulds Industry], http://unn.people.con.cn/GB/14748/4955645.html (Original source is East China News, accessed 17 January, 2007).

Jiangsu Province Zhenjiang City Chronicles Editing Office (JPZCCE Office) (1999) Zhengjiang Nianjian 1999 [Zhengjiang Yearbook 1999]. Beijing: Fangzhi Press.

Jin, Xiangrong (2004) "Sekkoushou niokeru Sengyouka Sangyouku" [The Industrial Districts in Zhejiang Province], in Chuugoku Kougyouka no Nosonteki Kiso: Choukou Karyuuiki wo Chuxin ni [Rural Basis of Chinese Industrialization: With Particular Reference to Downstream Yangtze River Areas], Takeuchi Johzen Ed. Nagoya University East Asian Study Series I. Nagoya: Nagoya University East Asian Industrialization Research Project, pp. 9-37.

Jin, Xiangrong (2007) "Zhejiangsheng de Chanyejiqun-Yingdui Chanyeshengji Tiaozhan de Zhongxiaoqiye" [The Industrial Clusters in Zhejiang-Challenge to Industrial Upgrading and Local SMEs], in Dangqian Zhongguo Chanyeshengji Qushi Yanjiu [A Study on the Trend of Industrial Upgrading in China], ed. The Research Project on Chinese Enterprises: The Quest for Industrial Upgrading amid Transition, Chiba: IDE-JETRO, JRP Series, pp. 31-104.

Kuchiki, Akifumi and Masatsugu Tsuji (Eds.) (2005) Industrial Clusters in Asia: Analyses of Their Competition and Cooperation. London: Palgrave-Macmillan.

Kuchiki, Akifumi and Masatsugu Tsuji (Eds.) (2008) Flowchart Approach to

从集聚到创新

Industrial Cluster Policy. London: Palgrave. Macmillan.

Lu, Lijun, Xiaohu, Bai and Zuqiang Wang (2003) Shichang Yiwu–Cong Ji-maohuantang Dao Guoji Shangmao [Market Yiwu–From Jimaohuantang (Exchange of the Feathers of Roosters with Sugar) to International Business]. Hangzhou: Zhejiang Peoples Press.

McMillan, John (2002) Reinventing the Bazzaar. New York: W.W. Norton & Company.

Piore, Michel J. and Sabel, Charles F. (trans. Yamanouchi Yasushi, Ishida Atsumi, and Nagai Koichi) (1993) The Second Industrial Divide: Possibilities for Prosperity. Tokyo: Chikuma Press.

Saxenian, Annalee (1994) Regional Advantage. Cambridge: Harvard University.

Shao, Jie and Zhiming Ding (2007) "Yuyao Moju Cheng de Chengben Youshi Laizi Nali?" [Where Did Yuyao Moulds City Gain Its Cost Advantage?], http://www.zjol.com.cn/gb/node2/node43163/node44855/node74692/node74697/userobject15ai747904. html (accessed 17 January, 2006).

Sonobe, Tetsushi and Keijiro Otsuka (2004) Sangyou Hatten no Rutu to Senryaku–Nicchutai no Keiken ni Manabu [Roots and Strategies of Industrial Development–Lessons from the East Asian Experience]. Tokyo: Chiizumi Press.

Xinhuanet Jiangsu Channel (2006) "Siwei Gongchen Zonglun Yiwu Shichang De QianshiJinsheng (Xia)" [Four Persons of Merit Talk About the History of the Yiwu Market (Ⅱ)], http://www.zj.xinhuanet.com/tail/2006–06/07/content_7202907.htm (accessed 16 January 2007).

Xu, Yuanming and Zhiming Xu (2005) "Zhonguo Jiangsusheng Nabu Diqu Chanyejiju Diaochabaogao" [A Research Report on the Industrial Clusters in the South Part of Jiangsu Province, China], A Joint Study Report Submitted to Nagoya University, East Asian study project (unpublished).

Yiwu Yearbook Leading Group of Editing Office (YYLGE Office) (eds.) (1992) Yiwu Nianjian (1986–1990) [Yiwu Yearbook (1986–1990)], pp. 257, 261.

Yonekura, Seiichiro (1999) Keiei Kakumei no Kouzou [The Structure of the Managerial Revolution]. Tokyo: Iwanami Shinsho.

"Yuyao Mojucheng Shixian 'Yizhanshi' Fuwu Zhizao" [The Yuyao Mould Market Provides "One Stop Service" to the manufacturing sector], http://www.chemhello.corn (accessed 28 January 2008).

Zhang Wenxue. et al. (Eds.) (1993) Yiwu Xiaoshangpin Shichang Yanjiu—Shehuizhuyi Shichangjingji zai Yiwu de Shijian [A Study on Yiwu Commodity Market—The Practice of the Socialist Market Economy in Yiwu]. Beijing: Qunyan Press, pp. 267–269.

Zhejiang China Commodity City Group Co., Ltd. (ZCCC Group) (eds.) (2006) 2006 Nian Zhongguo Xiaoshangpincheng Shangpin Mulu [Commodities Catalogue of China Commodity City in 2006]. Yiwu: ZCCC Group.

Zhejiang Province Market Chronicle Editing Committee (ZPMCEC) (eds.) (2000) Zhejiangsheng Shichang Zhi [Zhejiang Province Market Chronicle]. Beijing: Chronicle Press.

Zhejiang Province Zhengxie Historical Data Committee (ZPZHD Committee) (Eds.) (1997) Xiaoshangpin, Dashichang —Yiwu Zhongguo Xiaoshangpincheng Chuangyezhe Huiyi [Small Commodities, Big Market—the Memoirs of the Founders of Yiwu China Commodity City]. Hangzhou: Zhejiang Peoples Press, p. 97.

Zhejiang University Economics School Research Group (ZUESRG) (2008) "Yiwu Huangyan Diqu de Chanyejiqun: Yingdui Chanyeshengji Tiaozhan de Zhongxiaoqiye"[The Industrial Clusters in Yiwu and Huangyan: Challenge to Industrial Upgrading and Local SMEs]. In the Research Group on the Reform and Upgrading of Chinese Enterprises, ed. Dangqian Zhongguo Chanye Shengji Qushi Fenxi: Hangye Anli Yanjiu(ii) [An Analysis on the Trend of Industrial Upgrading in Current China: Case Study of Industries (ii)]. Chiba: Institute of Developing Economies, Japan External Trade Organization (IDE–JETRO), Joint Research Program Series 144.

Zhongguo Qinggong Moju Wang (ZQMW) "Zhongguo qinggong momu Cheng" [China Light Industrial (Yuyao) Moulds City], http://www.mouldscity.net/city/jl.htm (accessed 17 January 2007).

产业集群和职业培训拓展创新能力：来自泰国曼谷大城区制造业的证明 第九章

町北友广

第一节 引 言

本章研究基于人力资源的区域内部能力建设。产业集群政策的流程图方法已经发现能力建设是产业集群政策成功的关键因素。尤其是人力资源开发已经是区域增长战略的主要要素。区域经济和国民经济的人力资源能力建设方面已经做了大量努力。接下来我们所需要的是分析研究区域内部的能力建设。尽管本书的第一部分也研究了大学—产业联动的知识，但是对基于公司提供的培训的能力建设方法却知之甚少。最近几年人们对公司提供培训作为拓展创新能力的来源之一的兴趣复兴，公司提供培训在激励内生技术进步和采取新措施方面起着基础性的作用。然而似乎缺乏关于培训的集聚经济的研究。

本章用泰国曼谷大城区产业集群的数据估计基于公司提供培训的集聚经济的作用。曼谷大城区的产业集群在利用当地劳动力条件上有独特的一面。笔者发现根据流动率的高低，有若干种不同的产业集群类型。笔者检验基于流动性的产业集群类型是否与公司提供不同的培训有关。这次检验显示如下成功的产业集群政策不同的意义：集群公司和产业被认为是区域增长背后的驱动力。进一步地，通过提升搭配质量，劳动力市场在区域发展中也起着显著的作用。集群公司和产业也激励关于商品质量和劳动力信息的传播。产业集群内商品交易和员工流动导致知识和思想在公司和员工中溢出。相比而言，集群并不总是区域增长的灵丹妙药。劳动力挖掘降低了在培训方面的合理投资，从而导致人力资本的投资不足，这时集群公司就不能引领基于现任工人技能提升的区域增长。这就是政策制定的中心问题。产业集群政策的流程图方法需要检验是否有证据表明由于存在集群内劳动力挖掘，更少的培训有更高的流动率。

我们要仔细考察研究和政策的背景。Markusen（1996）回顾了当地劳动力市场条件与几种产业区种类之间的关系。Markusen 假设由于产业区内劳动力市场灵活性的不同，不同类型的产业区有不同的劳动流动率。Markusen（1996）没有清晰地阐述创新的证据、新技术的采用或职业培训，因为她只聚焦于劳动力流动和集聚经济的关系。基于劳动的集聚理论需要严谨的关于培训的实证证据的积累。Brunello 和 Gambarotto（2007）提出了同样的问题，并使用英国的数据检验了基于雇主提供培训的空间集聚负效应。来自英国的证据表明在经济集聚区培训更少。Brunello 和 de Paola（2008）也提出了搜索配对培训模型，并利用意大利公司的数据集检验是否经济集聚区的劳动力流动减少了培训。意大利的证据表明有更高劳动力市场密集度的地方提供了更少的培训。劳动力密集度根据每平方千米员工的数量来测量。有趣的是，Brunello 和 de Paola（2008）基于集聚经济和培训提出本地知识溢出共生的可能性。这使培训发生率和本地劳动力密集度形成积极相关性。然而，这种效应比外部挖掘降低公司提供的培训的效应小。

本章的目的在于考察在创新能力建设方面，公司提供培训发生率的高密度劳动力市场效应。为此，笔者证实了培训发生率在更高流动率的产业集群并不多。笔者也证实了培训的收益在流动率更高的产业集群更低。仔细研究不同劳动力密集度水平的公司提供培训的集群政策是有用的。Kuchiki 和 Tsuji（2005，2008）关于产业集群的流程图方法强调培养创新不仅需要产业集聚，还需要产学联系。但是问题在于并不是像这种方法所示那样简单。产业集群形成的流程图方法缺乏劳动力市场密集度的负面效应分析。产业和工人的集聚激励工人更高的流动率。这也激励公司提供更少的培训。为了实施基于集群的能力建设政策，有必要了解集聚和培训的相关性。本章是集群内能力建设方面流程图方法的必要补充。[1]

本章的结论概括如下。实证方法非常简单。我们用 Probit 模型对产业集群在职培训和脱产培训虚拟变量以及个体特征进行回归；一方面，相比于食品行业，汽车零部件行业提供了更多的在职培训和脱产培训。另一方面，计算机和硬盘驱

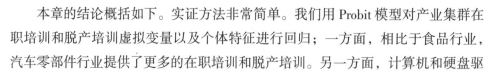

动器行业提供了更少的在职和脱产培训。因为雇佣的员工大多在 40 岁以下，计算机和硬盘驱动器行业的平均任期通常比食品和汽车零部件行业的短。每个行业的平均任期代表劳动力流动率，劳动力流动率更高的行业与公司提供更少的培训之间有相关性。笔者从劳动力挖掘中总结出这个结果。培训收益在决定在职和脱产培训上起着关键作用。如果培训收益不能覆盖培训成本，公司则放弃培训，转向从产业集群挖掘。接下来，通过对工资进行回归，笔者发现在高流动率的行业培训收益更低的证据。有两种方法对计算机和硬盘驱动行业公司提供的培训少进行解释：①高流动率降低了对人力资源投资的激励；②培训收益低也降低了对人力资源投资的激励，并增加了从公司外部挖掘的激励。后者在解释高流动率行业的培训收益低的现象上非常有用。挖掘和流动降低了员工任期。然而，笔者不能识别劳动力流动和培训收益主要的两种随机影响。如果基于特定行业的人力资本假设有效，那么工人趋向于在行业内跳槽。劳动力市场密集度和特定产业人力资本激励了曼谷大城区员工在同一行业内不同公司的流动。

本章的贡献在于概括了产业集群内职业培训类型的特征。曼谷大城区的案例研究为理解为何不同类型的产业集群有不同的培训提供了清楚的证据。这对经济地理方面关于培训和技能开发的文献做出了关键贡献。

本章组织如下：第二节陈述相关文献；第三节描述了一个简单的模型，推导关于劳动力密集度和职业培训经得起检验的假设；第四节显示了数据集的结构；第五节陈述培训发生率和培训收益的实证结果；在第六节，我们对本章进行总结，讨论了一些遗留问题，以及基于研究结果的进一步的政策问题。

第二节　相关文献

本章与两条研究路线相关：①基于集聚的劳动理论；②产业集群形成和升级的流程图方法。这种方法强调校集群内企业之间的联系。本节的最后部分，将阐述基于集群的劳动理论来开发产业集群政策的重要性。

产业和工人集聚导致劳动力市场正的和负的外部性。目前，对实物资本和人力资本投资之间货币外部性已有相当数量的研究，对集群内知识溢出的技术外部性也已有实证研究。这是集聚经济的正外部性。集群内劳动力市场密集度的外部性影响企业培训广为人知,这就是培训的外部性也是聚集经济的负外部性。尽管对于制定集群政策来说,集聚的因果很重要,但是缺乏必要文献评估集群公司人力资源积累的负外部性。关于跨集群企业培训的文献在发展中国家也不常见,尽管欧洲国家已经做过这方面的大量研究。实际原因在于很难从企业内收集有关企业和个人层面培训的合适数据。本章通过利用雇主—雇员数据集和考虑企业培训负外部性克服了这些难点。非欧洲发展中国家的劳动力流动更频繁,尤其是泰国,因此泰国提供了理解此问题的独特案例。

在此,我们介绍研究企业培训和培训外部性关系的相关实证文献。最近有两篇重要文献。第一篇,Brunello 和 Gambarotto(2007)提出了关于类似培训及挖掘的问题。他们探讨当地雇佣密集度是否影响企业培训,阐释其成果的一个假设便是企业培训外部性。如果这个效应在劳动力密集的地方更强,那么培训的现象就更少。另外一个假设是本地知识溢出和技能的互补性。基于集聚经济的本地知识溢出使得企业培训更有效。如果这种互补性在劳动力密集度更高的地方更强,那么就表明在劳动力密集的地方培训更多并且培训的收益更大。Brunello 和Gambarotto(2007)利用英国的数据检验了企业培训空间集聚的负外部性。英国的证据表明在劳动力密集度更高的区域培训更不频繁。这个结果表明由于聚集经济导致的企业培训负外部性比由此导致的企业培训效率的提升更强。

Brunello 和 Gambarotto(2008)也陈述了一个本地劳动力市场框架内的搜寻配对模型,估计了培训配对模型中经济密集度。Brunello 和 Gambarotto(2008)通过利用意大利公司的数据集检验了劳动力密集度更高的地区劳动力流动率是否减少了职业培训。来自意大利的证据表明劳动密集度更高的省份培训更少。劳动力密度通过每平方千米的劳动力数量来测量。与 Brunello 和 Gambarotto(2007)一样,Brunello 和 Gambarotto(2008)认为在基于聚集经济的本地知识外溢和培训之间存在互补性。这使得培训和劳动力密集度之间存在正相关。然而,这种效应比降低企业培训的企业培训外部性效应更小。

Brunello 和 Gambarotto(2007),Brunello 和 Gambarotto(2008)都强调在劳动力密集度更高的地区培训收益更高的重要性。因为本地知识外溢和技能的互补性产生了更多的有效职场培训。这些研究在探究培训的空间密度效应上很成功,但是没有完全考察培训收益的现象。笔者试图利用个人工资数据,不仅探析企业培训外部性现象，而且探析培训收益。为了理解每个集群培训的收益，个人工资数据集十分关键。总体的数据集不能为我们提供跨集群的培训收益信息。

关于集聚和培训还有一些重要的理论文献。Moean 和 Rosen（2004）通过采用内生性流动率和内生人力资本的形成，在竞争性搜寻均衡模型中描述了劳动力市场结果的有效性。考察了有关培训的有效协调设置的重要性。Moean 和 Rosen（2004）最惊人的贡献在于他们证明当流动率非常高，而且在普通培训上的投资非常少的情况下，个人和总体层面的培训被合理限制。如果员工和公司之间签订长期契约，就能提升内部效率。这与 Acemouglu（1997）的发现形成了鲜明对比。Acemouglu 发现，由于公司和未来的员工之间无法达成契约，普通培训投资不足，他强调开展培训的搜寻障碍的副作用。这个结果对于政策制定者来说同样也是难题，因为培训津贴是无效的，而且减少了福利。尽管笔者没有检验 Moen 和 Rosen（2004）的结论，但是在第六节基于实证估计，探讨了培训补贴政策的含义。同时，考察企业培训外部性的程度也是重要的问题。Almazan 等（2007）已经清晰地开发了一个企业培训模型。这个模型将企业位置选择作为内生性因素；并且从理论上分析了产业集群的形成和集群内人力资本的创造。他们显示了基于培训成本以及培训成本在员工和企业之间的分担的企业集聚和分散的条件。

最后，我们阐释了制定产业集群政策来研究基于劳动理论的聚集的重要性。流程图方法是制定一系列公共政策来促进产业集群形成所使用的前沿方法之一。Kuchiki 和 Tsuji（2005，2008）的文章首先提出此方法。不幸的是，流程图方法并没有在劳动市场得到应用。我们也没有完全理解集群内龙头公司、支撑公司和工人的政策效应对当地经济发展的作用。如果技能能在当地流动，创新活动就可能在当地兴起。目前技能交易是本地创新的重心。本章基于劳动的聚集框架能够帮助制定一系列根据劳动市场的当地公共政策。Fujita（2008）阐述了一个关于创新活动聚集的令人印象深刻的讨论，用来描述不同人群或脑力劳动者供需之间的循环因果关系。

发展中国家的聚集，尤其是泰国，也已经从形成产业集群转换为升级集群。Brimble 和 Doner（2007）以及本书的第一部分强调了产学联合是集群升级的重要源泉。Kuchiki 和 Tsuji（2005，2008）同样也强调了高校和研究机构对企业的知识外溢效应。本章结论中也探讨了产学联合。

第三节　集群公司和职业培训

本节聚焦聚集在创新能力建设活动中的作用。这个问题是理解集群公司和工人的内生性研发和创新机制的中心。理解内生性研发和创新机制在利用流程图方法制定一系列符合逻辑的本地创新政策方面起着关键作用。

在这部分，笔者描述了一个简单的模型。通过这个模型得到了实证假设。尽管关于企业培训已有大量实证研究，但是关于劳动力密集市场对企业培训的外部性的研究还较少。[2] 时机、位置、生产的框架十分简单。例如，将两个公司分置于不同劳动力密集度的市场。一方面，对于员工来说，劳动力市场密集意味着在企业间更高水平的流动率。与劳动力市场密集度更高相对应，工人能够在不同公司寻找更好的工作。另一方面，企业也能从劳动力市场寻找和雇佣更好的员工。劳动力密集度高的市场为企业和员工的搜寻和配对提供了正的外部性。如果的确如此，在劳动力更密集的市场，配对的平均质量应该更高。

更进一步地，让我们假设一个公司处于劳动力密集度高的市场，而另外一个处于劳动力密集度较低的市场。每个公司用员工作为输入来提供同样的竞争产品。不同的员工有不同的生产效率。如果公司能够雇佣生产效率更高的员工，那么公司的生产效率也更高。生产效率高的员工得到更高的工资。时期也很简单：两个时期。时期1开始时，每个公司关于培训有两种选择：①公司为新员工提供普通培训项目，以使他们变成更有生产效率的员工；②公司不提供任何培训。为了简单起见，在此不区分在职培训和脱产培训。时期1结束后的生产效率取决于员工以前的技能水平。时期2开始，培训结果就出来了。另外一个潜在的公司在时期2开始时就能花费必要的搜寻配对成本找到和雇佣受过培训的员工。培训公司就处于被挖掘的外部威胁中。劳动力更密集的市场的公司能从众多求职者中选择具有生产率的员工，因为我们假设劳动力更密集的市场的事前平均生产率比劳动力不密集的市场高。如果搜寻配对成本不是足够高，那么位于劳动力密集市场的公司在培训方面的最优战略就是不对培训投资。[3] 这个基本的框架遵循如下企业培训外部性 Probit 模型。

从集聚到创新

$$Pr\,(T=1) = 1 - P_t$$

其中，T 为培训发生率变量，当其为 1 时，表示企业为员工提供培训；当其为 0 时，表示企业不为员工提供培训。P 为描述劳动力密集市场的企业培训外部性。这是基于上述基本框架的第一个可实证验定的假设。当公司决定是否培训以及培训的频率时，公司技术或行业差异带来的培训收益的不同对于公司来说也是重要的。通过以下实证模型考虑培训收益异质性的影响。

$$Pr\,(T=1) = 1 - P + \theta_t$$

其中，θ 表示特定行业的培训收益。我们通常无法获得培训收益可观测的数据。本章试图估计培训收益，并阐释培训收益不同的影响。假设单个工人的生产率为 ω，它等于工资的对数。用以下方程式估计公司和员工的培训收益。培训发生率积极影响公司的生产率和员工工资。

$$\omega = logW = \beta_0 + \beta_1 T + \beta_2 X + \theta I + u_t$$

其中，X 和 u 分别是个人被观测到的特征和个人未被观测到的特征。为了使论证更为简洁，在实证研究中我们聚焦于劳动力市场的挖掘效应和不同行业的培训收益的差异。[4] 实证假设总结如下：

基本假设：

高流动率的行业通常不进行培训，而且其培训收益较低。

第四节 数　据

一、数据来源

笔者利用的是 ADBI-KIER 对特定泰国制造业企业的员工教育和培训调查得到的数据集。Ariga 和 Brunello（2006）也利用了这个数据集。他们在 2001 年 7 月对泰国大城区的 20 家制造业企业进行了雇主—雇员配对调研。样本行业有四类制造商：食品加工、汽车零部件、硬盘驱动和计算机零部件。调研中主要的变量是企业培训、工资以及在雇主层面难以观测的个体特征。此外，还回顾分析了1998~2001 年收集的数据。如果食品加工行业公司的新技术采用水平与硬盘驱动或者计算机零部件行业的公司有差异，则这些公司的企业培训也不同。正因如此，不仅采集行业、晋升、员工职业生涯以及家庭背景的信息，而且采集新技术使用和培训发生率的信息。

2001 年 7 月，20 家公司同意参加调研：①5 家公司来自食品加工行业；②5 家公司来自汽车零部件行业；③6 家公司来自个人计算机行业；④4 家公司来自硬盘驱动行业。这些公司每家都拥有 100 人以上的员工，而且硬盘驱动行业的公司拥有 1000 多名员工。之前的研究以及这次研究都考虑到这不是泰国统计上的典型样本。[5] 然而，这些是泰国当前主要的制造业和出口产业。因为出口导向的产业面临国际竞争，它们采用新技术和创新性的人力资源管理政策保持竞争力。因此，我们可以负责任地说它们提供了更多更频繁的培训以便采用新技术和新制度。

在此对数据的基本特征做一解释。按照简单的标准，对于受教育程度而言，男性员工的平均受教育年限是 12.9 年；女性员工的受教育年限则为 10.66 年。调研样本中的制造业员工的受教育年限比普通泰国人口的受教育年限长。这表明受教育程度是这些行业的雇佣标准之一，也表明这些行业中以年轻员工为主。男性员工平均工资为每月 14386 泰铢，女性员工平均工资为每月 9347 泰铢。生产性员工的平均工资为每月 8915 泰铢，非生产性员工的平均工资为每月 16023 泰铢。

二、统计描述

在下一步利用 Probit 和 OLS 估计进行实证分析之前，先对一些重要的统计变量进行描述。在此我们也将得出本章的初步结论。表 9-1 表明了 2001 年在职培训（OJT）发生率的概括统计。这主要是根据在外部劳动力市场经验的年限和现任雇主下工作的任期年限。在外部劳动力市场的经验并非潜在经验，且并不包含在现任雇主下工作的任期年限。表 9-1 有总体、生产性员工和非生产性员工三种职业分类。表 9-1 表明在外部劳动力市场拥有很长经验的员工，如超过 20 年（39.5%）没有 OJT。即在公司内任期很长的员工，如超过 20 年（33.3%）并没有比公司内任期更短的员工接受更多的 OJT。公司提供的培训更多地针对在现任雇主手下工作的在外部没有经验的员工（0~4 年 60.5%，5~9 年 66.5%）以及任期很短的员工（0~4 年 64.5%，5~9 年 58.3%），如新员工。这个趋势对于生产性员工和非生产性员工都适用。生产性员工和非生产性员工在 OJT 方面的差异在于，

从集聚到创新

外部劳动力市场经验的年限和任期年限的影响。非生产性员工没有 OJT，原因在于他们拥有更多外部公司经验或者在现在公司拥有更多经验，如员工拥有 15~19 年，甚至 20 年经验和任期。相比于生产性员工，非生产性员工的这种替代效应更强。[6]

表 9–1　生产性员工和非生产性员工外部劳动力市场经验和任期、培训发生率统计描述：
2001 年在职培训发生率（N = 1867）

whole						
	Outside			Tenure		
Years	Obs	Mean	Std.dev.	Obs	Mean	Std.dev.
0~4	974	0.605	0.489	844	0.645	0.479
5~9	525	0.665	0.473	657	0.583	0.493
10~14	206	0.602	0.491	304	0.612	0.488
15~19	86	0.57	0.498	41	0.512	0.506
Over 20	76	0.395	0.492	21	0.333	0.483

Production						
	Outside			Tenure		
Years	Obs	Mean	Std.dev.	Obs	Mean	Std.dev.
0~4	577	0.652	0.477	592	0.667	0.472
5~9	400	0.69	0.463	445	0.634	0.482
10~14	164	0.604	0.491	202	0.639	0.482
15~19	68	0.676	0.471	24	0.583	0.504
Over 20	69	0.42	0.497	12	0.333	0.492

Non–production						
	Outside			Tenure		
Years	Obs	Mean	Std.dev.	Obs	Mean	Std.dev.
0~4	397	0.537	0.499	249	0.59	0.493
5~9	124	0.581	0.495	211	0.474	0.501
10~14	42	0.595	0.497	102	0.559	0.499
15~19	18	0.167	0.383	17	0.412	0.507
Over 20	7	0.143	0.378	9	0.333	0.5

资料来源：ADBI–KIER 员工调研。

表 9-2　生产性员工和非生产性员工外部劳动力市场经验和任期、培训发生率统计概要：
2001 年脱产培训（N = 1867）

whole						
	Outside			Tenure		
Years	Obs	Mean	Std.dev.	Obs	Mean	Std.dev.
0~4	974	0.677	0.468	844	0.609	0.488
5~9	525	0.602	0.49	657	0.633	0.482
10~14	206	0.631	0.484	304	0.701	0.459
15~19	86	0.558	0.5	41	0.659	0.48
Over 20	76	0.421	0.497	21	0.714	0.463

Production						
	Outside			Tenure		
Years	Obs	Mean	Std.dev.	Obs	Mean	Std.dev.
0~4	577	0.652	0.477	595	0.578	0.494
5~9	400	0.558	0.497	445	0.587	0.493
10~14	164	0.604	0.491	202	0.639	0.482
15~19	68	0.529	0.503	24	0.708	0.464
Over 20	69	0.391	0.492	12	0.833	0.389

Non-production						
	Outside			Tenure		
Years	Obs	Mean	Std.dev.	Obs	Mean	Std.dev.
0~4	397	0.713	0.453	249	0.683	0.466
5~9	124	0.742	0.439	211	0.73	0.445
10~14	42	0.738	0.445	102	0.824	0.383
15~19	18	0.667	0.485	17	0.588	0.507
Over 20	7	0.714	0.488	9	0.556	0.527

资料来源：ADBI-KIER 员工调研。

　　表 9-2 为脱产培训（OFFJT）的数据。相比于在现任公司外部拥有较少经验的员工，在现任公司外部拥有更多经验的员工没有更多的 OFFJT。任期对 OFFJT 的影响则相当不同：任期更长的员工比任期短的员工接受更多的 OFFJT。对于生产性员工来说，随着外部劳动力市场经验的增多，OFFJT 逐渐减少。但任期不是如此。随着任期增加，OFFJT 有轻微的增长。在现任公司外部的经验和内部的经验的影响是如此不同。对于非生产性员工来说，OFFJT 急速降低，因为其经验并不比生产性员工的经验多。在外部公司拥有很多经验的员工与拥有较少经验的员

从集聚到创新

工得到一样的培训。随着员工任期增加，非生产性员工得到的 OFFJT 集聚下降。在员工中，任职 0~14 年的，82.4%接受到 OFFJT，而任职 15 年以上的员工，接受到 OFFJT 的低于 60%。总而言之，对于 OFFJT，外部劳动力市场经验的影响和任期的影响非常不同。OFFJT 的提供与外部劳动力市场经验的年限之间呈现负相关。对于生产性员工而言，这种负相关更强。而 OFFJT 与任期之间呈现正相关。

表 9-3　2001 年 7 月生产性员工和非生产性员工外部劳动力市场经验和任期的工资对数统计概要：月工资对数（N = 1864）

whole						
	Outside			Tenure		
Years	Obs	Mean	Std.dev.	Obs	Mean	Std.dev.
0~4	972	9.031	0.569	843	8.757	0.561
5~9	525	8.896	0.593	656	9.018	0.554
10~14	205	8.843	0.591	303	9.21	0.608
15~19	86	8.834	0.616	41	9.202	0.652
Over 20	76	8.487	0.687	21	9.561	0.504

Production						
	Outside			Tenure		
Years	Obs	Mean	Std.dev.	Obs	Mean	Std.dev.
0~4	577	8.86	0.501	594	8.596	0.464
5~9	400	8.749	0.463	445	8.827	0.41
10~14	163	8.692	0.439	202	9.059	0.536
15~19	68	8.685	0.51	24	9.053	0.438
Over 20	69	8.357	0.466	12	9.508	0.465

Non-production						
	Outside			Tenure		
Years	Obs	Mean	Std.dev.	Obs	Mean	Std.dev.
0~4	395	9.282	0.57	249	9.14	0.588
5~9	124	9.374	0.708	210	9.424	0.602
10~14	42	9.426	0.733	101	9.511	0.633
15~19	18	9.395	0.67	17	9.412	0.84
Over 20	7	9.77	1.154	9	9.631	0.573

资料来源：ADBI-KIER 员工调研。

表 9-3 表明了 2001 年 7 月工资对数的平均水平及其生产性工人和非生产性工人各自工资对数的标准差。有趣的是，对于生产性工人而言，外部劳动力市场

经验年限和任期之间的工资情况大为不同。拥有更多外部劳动力市场经验的员工的工资比拥有较少外部劳动力市场经验的员工的工资低。这表明企业人力资本有收益，或者公司的工资按资历发放。对于非生产性员工而言，外部劳动力市场经验对工资水平的影响是正向的；非生产性员工更多的经验带来更高的工资；任期对工资水平的影响也是正向的。

最后，表 9-4 表明了样本员工的流动率。表 9-4 根据行业和职业，分别显示了教育年限、潜在经验年限、外部经验年限和现任公司任期情况。一共有四个行业的两种职业状况：40 岁以下的生产性员工和非生产性员工。最令人惊讶的是现任公司任期在行业之间的差异。任期的平均年限是测量一个行业流动率的手段之一。更短的任期意味着行业有更高的流动率。在大城区，每一个行业形成一个产业集群。四个集群的范围在地理上受到限制。更高的流动率意味着一个产业集群的企业培训外部性更高。在汽车零部件行业，平均任期最高，整个样本的平均任期为 6.393，其中生产性员工为 6.147，非生产性员工为 6.845。与之相反，PC和 HDD 行业的现任公司任期更短。PC 行业整体样本的平均任期为 4.816。其中，生产性员工为 4.639；非生产性员工为 5.228。HDD 行业整体样本的平均任期为4.875。其中，生产性员工为 5.021；非生产性员工为 4.597。PC 和 HDD 行业的证据清晰地表明了更短的平均任期。PC 和 HDD 行业的流动率比食品加工和汽车零部件行业的流动率高。值得注意的是，在调查的年份，PC 和 HDD 行业为了满足大量需求创造了很多工作岗位。不能忘记，实证结果表明，这个行业的增长降低了行业的平均任期。

从集聚到创新

表 9-4　按行业和职业：工作任期和先前经验

	Food			Auto parts			PC			HDD		
	Obs	Mean	Std.dev.	Obs	Mean	Std.dev.	Obs	Mean	Std.dev.	Obs	Mean	Std.dev.
全部样本	444	10.401	3.808	440	13.243	2.208	452	12.212	2.729	447	12.378	2.802
	444	12.367	7.100	440	9.491	4.616	452	10.615	5.207	447	10.336	5.081
	444	6.721	5.981	440	3.202	2.736	452	5.854	4.317	447	5.517	4.249
	444	5.736	5.063	28	6.393	3.796	452	4.816	3.784	447	4.875	3.092
生产工人	323	9.418	3.604	285	12.481	2.101	316	11.427	2.595	292	11.281	2.486
	323	13.034	7.169	285	9.660	4.749	316	11.022	5.124	292	11.137	5.171
	323	7.526	6.263	285	3.618	2.937	316	6.443	4.407	292	6.147	4.434
	323	5.573	4.948	285	6.147	3.821	316	4.639	3.699	292	5.021	2.910
非生产工人	121	13.025	2.902	155	14.645	1.646	136	14.037	2.088	154	14.481	2.074
	121	10.587	6.618	155	9.181	4.360	136	9.669	5.296	154	8.805	4.561
	121	4.570	4.518	155	2.439	2.129	136	4.485	3.773	154	4.312	3.607
	121	6.174	5.355	155	6.845	3.721	136	5.228	3.957	154	4.597	3.414

注：本表为 2001 年按距行业和职业的潜在经验年限、外部经验年限、任期年限的统计概要。
资料来源：ADBI-KIER 员工调研。

第五节 结 论

一、劳动力流动率更高的行业培训发生率更低

检验聚集经济对职业培训的影响有若干种方法。一是比较聚集度更高的地区和不那么高的地区的培训发生率，像 Brunello 和 Gambarotto（2007）以及 Brunello 和 de Paola（2008）分别利用英国和意大利的数据做的那样。二是比较劳动力市场比较密集且具有活力的产业集群和劳动力不那么密集且不那么具有活力的产业集群。本章采用后一种方法检验聚集经济对企业培训的影响。这种方法的优势在于研究者可以考虑发展中国家的地理特征。发展中国家的经济地理，尤其是泰国的公司，与英国或意大利的案例形成对照。大城区公司和产业的聚集与发达国家的公司聚集形成鲜明对比。泰国的产业密集区几乎拥有所有的产业，这使得研究者比较产业较密集的地区和产业不那么密集的地区的培训发生率比较困难。取而代之，笔者做了两个不同的假设。首先，假设当地劳动力市场的范围受限于大城区。其次，假设人力资本是基于特定行业的。这两种假设使得我们可以比较特定产业当地劳动力市场密集度的差异。笔者考察了产业集群的特征对培训的影响。我们估计的基本回归为，2001 年在职和脱产培训发生率回归为产业集群虚拟变量：控制 40 岁以下工人个体特征，然后比较食品、PC 和 HDD 产业与汽车零部件行业。正式的案例研究和对管理者的采访表明产业集群内 40 岁以上员工的培训和流动率都不频繁。本章利用案例研究限制估计样本，用单个工人父母的教育年限代表单个工人的吸收能力。这些代表用以测量职业培训的效率。

在表 9-5 中，通过估计系统地调查了行业不同与职业培训发生率的相关性。兴趣估计系数是食品（PC 和 HDD），行业哑变量等于 1，如果员工属于大城区的食品（PC 和 HDD）产业集群。表 9-5 列（1）估计了产业集群对 OJT 发生率的基本影响。基本影响没有标明产业集群之间的差异，因为忽略了与产业集群哑变量相关的具体变量。表 9-5 列（7）估计了在控制个人能力代表的情况下，产业集群对 OJT 的基本影响。结果显示食品和 PC 集群没有比汽车零部件集群提供更多的

OJT。根据表 9-5 的（3）~（7）栏，食品集群为员工提供的 OJT 比汽车零部件集群低 20 个百分点。PC 集群为员工提供的 OJT 也比汽车零部件集群低 19 个百分点。这些提供了对不同产业集群的稳健估计。HDD 行业提供的 OJT 比汽车零部件行业大约高 9 个百分点，但是这并不显著。其他的协方差表明教育年限和任期年限对 OJT 发生率有负效应。生产性员工和非生产性员工的区别并不影响 OJT 发生率。

表 9-5 行业对培训发生率的影响，因变量：2001 年 OJT 发生率二项式（Probit）

	（1）	（2）	（3）	（4）	（5）	（6）	（7）
	Dependent：OJT incidence = 1，otherwise 0						
Food	−0.05 (0.06)	−0.079 (0.086)	−0.201 (0.091)*	−0.231 (0.092)*	−0.215 (0.092)*	−0.223 (0.093)*	−0.22 (0.093)*
PC	−0.163 (0.085)	−0.06 (0.089)	−0.15 (0.091)	−0.193 (0.093)*	−0.194 (0.093)*	−0.198 (0.093)*	−0.199 (0.093)*
HDD	0.194 (0.087)*	0.159 (0.088)	0.136 (0.088)	0.089 (0.089)	0.099 (0.090)	0.096 (0.090)	0.093 (0.090)
Female		0.301 (0.067)**	0.184 (0.073)*	0.201 (0.073)**	0.185 (0.074)*	0.183 (0.074)*	0.182 (0.074)*
Years of education			−0.047 (0.011)**	−0.051 (0.012)**	−0.043 (0.013)**	−0.045 (0.013)**	−0.045 (0.013)**
Years of tenure				−0.029 (0.008)**	−0.027 (0.008)**	−0.027 (0.008)**	−0.027 (0.008)**
Production workers					0.127 (0.074)	0.128 (0.074)	0.129 (0.075)
Years of father's education						0.009 (0.009)	0.014 (0.010)
Years of mother's education							−0.013 (0.009)
Constant	0.319 (0.061)**	0.135 (0.073)	0.837 (0.185)**	1.062 (0.197)**	0.868 (0.227)**	0.835 (0.231)**	0.899 (0.234)**
Observations	1783	1783	1783	1783	1782	1782	1782

注：本表列出了关于 2001 年所有样本 OJT 发生率 Probit 回归得到的估计系数。括号内是稳健的标准差。* 表示在 5%的水平上显著；** 表示在 1%的水平上显著。

资料来源：ADBI-KIER 员工调研。

表 9-6 和表 9-7 显示了按照职业的产业集群对 OJT 发生率的影响。表 9-6 考察了生产性员工的 OJT 发生率。表 9-6 考察了生产性员工的 OJT 发生率。表 9-6 的（1）~（6）栏，HDD 集群提供的培训比汽车零部件集群提供的多 24%~33%。与汽车零部件集群相比，没有明显的证据表明食品和 PC 集群提供的培训较多。

在表 9-7 中，研究了产业集群对有技能的专业人员 OJT 发生率的不同影响。非生产性员工的 OJT 发生率与生产性员工的 OJT 发生率形成鲜明对比。表 9-7 的栏（1）显示了基本效应，即食品集群为非生产性员工提供的 OJT 比汽车零部件集群少 47.7%；而 PC 集群则少 35.8%。表 9-7（2）~（6）栏，稳健地表明食品和 PC 集群对非生产性员工提供更少的 OJT。

表 9-6　行业对生产性员工培训发生率的影响，因变量：2001 年 OJT 发生率二项式（Probit）

	(1)	(2)	(3)	(4)	(5)	(6)
Dependent：OJT incidence＝1，otherwise 0 for production workers						
Food	0.119 (0.105)	0.143 (0.105)	0.049 (0.114)	0.029 (0.115)	0.025 (0.115)	0.033 (0.115)
PC	−0.077 (0.104)	0.097 (0.116)	0.028 (0.121)	−0.002 (0.122)	−0.004 (0.122)	−0.012 (0.123)
HDD	0.336 (0.110)**	0.314 (0.110)**	0.285 (0.111)**	0.254 (0.112)*	0.254 (0.112)*	0.244 (0.112)*
Female		0.332 (0.091)**	0.259 (0.098)**	0.281 (0.099)**	0.28 (0.099)**	0.268 (0.100)**
Years of education			−0.029 (0.015)*	−0.032 (0.015)*	−0.034 (0.015)*	−0.035 (0.015)*
Years of tenure			−0.025 (0.010)**	−0.025 (0.010)**	−0.026 (0.010)**	
Years of father's education					0.005 (0.011)	0.015 (0.012)
Years of mother's education						−0.026 (0.011)*
Constant	0.317 (0.076)**	0.052 (0.105)	0.478 (0.237)*	0.655 (0.249)**	0.635 (0.254)*	0.779 (0.261)**
Observations	1216	1216	1216	1216	1216	1216

注：本表列出了关于 2001 年所有样本 OJT 培训发生率的 Probit 回归得到的估计参数系数。括号里是稳健的标准差。* 表示在 5% 的水平上显著；** 表示在 1% 的水平上显著。

资料来源：ADBI-KIER 员工调研。

表 9-7　行业对非生产性员工培训发生率的影响：2001 年 OJT 发生率二项式（Probit）

	(1)	(2)	(3)	(4)	(5)	(6)
Dependent：OJT incidence＝1，otherwise 0 for Non-production workers						
Food	−0.477 (0.154)**	−0.553 (0.161)**	−0.592 (0.164)**	−0.651 (0.167)**	−0.669 (0.168)**	−0.661 (0.168)**
PC	−0.358 (0.149)*	−0.355 (0.149)*	−0.375 (0.150)*	−0.44 (0.154)**	−0.449 (0.154)**	−0.451 (0.154)**

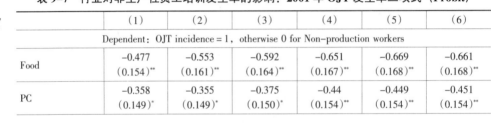

续表

	（1）	（2）	（3）	（4）	（5）	（6）
Dependent：OJT incidence = 1，otherwise 0 for non-production workers						
HDD	−0.057 （0.145）	−0.098 （0.147）	−0.095 （0.148）	−0.176 （0.153）	−0.188 （0.153）	−0.186 （0.153）
Female		0.199 （0.115）	0.16 （0.119）	0.179 （0.120）	0.173 （0.120）	0.162 （0.120）
Years of education			−0.032 （0.025）	−0.048 （0.027）	−0.053 （0.027）*	−0.053 （0.027）*
Years of tenure				−0.034 （0.014）*	−0.034 （0.014）*	−0.034 （0.014）*
Years of father's education					0.017 （0.015）	0.01 （0.016）
Years of mother's education						0.017 （0.016）
Constant	0.321 （0.103）**	0.268 （0.107）*	0.748 （0.392）	1.202 （0.445）**	1.164 （0.447）**	1.095 （0.453）*
Observations	566	566	566	566	566	566

注：本表列出了关于 2001 年所有样本 OJT 培训发生率 Probit 回归得到的估计参数系数。括号里是稳健的标准差。* 表示在 5%的水平上显著；** 表示在 1%的水平上显著。

资料来源：ADBI-KIER 员工调研。

与之相比，表 9-8 则描述了 OFFJT 发生率的结果。表 9-6 的（1）栏表明了基本的事实，相较于汽车零部件集群，HDD 集群没有提供 OFFJT。当在表 9-8 的（2）~（7）栏控制住个体特征后，这种效应消失。表 9-9 和表 9-10 分别表示生产性员工和非生产性员工的 OFFJT 发生率。表 9-9 的 （1）栏陈述了基本的结果，即相较于汽车零部件集群，HDD 集群对生产性员工也没有提供 OFFJT。表 9-9 的（1）~（2）栏的估计表明 HDD 集群为生产性员工提供的 OFFJT 比汽车零部件集群的少 24%。然而，当在（3）~（6）栏控制住更多的个体特征后，这种效应消失。与表 9-9 针对生产性员工的结论相反，产业集群之间非生产性员工 OFFJT 发生率的差异并不显著。

总而言之，实证结果表明：①在高流动率的产业集群中，非生产性员工的 OJT 发生率更低，尤其是在 PC 集群中；②在高流动率的产业集群中，即 HDD 集群中，生产性员工整体样本的 OFFJT 发生率并不频繁。

表 9-8　行业对培训发生率的影响，因变量：2001 年 OFFJT 发生率二项式（Probit）

	(1)	(2)	(3)	(4)	(5)	(6)	(7)
	Dependent：OFFJT incidence = 1，otherwise 0						
Food	-0.016 (0.087)	-0.002 (0.087)	0.11 (0.092)	0.135 (0.093)	0.105 (0.094)	0.092 (0.094)	0.091 (0.094)
PC	0.049 (0.087)	-0.008 (0.090)	0.072 (0.093)	0.107 (0.094)	0.11 (0.094)	0.104 (0.095)	0.105 (0.095)
HDD	-0.186 (0.086)*	-0.167 (0.086)	-0.145 (0.087)	-0.108 (0.088)	-0.129 (0.088)	-0.134 (0.088)	-0.132 (0.088)
Female		-0.162 (0.067)*	-0.056 (0.073)	-0.068 (0.073)	-0.04 (0.075)	-0.043 (0.075)	-0.042 (0.075)
Years of education			0.042 (0.011)**	0.045 (0.011)**	0.03 (0.012)*	0.027 (0.012)*	0.027 (0.012)*
Years of tenure				0.022 (0.008)**	0.02 (0.008)*	0.02 (0.008)*	0.02 (0.008)*
Production workers					-0.221 (0.076)**	-0.22 (0.076)**	-0.221 (0.076)**
Years of father's education						0.015 (0.009)	0.012 (0.010)
Years of mother's education							0.008 (0.009)
Constant	0.404 (0.062)**	0.506 (0.075)**	-0.111 (0.183)	-0.283 (0.193)	0.048 (0.224)	-0.011 (0.228)	-0.049 (0.232)
Observations	1783	1783	1783	1783	1782	1782	1782

注：本表列出了 2001 年非生产性员工 OFFJT 培训发生率 Probit 回归得到的估计系数。（1）~（2）栏针对所有职业。括号里是稳健的标准差。* 表示在 5% 的水平上显著；** 表示在 1% 的水平上显著。

资料来源：ADBI-KIER 员工调研。

表 9-9　行业对生产性员工培训发生率的影响，因变量：2001 年 OFFJT 发生率二项式（Probit）

	(1)	(2)	(3)	(4)	(5)	(6)
	Dependent：OFFJT incidence = 1，otherwise 0 for production workers					
Food	0.045 (0.104)	0.039 (0.104)	0.149 (0.113)	0.169 (0.114)	0.165 (0.114)	0.165 (0.114)
PC	0.066 (0.105)	0.022 (0.115)	0.101 (0.120)	0.126 (0.121)	0.125 (0.121)	0.125 (0.121)
HDD	-0.248 (0.105)*	-0.242 (0.105)*	-0.209 (0.107)	-0.183 (0.108)	-0.183 (0.108)	-0.183 (0.108)
Female		-0.082 (0.090)	0.001 (0.098)	-0.015 (0.098)	-0.016 (0.098)	-0.016 (0.098)
Years of education			0.033 (0.014)*	0.035 (0.014)*	0.034 (0.014)*	0.035 (0.014)*

从集聚到创新

续表

	(1)	(2)	(3)	(4)	(5)	(6)
Dependent：OFFJT incidence = 1，otherwise 0 for production workers						
Years of tenure				0.02 (0.009)*	0.02 (0.010)*	0.02 (0.010)*
Years of father's education					0.005 (0.011)	0.004 (0.011)
Years of mother's education						0.001 (0.010)
Constant	0.299 (0.075)**	0.366 (0.105)**	−0.113 (0.231)	−0.254 (0.241)	−0.276 (0.246)	−0.282 (0.252)
Observations	1216	1216	1216	1216	1216	1216

注：本表列出了 2001 年生产性员工 OFFJT 培训发生率 Probit 回归得到的估计系数。括号是稳健标准差。* 表示在 5%的水平上显著；** 表示在 1%的水平上显著。

资料来源：ADBI–KIER 员工调研。

表 9–10　行业对非生产性员工培训发生率的影响，因变量：2001 年 OFFJT 发生率二项式（Probit）

	(1)	(2)	(3)	(4)	(5)	(6)
Dependent：OFFJT incidence = 1，otherwise 0 for non−production workers						
Food	−0.102 (0.161)	−0.087 (0.167)	−0.075 (0.170)	−0.047 (0.173)	−0.082 (0.174)	−0.07 (0.174)
PC	0.065 (0.159)	0.064 (0.159)	0.07 (0.160)	0.11 (0.162)	0.091 (0.163)	0.091 (0.163)
HDD	−0.063 (0.152)	−0.054 (0.154)	−0.056 (0.154)	−0.009 (0.158)	−0.034 (0.159)	−0.03 (0.159)
Female		−0.04 (0.120)	−0.027 (0.124)	−0.035 (0.124)	−0.048 (0.125)	−0.06 (0.125)
Years of education			0.01 (0.026)	0.02 (0.027)	0.009 (0.027)	0.009 (0.028)
Years of tenure				0.02 (0.015)	0.02 (0.015)	0.02 (0.015)
Years of father's education					0.035 (0.016)*	0.025 (0.018)
Years of mother's education						0.023 (0.018)
Constant	0.61 (0.108)**	0.621 (0.113)**	0.467 (0.408)	0.19 (0.452)	0.108 (0.458)	0.008 (0.464)
Observations	566	566	566	566	566	566

注：本表列出了 2001 年生产性员工 OFFJT 培训发生率 Probit 回归得到的估计系数。括号是稳健标准差。* 表示在 5%的水平上显著；** 表示在 1%的水平上显著。

资料来源：ADBI–KIER 员工调研。

二、高流动率的集群培训收益低

现在，探讨在高流动率的集群培训不被提供的原因。例如，相比于汽车零部件行业，PC 和 HDD 集群就是如此。一个例外就是食品集群。食品集群的目标受众主要是国内市场，而且其运营也是劳动密集型，替代工作而去培训的机会成本比其他行业更高。PC 和 HDD 集群的目标主要是在国外市场销售产品。相比于汽车零部件集群，PC/HDD 集群和食品集群培训发生率低的原因并不相同。

接下来，笔者将阐述更高流动率的行业培训收益更低的证据。为此，根据培训年限和其他协变量对 2001 年工资的对数进行了基本的回归。我们所感兴趣的估计的系数是 2000 年培训发生率和产业集群的交互作用项：OJT lengt × Food；OJT length × PC；OJT length × HDD。表 9-1 包含重量级证据。表 9-11 的（1）栏，变量 OJT length × Food 表明 PC 集群的培训收益比汽车零部件集群的培训收益少3 个百分点。（3）~（7）栏也显示了稳健的证据表明在控制了个体特征后，PC 集群的培训收益也比汽车零部件集群的培训收益低 1.8~2.2 个百分点。HDD 集群的培训收益也是负向的，这与高流动率的 PC 集群的情况相一致。然而，这在表 9-11 的（1）~（7）栏并不显著。

表 9-11　OJT 时长与产业工资对数的交互影响，因变量：2001 年 7 月工资的对数

	（1）	（2）	（3）	（4）	（5）	（6）	（7）
Log of wage per month in 2001							
OJT length in 2000	0.045 (0.008)**	0.031 (0.007)**	0.029 (0.007)**	0.027 (0.005)**	0.024 (0.005)**	0.024 (0.005)**	0.024 (0.005)**
Food	−0.337 (0.052)**	−0.33 (0.048)**	−0.084 (0.048)	−0.013 (0.044)	−0.04 (0.045)	−0.051 (0.045)	−0.051 (0.045)
PC	0.017 (0.056)	−0.161 (0.057)**	−0.008 (0.053)	0.086 (0.045)	0.08 (0.043)	0.076 (0.043)	0.075 (0.043)
HDD	−0.053 (0.054)	−0.021 (0.048)	0.035 (0.045)	0.125 (0.039)**	0.112 (0.039)**	0.11 (0.039)**	0.11 (0.039)**
OJT length in 2000 × Food	0.026 (0.014)	0.032 (0.012)**	0.009 (0.011)	0.005 (0.010)	0.011 (0.010)	0.012 (0.010)	0.011 (0.010)
OJT length in 2000 × PC	−0.03 (0.012)*	−0.02 (0.011)	−0.02 (0.010)*	−0.022 (0.008)**	−0.018 (0.008)*	−0.018 (0.008)*	−0.018 (0.008)*
OJT length in 2000 × HDD	−0.018 (0.012)	−0.012 (0.010)	−0.016 (0.009)	−0.015 (0.008)	−0.012 (0.008)	−0.013 (0.008)	−0.013 (0.008)
Female		−0.423 (0.037)**	−0.232 (0.036)**	−0.258 (0.033)**	−0.235 (0.032)**	−0.235 (0.032)**	−0.233 (0.032)**

续表

	（1）	（2）	（3）	（4）	（5）	（6）	（7）
	Log of wage per month in 2001						
Years of education			0.074 (0.006)**	0.084 (0.005)**	0.073 (0.006)**	0.071 (0.006)**	0.071 (0.006)**
Years of tenure				0.054 (0.003)**	0.052 (0.003)**	0.052 (0.003)**	0.052 (0.003)**
Production workers					−0.182 (0.033)**	−0.177 (0.032)**	−0.177 (0.032)**
Years of father's education						0.012 (0.004)**	0.01 (0.004)**
Years of mother's education							0.004 (0.004)
Constant	8.884 (0.040)**	9.209 (0.050)**	8.127 (0.087)**	7.666 (0.086)**	7.937 (0.097)**	7.874 (0.099)**	7.852 (0.103)**
Observations	1074	1074	1074	1074	1073	1073	1073
R-squared	0.15	0.27	0.39	0.43	0.54	0.55	0.55

注：本表列出了 2001 年非生产性员工 OFFJT 培训发生率 Probit 回归得到的估计系数。（1）~（2）栏针对所有职业。括号里是稳健的标准差。* 表示在 5% 的水平上显著；** 表示在 1% 的水平上显著。

资料来源：ADBI-KIER 员工调研。

表 9-12 和表 9-13 分别表述了在不同行业，关于生产性员工和非生产性员工的 OJT 时长的收益的结论。表 9-12 的（1）~（3）栏，生产性员工 OJT lengt × Food 的系数表明比汽车零部件集群低 2.9~4.5 个百分点。生产性员工 OJT lengt × PC 的系数和生产性员工 OJT lengt × HDD 的系数是负的，且不显著。表 9-13 的（2）栏，非生产性员工 OJT lengt × Food 的系数比汽车零部件集群低 4 个百分点。

表 9-12　OJT 时长与生产性员工及工资对数的交互影响
因变量：2001 年 7 月工资的对数（OLS）

	（1）	（2）	（3）	（4）	（5）	（6）
	Low of wage per month in 2001 for production workers					
OJT length in 2000	0.025 (0.010)*	0.018 (0.008)*	0.017 (0.008)*	0.021 (0.006)**	0.021 (0.006)**	0.021 (0.006)**
Food	−0.22 (0.050)**	−0.25 (0.049)**	−0.066 (0.054)	0.008 (0.048)	0.004 (0.048)	0.004 (0.048)
PC	0.03 (0.054)	−0.14 (0.059)*	−0.01 (0.058)	0.093 (0.048)	0.092 (0.048)	0.092 (0.048)
HDD	−0.012 (0.045)	−0.007 (0.045)	0.047 (0.044)	0.123 (0.037)**	0.126 (0.037)**	0.126 (0.037)**

	（1）	（2）	（3）	（4）	（5）	（6）
	Low of wage per month in 2001 for production workers					
OJT length in 2000 × Food	0.045 (0.017)**	0.045 (0.015)**	0.029 (0.014)**	0.015 (0.011)	0.014 (0.011)	0.014 (0.012)
OJT length in 2000 × PC	−0.005 (0.013)	−0.001 (0.012)	−0.003 (0.011)	−0.012 (0.008)	−0.013 (0.008)	−0.013 (0.008)
OJT length in 2000 × HDD	−0.013 (0.013)	−0.011 (0.011)	−0.013 (0.010)	−0.015 (0.009)	−0.016 (0.009)	−0.016 (0.009)
Female		−0.308 (0.045)**	−0.181 (0.043)**	−0.193 (0.040)**	−0.194 (0.040)**	−0.193 (0.040)**
Years of education			0.051 (0.007)**	0.061 (0.006)**	0.06 (0.006)**	0.06 (0.006)**
Years of tenure				0.052 (0.003)**	0.052 (0.003)**	0.052 (0.003)**
Years of father's education					0.005 (0.003)	0.005 (0.003)
Years of mother's education						0.001 (0.003)
Constant	8.742 (0.036)**	9.022 (0.058)**	8.295 (0.104)**	7.84 (0.099)**	7.813 (0.099)**	7.81 (0.103)**
Observations	767	767	767	767	767	767
R-squared	0.1	0.18	0.27	0.47	0.47	0.47

注：本表引自 2001 年 7 月工资对数相关 OLS 估计的系数。稳健标准差见括号内。* 表示在 5% 的水平上显著；** 表示在 1% 的水平上显著。

资料来源：ADBI-KIER 员工调研。

表 9-13　OJT 时长与非生产性员工及工资对数的交互影响
因变量：2001 年 7 月工资的对数（OLS）

	（1）	（2）	（3）	（4）	（5）	（6）
	Low of wage per month in 2001 for non-production workers					
OJT length in 2000	0.032 (0.012)**	0.027 (0.011)*	0.025 (0.010)**	0.021 (0.008)*	0.019 (0.008)*	0.019 (0.008)*
Food	−0.651 (0.117)**	−0.555 (0.113)**	−0.32 (0.102)**	−0.198 (0.098)*	−0.226 (0.100)*	−0.231 (0.101)*
PC	−0.055 (0.114)	−0.074 (0.114)	−0.01 (0.098)	−0.096 (0.084)	0.084 (0.083)	0.07 (0.082)
HDD	−0.153 (0.119)	−0.086 (0.114)	−0.088 (0.102)	0.064 (0.096)	0.021 (0.094)	0.008 (0.093)
OJT length in 2000 × Food	0.037 (0.025)	0.041 (0.020)*	0.011 (0.025)	0.018 (0.020)	0.021 (0.022)	0.023 (0.021)
OJT length in 2000 × PC	−0.029 (0.029)	−0.029 (0.029)	−0.025 (0.021)	−0.019 (0.015)	−0.018 (0.017)	−0.017 (0.016)

续表

	（1）	（2）	（3）	（4）	（5）	（6）
	Low of wage per month in 2001 for production workers					
OJT length in 2000 × HDD	0.005 （0.017）	0.005 （0.016）	0.001 （0.014）	−0.001 （0.013）	0.004 （0.012）	0.006 （0.012）
Female		−0.317 （0.066）**	−0.154 （0.061）*	−0.232 （0.059）**	−0.225 （0.057）**	−0.226 （0.056）**
Years of education			0.114 （0.014）**	0.137 （0.014）**	0.132 （0.014）**	0.133 （0.014）**
Years of tenure			0.056 （0.007）**	0.054 （0.007）**	0.055 （0.008）**	
Years of father's education					0.026 （0.008）**	0.019 （0.008）*
Years of mother's education						0.016 （0.009）
Constant	9.303 （0.082）**	9.424 （0.085）**	7.729 （0.205）**	7.043 （0.220）**	6.946 （0.217）**	6.873 （0.229）**
Observations	306	306	306	306	306	306
R-squared	0.21	0.27	0.4	0.51	0.53	0.54

注：本表引自 2001 年 7 月工资对数相关 OLS 估计的系数。稳健标准差见括号内。* 表示在 5% 的水平上显著；** 表示在 1% 的水平上显著。

资料来源：ADBI-KIER 员工调研。

最后，表 9-14 表明了高流动率和低流动率行业的 OFFJT 时长的收益的基本影响。我们所感兴趣的估计系数为 OFFJT lengt×Food；OFFJT length×PC；OFFJT length×HDD。在表 9-14 的（1）~（7）栏，OFFJT lengt×Food 的系数是正的，并且是显著的。与之相反，OFFJT length×PC 的系数和 OFFJT length×HDD 的系数是不显著的。这些稳健的估计表明，相比于汽车零部件集群，食品集群的 OFFJT 时长的收益高，但是这在 PC 和 HDD 集群中就消失了。表 9-15 和表 9-16 分别显示了产业集群中生产性员工和非生产性员工培训收益不同的证据。

表 9-14　OFFJT 时长与产业工资对数的交互影响，因变量：2001 年 7 月工资的对数（OLS）

	（1）	（2）	（3）	（4）	（5）	（6）	（7）
	Low of wage per month in 2001						
OJT length in 2000	0.037 （0.039）	0.004 （0.024）	0.002 （0.024）	0.012 （0.016）	0.014 （0.016）	0.013 （0.016）	0.013 （0.016）
Food	−0.589 （0.088）**	−0.522 （0.084）**	−0.252 （0.069）**	−0.121 （0.061）*	−0.151 （0.060）*	−0.167 （0.060）**	−0.169 （0.060）**

	（1）	（2）	（3）	（4）	（5）	（6）	（7）
	Low of wage per month in 2001						
PC	−0.099 (0.064)	−0.266 (0.056)**	−0.084 (0.052)	−0.017 (0.042)	−0.015 (0.040)	−0.02 (0.040)	−0.02 (0.040)
HDD	−0.148 (0.065)*	−0.101 (0.050)*	−0.042 (0.046)	0.072 (0.038)	0.062 (0.037)	0.062 (0.037)	0.062 (0.037)
OFFJT length in 2000 × Food	0.302 (0.088)**	0.29 (0.088)**	0.224 (0.065)**	0.131 (0.054)*	0.144 (0.053)**	0.149 (0.053)**	0.151 (0.054)**
OFFJT length in 2000 × PC	0.023 (0.043)	0.033 (0.032)	0.018 (0.030)	0.001 (0.024)	0.002 (0.022)	0.004 (0.022)	0.004 (0.023)
OFFJT length in 2000 × HDD	−0.021 (0.044)	0.009 (0.030)	0.004 (0.028)	−0.015 (0.020)	−0.018 (0.020)	−0.018 (0.020)	−0.017 (0.019)
Female		−0.503 (0.035)**	−0.283 (0.033)**	−0.293 (0.030)**	−0.266 (0.030)**	−0.268 (0.029)**	−0.269 (0.029)**
Years of education		0.089 (0.005)**	0.1 (0.005)**	0.088 (0.005)**	0.085 (0.005)**	0.085 (0.005)**
Years of tenure				0.054 (0.003)**	0.052 (0.003)**	0.052 (0.003)**	0.052 (0.003)**
Production workers					−0.183 (0.030)**	−0.179 (0.030)**	−0.179 (0.030)**
Years of father's education						0.012 (0.004)**	0.009 (0.004)*
Years of mother's education							0.008 (0.004)*
Constant	9.086 (0.053)**	9.429 (0.048)**	8.114 (0.082)**	7.606 (0.080)**	7.876 (0.091)**	7.826 (0.092)**	7.801 (0.093)**
Observations	1249	1249	1249	1249	1248	1248	1248
R−squared	0.07	0.23	0.4	0.53	0.55	0.55	0.56

注：本表引自 2001 年 7 月工资对数相关 OLS 估计的系数。稳健标准差见括号内。* 表示在 5% 的水平上显著；** 表示在 1% 的水平上显著。

资料来源：ADBI−KIER 员工调研。

表 9−15 中最突出的和理论一致性的证据是（1）~（3）栏都显示生产性员工 OFFJT length × PC 的系数和生产性员工 OFFJT length × HDD 的系数显著为负。OFFJT lengt × Food 的系数被估计为显著为负。培训收益大小也十分重要。相比于汽车零部件集群，食品集群的培训收益要低 17.2~21.7 个百分点。PC 集群的培训收益要低 19.4~24.9 个百分点；HDD 集群的则低 27.2 个百分点。在表 9−15 的（4）~（6）栏中，稳健的证据表明在对吸收能力采取控制措施后，OFFJT length × HDD 的系数是显著为负的。表 9−16 显示了非生产性员工的实证结果。表 9−16

(1)~(7) 栏，估计的 OFFJT length × Food 的系数显著为正。非生产性员工 OFFJT length × PC 的系数和 OFFJT length × HDD 的系数不显著。在接下来的部分，将利用实证结论来得出并评估模型的政策含义。

表 9-15　OFFJT 时长与生产性工资对数的交互影响因变量
2001 年 7 月工资的对数（OLS）

	(1)	(2)	(3)	(4)	(5)	(6)
	Low of wage per month in 2001 for production workers					
OJT length in 2000	0.273 (0.085)**	0.236 (0.089)**	0.19 (0.068)**	0.112 (0.056)*	0.114 (0.055)*	0.115 (0.055)*
Food	0.404 (0.088)**	0.415 (0.087)**	0.192 (0.077)*	0.071 (0.068)	0.079 (0.068)	0.081 (0.067)
PC	0.391 (0.084)**	0.207 (0.088)*	0.145 −0.074	0.097 (0.064)	0.106 (0.063)	0.109 (0.063)
HDD	0.286 (0.081)**	0.306 (0.083)**	0.157 (0.072)*	0.136 (0.063)*	0.147 (0.063)*	0.15 (0.062)*
OFFJT length in 2000 × Food	−0.217 (0.087)*	−0.207 (0.090)*	−0.172 (0.070)*	−0.101 (0.059)	−0.102 (0.058)	−0.103 (0.058)
OFFJT length in 2000 × PC	0.249 (0.092)**	−0.237 (0.091)**	−0.194 (0.071)**	−0.094 (0.059)	−0.095 (0.058)	−0.096 (0.058)
OFFJT length in 2000 × HDD	−0.272 (0.086)**	−0.236 (0.089)**	−0.203 (0.068)**	−0.124 (0.057)*	−0.125 (0.056)*	−0.126 (0.056)*
Female		−0.405 (0.047)**	−0.243 (0.044)**	−0.25 (0.040)**	−0.25 (0.040)**	−0.25 (0.040)**
Years of education			0.065 (0.006)**	0.076 (0.006)**	0.074 (0.006)**	0.074 (0.006)**
Years of tenure				0.053 (0.003)**	0.053 (0.003)**	0.053 (0.003)**
Years of father's education					0.008 (0.004)*	0.006 (0.004)
Years of mother's education						0.007 (0.004)
Constant	8.466 (0.074)**	8.806 (0.085)**	8.094 (0.090)**	7.725 (0.083)**	7.679 (0.084)**	7.654 (0.087)**
Observations	843	843	843	843	843	843
R-squared	0.06	0.18	0.3	0.47	0.48	0.48

注：本表列出了 2001 年 7 月工资对数相关的 OLS 估计的系数。稳健标准差见括号内。* 表示在 5% 的水平上显著；** 表示在 1% 的水平上显著。

资料来源：ADBI-KIER 员工调研。

总之，稳健的实证结果表明 PC 集群整体样本的 OJT 时长的收益低，HDD 集群生产性员工的 OFFJT 时长的收益低。

第六节　总结和结论

下面概括三点主要的实证结论。第一，高流动率产业集群非生产性员工的 OJT 发生率不频繁，尤其是 PC 集群。第二，高流动率产业集群的生产性员工的整体样本的 OFFJT 发生率不频繁，即 HDD 集群。第三，稳健的实证结果表明 PC 集群整体样本的 OJT 时间收益更低，而 HDD 集群生产性员工的 OFFJT 时间收益更低。这些结论有助于我们思考为什么高流动性行业的培训发生率低。一种可能的原因是不管培训的收益如何，企业培训外部性都降低了培训发生率。HDD 和 PC 集群的培训收益也更低。HDD 和 PC 集群的结果表明了这一点。食品加工和汽车零部件集群的结论相对难以解释。这两种集群有共同的特征：①估计的培训收益更高；②劳动力流动率更低。所有这些都预示着培训发生率频繁。应该进一步思考这一点。另外一种可能的原因是高流动率产业集群的培训收益更低。我们没有关于流动率对于培训收益随机影响的确切信息，不能确切地说出劳动力流动率对于培训收益负面影响的程度，需要进一步的理论发展来解释由于劳动力流动率导致的培训收益降低的机制。笔者更愿意强调在由于市场密集度导致的劳动力流动率与关键企业提供的企业培训的收益之间存在此消彼长的变化。这是本章发现的重要事实。

表 9–16　OFFJT 时长与非生产性工资对数的交互作用
因变量：2001 年 7 月工资的对数（OLS）

	(1)	(2)	(3)	(4)	(5)	(6)
Low of wage per month in 2001 for non-production workers						
OJT length in 2000	0.05 (0.054)	0.03 (0.055)	0.032 (0.046)	0.007 (0.034)	0.001 (0.037)	0.001 (0.036)
Food	−0.866 (0.138)**	−0.736 (0.141)**	−0.498 (0.124)**	−0.331 (0.117)**	−0.371 (0.119)**	−0.368 (0.118)**
PC	−0.178 (0.103)	−0.204 (0.102)*	−0.113 (0.092)	−0.073 (0.073)	−0.099 (0.075)	−0.101 (0.075)

续表

	(1)	(2)	(3)	(4)	(5)	(6)
	Low of wage per month in 2001 for non-production workers					
HDD	−0.119 (0.113)	−0.062 (0.106)	−0.08 (0.091)	0.038 (0.080)	0.026 (0.081)	0.023 (0.081)
OFFJT length in 2000 × Food	0.437 (0.123)**	0.429 (0.128)**	0.332 (0.105)**	0.257 (0.100)*	0.278 (0.105)**	0.28 (0.106)**
OFFJT length in 2000 × PC	0.001 (0.062)	0.019 (0.061)	0.005 (0.053)	0.023 (0.041)	0.036 (0.044)	0.035 (0.044)
OFFJT length in 2000 × HDD	−0.031 (0.069)	−0.012 (0.064)	0.008 (0.050)	0.012 (0.038)	0.011 (0.041)	0.013 (0.040)
Female		−0.329 (0.059)**	−0.202 (0.053)**	−0.243 (0.049)**	−0.24 (0.047)**	−0.252 (0.047)**
Years of education			0.114 (0.011)**	0.138 (0.010)**	0.132 (0.010)**	0.132 (0.010)**
Years of tenure				0.052 (0.006)**	0.052 (0.007)**	0.053 (0.007)**
Years of father's education					0.018 (0.007)*	0.014 (0.008)
Years of mother's education						0.008 (0.007)
Constant	9.466 (0.084)**	9.58 (0.083)**	7.864 (0.172)**	7.19 (0.172)**	7.159 (0.170)**	7.128 (0.172)**
Observations	405	405	405	405	405	405
R−squared	0.13	0.19	0.36	0.47	0.48	0.49

注：本表列出了与 2001 年 7 月工资对数相关的 OLS 估计的系数。稳健标准差见括号内。* 表示在 5% 的水平上显著；** 表示在 1%的水平上显著。

资料来源：ADBI-KIER 员工调研。

基于本章陈述的实证结论，有如下促进产业集群升级的政策含义和政策建议。第一，集群公司本身并不总是自动地走向产业升级。如果公司需要为未来生存积累合适类型（反复试验各种类型）的人力资本，职业培训是一个恰当的战略。产业集群内企业培训的外部性降低了培训发生率，增加了劳动力流动性和高质量的配对。这就是为什么高流动率产业集群内企业培训少和培训的收益低，或者为什么企业培训有外部性的压力。这是集群对创新能力建设的主要影响，本章都在强调这点。第二，本章并没有建议当地当局阻止挖掘和员工在公司间的流动。降低采用新技术的成本可以减少培育员工的培训成本。积极的劳动力市场政策不仅激励企业培训外部性，也激励知识外溢和配对。这激励了企业培训的发生，因为拥有高水平知识外溢的公司的培训收益更高。[7] 第三，实证结果表明没有评估雇主对在职和脱产培训的投入，就很难去支持简单的积极劳动力市场政策。企业培训外部性减少了雇主的培训收益，导致雇主不能从培训的员工身上获得未来的租金。这里最重要的意义是根据市场密集程度评估培训的不同收益。第四，本章有一项政策建议，即为大学或技术学院提供培训津贴来补充企业低水平的培训。[8] 为了实施这个建议，我们需要知道校企联合普通培训在生产线或者职场上的效用。急需更多的实证研究来构造产业集群形成和升级的流程图方法。

还有以下问题有待解决。首先，由于缺乏数据，笔者没有跟踪研究员工在同一产业内的前任雇主和新雇主之间的流动性。其次，笔者没有考察匹配的外部性和培训之间的互补性。这些遗留问题又能提出一项基于劳动理论的集聚和创新的政策建议。

注释:

[1] 在当地主要的两个政策之间有极大矛盾和争议，高频率的工作流动率和劳动力流动率影响公司间的知识外溢和职场低水平的人力资本积累。一个公司创新型人力资源管理政策（以下简称 HRMP）能够培训好员工，而培训收益和创新性 HRMP 的采用不会在不同公司外溢。然而，定位理论及其对产业集群政策的适用，例如 Fujita 和 Thiss（2002）、Kuchiki 和 Tsuji（2005）的能力建设方法以及 Duranton（2007）对产业集群的评论都没有说明我们该如何将积极劳动力市场政策和创新性 HRMP 塑造成为基于实证的产业集群政策决策。一种方法是学习微观计量经济学研究，一个基于微观计量经济学的积极的劳动力市场政策能改变我们思考异质性、可得工作的定位以及人力资本的定位。

[2] Asplund（2005）和 Leuven（2005）对最近的职业培训文献做了清晰的总结。

[3] Acemoglu 和 Pischke（1998）用竞争性和不完全竞争性市场框架研究了企业培训外部性的影响。竞争性市场假设与 Becker 没有市场摩擦的预期有关。不完全竞争市场意味着企业甚至提供普通培训来挖掘基于培训而来的生产力变化的收益。本章的实证研究结果表明即便所有公司都提供在职培训和脱产培训，不同劳动力市场的培训强度和培训收益也不相同。

[4] 这个框架简单地假设雇主不能完美观察外部员工或者新员工的生产率。

从集聚到创新

更丰富地假设了需要雇主通过观察员工开始生产过程时的产出来发现员工真正的生产率。这样雇主就可以为员工提供基于生产率信息的培训。因此，通过估计先前市场能力对培训的作用，任期的长度在企业决定提供培训时比劳动市场经验更重要。因为对假设实施实证检验，也估计了员工在先前市场获得的能力对企业提供培训的作用，任期的影响比劳动力市场经验的影响更大。如果信息完全私有，我们就能期待只有现任公司的经验，而非先前劳动力市场的经验影响学习的收益和员工在先前市场获得的能力。尤其是，如果教育和进入当前公司之前的劳动力市场经验的交互项效应不显著，那么公共学习的假设则不成立。笔者已经用当前公司的任期和先前劳动力市场的经验来检验企业提供的在职培训和脱产培训的公共学习模型。聚集模型应该吸收这些丰富的理论。

[5] Ariga 和 Brunello（2006）聚焦于教育与企业提供的在职培训和脱产培训之间的关系。如果教育水平和企业培训之间有正向关系，那么我们就可以解释人力资本形成和企业培训之间的互补性。Ariga 和 Brunello（2006）发现：①教育程度与在职培训（OJT）之间呈现统计意义上显著的负向关系；②教育程度与脱产培训（OFFJT）之间呈现统计意义上显著的正向关系。Ariga 和 Brunello（2006）主要运用教育、培训和工资三种变量。

[6] 很难区分在职培训（OJT）和脱产培训（OFFJT）。对于企业提供的培训，Ariga 和 Brunello（2006）将 OJT 定义为：类似高级员工、监管者或者指导员等教练在职场管理的培训。雇主希望借此提升日常工作的工作绩效。在这个定义中，OJT 不包括干中学和在工作中向他人学习。这些变量不能被定义或测量，所以 Ariga 和 Brunello（2006）及笔者不将这些从常规工作中区分出来。任期能用来刻画这种在职学习行为。另外，OFFJT 是通过外部公司或专业的训练公司来完成的。这比职场的 OJT 更为正式。员工希望以此提升通用的人力资本和技能，以便处理在职场上的失衡。用他们简单的标准，2001 年调查期间，55%的男性员工和 67%的女性员工接受了 OJT；67%的男性员工和 58%的女性员工接受了OFFJT。需要注意的是，Ariga 和 Brunello（2006）不仅构建了培训发生率，而且构建了培训强度指标。培训强度指标用平均每月的培训时间刻画。对于 OJT，男性员工的培训强度是 2.62 小时，女性员工的培训强度是 3.18 小时。对于 OFFJT，男性员工的培训强度是 1.57 小时，女性员工的培训强度是 0.87 小时。这表明男性员工比女性员工接受更多的 OFFJT、更少的 OJT；雇主为生产性员工提供更多

的 OJT，为生产性员工提供更多的 OFFJT。职场中职业分布的性别差异反映了培训提供的性别差异。

［7］研究了公司内部在职人力资本形成的政策，例如，一项创新性的人力资本管理政策（HRMP）是由基于特定产业效应和企业培训外部性的公司内部培训收益决定的。Ichniowskil 等（1997）与 Ichniowskil 和 Shaw（2003）也表明了此观点。

［8］Almazan 等（2007）也推荐了此条公共政策来发展校企联盟。

参考文献

Acemoglu, Daron (1997) "Training and Innovation in an Imperfect Labor Market," Review of Economic Studies, Vol. 64, pp. 445–464.

Acemoglu, Daron and Jorn Steve Pischke (1998) "Why Do Firms Train? Theory and Evidence," Quarterly Journal of Economics, Vol. 113, pp. 79–119.

Almazan, Andres, Adolfo de Motta, and Sheridan Titman (2007) "Firm Location and the Creation and Utilization of Human Capital." Review of Economic Studies, Vol. 74, No. 4, pp. 1305–1327.

Ariga, Kenn and Giorgio Brunello (2006) "Are Education and Training Always Complements? Evidence from Thailand," Industrial Labor Relations Review, Vol. 59, No. 4, pp. 613–629.

Asplund, Rita (2005) "The Provision and Effects of Company Training: A Brief Review of the Literature," mimeo.

Brimble, Peter and Richard F. Doner (2007) "University-Industry Linkages and Economic Development: The Case of Thailand," World Development, Vol. 35, No. 6, pp. 1021–1036.

Brunello, Giorgio and Francesca Gambarotto (2007) "Do Spatial Agglomeration and Local Labor Market Competition affect Employer-provided Training? Evidence from the UK," Regional Science and Urban Economics, Vol. 37, No. 2, pp. 1–21.

Brunello, Giorgio and Maria De Paola (2008) "Training and Economic Density: Some Evidence form Italian Provinces," Labour Economics, Vol. 15, No. 1, pp. 118–140.

从
集
聚
到
创
新

Duranton, Giles (2007) "'California Dreamin': The Feeble Case for Cluster Policies," mimeo.

Fujita, Masahisa (2008) "Formation and Growth of Economic Agglomerations and Industrial Clusters: A Theoretical Framework from the Viewpoint of Spatial Economics," in The Flowchart Approach to Industrial Cluster Policy, Akifumi Kuchiki and Masatsugu Tsuji Eds, Basingstoke: Palgrave Macmillan, pp. 18–37.

Fujita, Masahisa and Jacques F. Thisse (2002) Economics of Agglomeration: Cities, Industrial Location, and Regional Growth. Cambridge: Cambridge University Press.

Ichniowski, Casey and Kathryn Shaw (2003) Beyond Incentive Pay: Insiders "Estimates of the Value of Complementary Human Resource Management Practices," Journal of Economic Perspectives, Vol. 17, No. 1, pp. 155–180.

Ichniowski, Casey, Kathryn Shaw, and Giovanna Prennushi (1997) "The Effects of Human Resource Management Practices on Productivity: A Study of Steel Finishing Lines," American Economic Review, Vol. 87, No. 3, pp. 291–313.

Kuchiki, Akifumi and Masatsugu Tsuji (2005) Industrial Clusters in Asia: Analysis of Their Competition and Cooperation. Basingstoke: Palgrave Macmillan.

Kuchiki, Akifumi and Masatsugu Tsuji (2008) The Flowchart Approach to Industrial Cluster Policy. Basingstoke: Palgrave Macmillan.

Leuven, Edwin (2005) "The Economics of Private Sector Training: A Survey of the Literature," Journal of Economic Survey, Vol. 19, No. 1, pp. 91–111.

Markusen, Ann (1996) "Sticky Places in Slippery Space: A Typology of Industrial Districts," Economic Geography, Vol. 72, No. 3, pp. 293–313.

Moen, Espen R. and Asa Rosén (2004) "Does Poaching Distort Training?" Review of Economic Studies, Vol. 71, No. 4, pp. 1143–1162.

创新驱动巴西里约热内卢石油天然气 产业集群的建立 第十章

安东尼奥·罗斯·加奎亚拉·博特略　克劳德森·莫斯奎拉·巴斯图

第一节　引　言

本章的目的是探讨创新在里约热内卢（RJ）石油天然气（O&G）部门演变中的作用。本章在流程图框架下分析里约热内卢石油天然气行业本地创新系统的形成，并以研究型大学和巴西国有 O&G 公司巴西石油公司的研究实验室为中心。巴西石油公司是巴西最大的 O&G 勘探和生产（E&P）商，公司拥有 109 个生产平台（77 个固定平台，32 个流动平台），每天产量约 180 万桶石油。它拥有影响里约热内卢都会区域石油天然气部门创建创新引领的产业集群所需的创新的具体条件，或者影响将里约热内卢中轴城市——需求龙头公司巴西石油公司的总部马卡埃市——石油和天然气海上勘探中心，广泛的产业集群转变成基于创新的产业集群所需的具体条件。

为了满足这些目标，本章首先探讨巴西石油天然气生产的发展，尤其是里约热内卢州。接下来，回顾和描绘了里约热内卢坎普斯盆地石油天然气产业聚集可在未来发展成（典型的）的集群。一系列组织和政府代理机构创建了名为 REDE PETRO BC 的支撑网络，帮助巴西石油增加第三方产品和服务外包。这个第三方是从 89 个小型供应商中选择的。[1] 在巴西，巴西石油起着催生产业集群政策的催化剂作用，这部分是由于巴西政府控制了巴西石油。因此，除了巴西石油促进里约热内卢创新引领的地区集群经济合理性观点外，巴西石油也促进了政府创新和集群政策在中小企业产业发展方面的协作，巴西 2004~2007 年发展计划（也被称为 PPA）[2] 中的部分内容，就是基于促进企业和研究机构的创新和合作。

接下来的部分阐述了里约热内卢州当地创新体系以及石油天然气部门主要公司巴西石油的创新结构和战略；当地和国家的创新政策，尤其是针对石油天然气部门的创新政策。最后，本章探讨巩固新兴集群创新的潜力和困难，以及政策建议导向。

石油天然气部门在产业和服务需求上极其多样化，它由大量供应商，包括国内的、国外的，大量大小各异的分包商组成。如表 10-1 所示，按照过去几年行业大规模的增长，从 2000 年至 2007 年 10 月，供应商已经 3 倍于当时的数量，已有 1576 家供应商在国家石油行业组织（ONIP）注册中介结构。

表 10-1 石油天然气产业供应商的演变

单位：家

年份	1 月	2 月	3 月	10 月	11 月	12 月
2000	—	—	—	112	171	210
2001	240	266	292	476	516	535
2002	535	535	560	662	681	681
2003	688	695	713	770	847	874
2004	887	916	916	1087	1100	1100
2005	1100	1142	1157	1272	1272	1310
2006	1310	1310	1328	1428	1428	1470
2007	1470	1470	1470	1576		

资料来源：ONIP（2007）。

东南部是巴西最发达的地区，占据大部分产业（85%），仅里约热内卢就占了 36%，紧跟其后的是圣保罗，它是巴西工业程度最高的地区（见表 10-2）。在里约热内卢州，里约热内卢大都市区域 [3] 有 454 家供应商，之后是里约热内卢有 381 家；较少的是坎普斯盆地区域 [4]，有 89 家，之后是马卡埃市有 62 家，

表 10-2 东南地区石油天然气产业供应商

单位：家

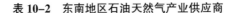

东南地区					
ES	MG	RJ	SP	Sub-total	Total
137	96	568	545	1328	1576

资料来源：ONIP（2007）。

坎普斯多斯戈塔卡兹有 21 家。

Britto（2007）研究了马卡埃地区的当地生产体系（APL），144 家公司雇用了 2.2517 万人，工资流量达到 0.575 亿雷亚尔，在里约热内卢州紧随其后的最大的 APL[5] 是电信产业（0.474 亿雷亚尔，2 万员工）和 IT 产业（0.375 亿雷亚尔和 1.9 万员工）。

ONIP 根据服务团队对注册的服务供应商进行分类。ONIP 也将服务供应商按照超过 100 类的材料进行更细致的分类，并且按照材料的族类识别战略商品。战略商品包括同一个代码下一系列相似的物品。

一个族类的材料可能是战略性的，也可能不是。目前大约有 50 种族类的材料和服务团体（见表 10-3）。

表 10-3　按服务种类分类的石油天然气产业供应商

地区	亿桶
北美	59.9
南美、中美	103.5
欧洲、欧亚大陆	144.4
中东	742.7
非洲	117.2
亚太地区	40.5

资料来源：ONIP（2007）。

第二节　巴西石油生产

根据《BP 世界能量统计 2007》[6]，截至 2006 年底，稳定的已经探明的石油储量[7] 大约为 1.2 万亿桶。世界石油总储量的 75% 发现于 OPEC 11 个成员国。仅仅中东的石油储量就占到世界储量的 62%。如表 10-4 和表 10-5 所示，巴西在中南美洲占据石油储量的特殊地位（占世界储量的 8.6%）。表格中的数据是英国石油公司的专家根据第一手官方资料、OPEC 秘书处第三方资料、《世界石油》、《世界与天然气杂志》以及公共领域的独立信息得到。储量包括凝析油、液化天然气和原油。

表 10-4　2006 年底石油探明储量

地区	亿桶
北美总量	59.9
中南美洲总量	103.5
欧洲和欧亚总量	144.4
中东总量	727.7
非洲总量	117.2
亚太总量	40.5

资料来源：笔者根据《BP 世界能量统计》（2007）整理。

表 10-5　2006 年底中南美洲石油探明储量

中南美洲	亿桶	占比（%）
阿根廷	2.0	0.2
巴西	12.2	1.0
哥伦比亚	1.5	0.1
厄瓜多尔	4.7	0.4
秘鲁	1.1	0.1
特立尼达和多巴哥	0.8	0.1
委内瑞拉	80.0	6.6
中南美洲其他	1.3	0.1
中南美洲总量	103.5	8.6

资料来源：笔者根据《BP 世界能量统计》（2007）整理。

虽然巴西一直为精炼厂进口优质油，但是近期在石油方面已达到自足。巴西石油每天生产 1.5 亿桶石油，满足了巴西的需求（见图 10-1）。但是公司在精炼环节仍需要进口轻油来与当地的重油混合。

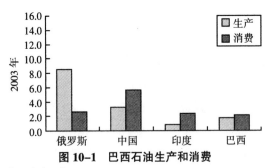

图 10-1　巴西石油生产和消费

资料来源：Oliveira（2006）（PPT）。

据强调开采和生产的国有国家公司巴西石油，[8] 截至 2015 年，其探明储量（SPE 标准 [9]）将跃升至 150 亿桶，产量将达到 2.2bby。到 2030 年，其产量将达到 4bby。[10] 大多数储量和生产来自离岸区域，在深水区和超深水区的边缘，深层勘探逐年增加（见图 10-2）。

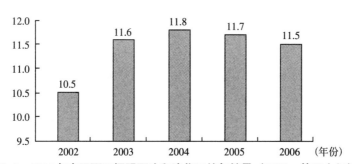

图 10-2　2006 年末巴西已探明石油和液化天然气储量（BOE：等于十亿桶油）
资料来源：笔者根据《巴西石油 2006 年度报告》（2006 年度运营数据）整理。

巴西石油成立于 1953 年，是一个上市公司，一体化运营石油、天然气和能源各部门（开采和生产；精炼，商业化，运输和石油化学；石油产品分销；天然气和能源），并在这些部门设有专业基地。根据《石油情报周刊》公布的情况，目前，巴西石油是世界上第十四大石油公司。[11]

尽管如雷普索尔-YPE、埃克森美孚、雪佛龙、阿吉普等知名外国公司在巴西的开采和生产部门深度运营，但是本章实际上非常强调巴西石油公司，因为巴西石油在诱导坎普斯盆地产业集群发展过程中发挥着十分有效的作用，而坎普斯盆地又有巴西大陆架平台最大的石油储量。从某种程度上说，考察坎普斯盆地的典型集群不会有错，这个典型集群的形成几乎是为了满足其"需求量身定做"的一般。

第三节　里约热内卢概述

一、坎普斯盆地（里约热内卢州海岸）

坎普斯盆地大部分位于里约热内卢北部海岸，拥有巴西大陆架平台最大的石油储量。盆地面积约 10 万平方千米，起自圣灵州，临近维多利亚市；与阿拉亚尔多卡博相邻，位于里约热内卢东海岸。坎普斯盆地是巴西最大的石油省，承担国家大约 83% 的石油生产和巴西石油覆盖的油储区的 77%，其日产量约为 1.5 亿桶石油、2200 万立方米天然气，拥有 48 个生产区域、14 个混合平台、1 个混合再抽平台，以及 25 个浮式生产系统。

尽管坎普斯盆地区域已有相当长的生产历史（30 年），但是它还不是一个成熟的石油城市（Formigli，2007）。与此大相径庭的是，正如 Formigli 所言，坎普斯盆地是"巴西离岸部门最大的露天实验室，巴西石油公司最重要的在深水和超深水开采和生产的创新技术在这里进行大规模试验"。自 1977 年开始生产以来，坎普斯盆地就是巴西石油公司高度开发油田复兴项目中开采和生产最重要的区域，实施各种技术来提升领域内额采收率。目标颇具雄心，正如 Formigli（2007）[12]所述：

在盆地，目前的平均石油萃取率为 27%。但是我们正在致力于将这个指标提高到 40%。在坎普斯盆地最大的生产基地 Marlim 油田，我们已经达成期望目标的 44%。然而，我们的期望是超过 50%。

由于从 20 世纪 70 年代至今地理分析技术和方法的提升，主要是地震研究技术的演进，现在可能找到先前未曾探明的盆地内海床下 8000 多米（离岸深处）的油藏。因此，最近在临近坎普斯盆地和圣灵州、圣托斯盆地区域发现的轻油表明在这个区域的很深处有新的油田。由此，2007 年 3 月，巴西石油宣布在坎普斯盆地北部 4000 多米深的海洋底土盐层处蕴藏着丰富的 API30℃ 轻油，但还未宣布是否钻调整井。大家对盐层下的部分新发现充满期待，油藏下的岩层目前正在生产。另外，2007 年 11 月，巴西石油宣布在圣托斯盆地（Tupi）发现盐层下

从集聚到创新

超深处发现巨大油田，据估计储量为 50 亿~80 亿桶高质量油，这使得公司的储量提升到 60%。Tupi [13] 每天最多能生产百万桶石油，超过目前产能的一半，还能生产大约 3300 万立方英尺的天然气。

此次发现之前，巴西石油已经宣布在 2008~2012 年投资 1124 亿美元，以满足日产量 350 万桶石油和等量的天然气的目标。这个目标比 2003~2007 年的总产量（见图 10-3）高 27%。在本国的投资主要（87%）将投向开发和生产（493 亿美元）。里约热内卢州将收到 405 亿美元（36%）的投资。在此期间，考虑到当地项目的内容，巴西工业采购为 240 亿美元。

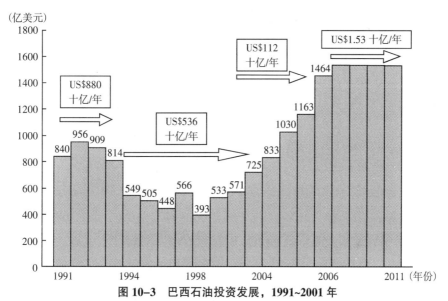

图 10-3　巴西石油投资发展，1991~2001 年

资料来源：笔者根据巴西石油（2007）整理。

最近几年，里约热内卢州的经济相当依赖石油和天然气产业。里约热内卢州所收特需使用费和其他强制款项从 2000 年的 14.3 亿雷亚尔跃升至 2006 年的 4.14 亿雷亚尔，占所有生产特许使用费的 60%。在州内，里约热内卢市政府拥有全国第二高的 GDP（2005），比第一位圣保罗（2631.8 亿雷亚尔）的一半还少。2002 年坎普斯盆地区域的多斯戈塔卡兹位列第五。

二、区域创新系统

里约热内卢州拥有巴西最大的和最发达的区域创新系统 [14]，继圣保罗之后。

它拥有一些（147 所高等教育机构中的 8 所）研究型大学（包括 4 所联邦学校，由巴西最大的联邦研究型高效 UFRJ 领导），巴西最大的私立研究型高校 PUC Rio 以及一个主要的军事工程研究型高效 IME，众多的国家级研究机构和技术研究所（包括主要的 CBPF、CETEM、lNCC 和 IMPA），还有大量技术孵化器，已经孵化 133 个初创企业，102 个初创企业成长起来；并且拥有 7 个本地生产体系，包括坎普斯盆地的石油天然气产业集群。

根据 CNPq（国家科学和技术发展委员会），2004 年，1520 万常住人口中有 7597 名博士，比率为每 10 万居民中有 50 名博士，在国家最高入学率的那些州中拥有大量的注册学生和博士头衔的学生（次于南里奥格兰德）。在工程领域，205 所研究生教育机构，本州拥有 34 所，约为 17%，其中 12 所拥有教育部代理机构 CAPES 评估的最高等级（6 级和 7 级）。

系统内一个重要的中介机构，尤其是在里约热内卢大都会区本地创新系统内，是里约热内卢技术网络（REDETEC），一个民间非营利组织，目标是通过供需匹配及激励公共和私人支持机构及其他政府工具和机制，扩散技术和支持技术发展。REDETEC 还是技术孵化器网络的执行秘书处。

第四节　国家石油、天然气供应链的演进

经过 50 年的发展，巴西石油在为国家提供石油和天然气产品和服务的产业发展中发挥显著的作用。在 20 世纪 80 年代末，进口替代战略在石油天然气部门的实施促使从原材料到部件再到完成品的整个国家供应链网络的建成：基于巴西石油实施的培训项目的成功，本土供应商获得合格资质，国内产业取得高水平的成果，超过 90% 的原材料从国内直接购买。

根据 ONIP[15]，这一模式在扩大本土供应商能力上取得了成功，但是对培训和技术创新以及企业管理现代化却不是那么重视。换言之，产业的发展没有真正考虑国际标准方面的竞争。在 20 世纪 80 年代外汇危机期间，巴西占据主导地位的明确的产业政策指导诱发了经济保护主义及购买国内商品和服务浪潮，甚至在价格、生产能力和质量都没有效率的情况下，也是如此。

从集聚到创新

20 世纪 90 年代，巴西经济对外开放，使得国家产业面临国际竞争，大多数情况下，在财务成本和税收问题方面，巴西处于不利条件。尽管遭受突然间面临国际竞争的影响，国家产业链网络在必要的方面得以保存。20 世纪 90 年代至今，巴西石油在国内市场直接购买原材料的水平总是保持在 75%以上。大型开发企业标志着巴西石油自 90 年代以来的优先投资在 90 年代后半期超过了 100 亿美元的里程碑，大多数投资集中于深水业务。还是根据 ONIP，在这个时期——当时没有国家供给政策的清晰指引——本土在收购浮动生产业务商品和服务的满足度为本国业务创建的 35%~52%，国外订单也从 1%发展到 19%。

ONIP 大约由 30 个供应商成员组成。这些成员来自石油天然气行业的各个子行业，包括开发、钻井、工程、管材、造船和设计、重机械制造、基础设施、电气和电子材料、服务及其他。另外，已经在巴西运营的主要石油公司和运营商，包括巴西石油、三个州政府（圣保罗、里约热内卢和北里奥格兰德）以及联邦政府（发展产业和对外贸易部——MDIC）都属于 ONIP。ONIP 促进了有领头公司的本土供应商之间的相互交流，[16] 举办了旨在促进国内供应商和国外购买者伙伴关系的论坛，并试图消除全力发展本土产业的产品和服务的障碍。

国家石油产业对外开放发生在国际上石油价格下跌的时期。新国家政策优先保障了石油产业吸引外资，聚焦于为本部门的外国投资创造竞争环境，这对国家本土产业造成了伤害。最近几年，ONIP 领导采取了一些措施，例如，为国内供应商寻找税收调节政策。然而，立法牵涉和州税务当局的不接受阻碍了这样的政策工具的安排。另外，2003 年基于竞争和可持续，为了扩张石油天然气国家产业风险投资的参与，巴西联邦政府开启了"国家石油天然气产业动员"（PROMINP）项目，矿产和能源局（MME）和巴西石油公司协助，两者共同努力识别商品和服务的需求，规划本土产量以全力发展本土产业链。

巴西为了实施政策以在短时间增加当地需求水平和就业，联邦政府于 2003 年在处理石油和天然气开发及生产（E&P）的国家供应业务问题上做出改变，包括国家石油管理局——ANP 开发领域竞标的新规则，以及巴西石油公司平台建设竞标的当地需求标准。

有必要强调，ANP 是 1997 年 8 月 6 日由法律 9478 创建的一个特殊专营机构，它直属于联邦政府，受矿产和能源局管辖，也是唯一一个能宣布和对"巴西回合"竞标的机构，在其中，龙头公司作为特许经营者，提供盆地离岸区块和在岸地区块及分销，这要以开发为目的。另外，只有 ANP 才能定义标准、程序和每一"巴西回合"中每一区块的当地需求量计算。我们可以如此描述 ANP 与矿产和能源局（MME），以及当地需求政策[17]：

- 在有竞争力的盆地，增加国家产业的参与；
- 提升质量和国家技术研发；
- 提升职业资格水平；
- 开发就业和提升收入水平。

需要强调，拥有特许经营权地位的龙头公司需要在特许经营区域执行《石油、天然气勘探、开发和生产特许协议》，正如 ANP 所要求的，在勘探阶段，"特许经营者"必须从巴西供应商购买一定量的商品和服务，在岸为 70%，100 米深左右或低于 100 米的浅水区域为 51%，100~400 米的浅水区域及深水区域为 37%（ANP，2007）。

ANP 在竞标方面引进供应链技术创新程序的关键作用十分明显，甚至在《石油和天然气勘探、开发和生产的特许协议》条款中对特许经营权拥有者提出了当地需求。

总体而言，为了实现 ANP 的合约，特许经营权所有者必须承担以下任务：

- 公司邀约的分包商提案中必须包含巴西供应商；
- 保证所有被邀约的公司拥有同等和足够的时间来满足特许经营权所有者的要求，包括在提案准备阶段、商品和服务运输阶段，以石油行业最佳实践为标杆，以使潜在的巴西供应商不被排除在外；
- 除了对外国供应商有技术资格要求外，对巴西供应商没有技术资格或者证书限制；
- 无论何时，只要合适，跟踪能提供供应服务的巴西供应商，寻求在交易协会的一般供应商和知名供应商的相关主题的技术诀窍的最新信息。

从集聚到创新

第五节 石油、天然气行业创新和能力建设

一、创新的政府政策

（一）石油产业基金

继 1997 年巴西石油勘探市场自由化，打破了巴西石油公司在石油勘探、生产商的垄断后，一些政府和国家产业相关工作便开始实施以确保巴西石油公司继续技术研发，以及确保其作为关键元素的国家供应商地位及竞争力的提升。首先被实施的便是石油和天然气产业基金（也被称为 CTpetro），基金于 1998 年成立，一系列基金的首要任务在于提升研究机构、高校以及公司的科学技术创新（STI）融资的水平和稳定性。此外，产业基金创建了基于不同行业多种社会成员参与的管理和治理模式，以建立长期战略目标，并关注优先级的结果和界定。产业基金通常来自现有管理资金的一小部分（如自然资源开发资金），税收（如行业生产税，IPI）以及对各个产业生产性收益的征税（如技术援助和技术转移的汇款）（见表 10-6）。到目前为止，共有 16 项产业基金（SF）在运营，包括两项所谓的横向基金。所有基金的收益，除了电信基金——Funttle 外，都属于 FUDCT，并由其执行秘书处管理。FINEP，巴西的创新机构，属于科技部（MCT）下的公共企业。为了提升地理去中心化的研究，FINEP 要求 CT Petro 的 40% 以及其他产业基金的 30% 投入到北部、东北和中西部地区。产业基金来源日益增长，由 CNPq 通过补贴和奖学金机制进行管理。CT Petro 是产业链基金中最大的（2005 年，在所有产业基金中名列第三），执行预算为 750 万雷亚尔。

表 10-6 产业基金：监管框架和来源

基金	监管框架	来源
CT-Petro	30/11/1998	特许使用费的 25%，超过了石油天然气生产的 5%
CT-Info	20/04/2001	公司受益于 "Lei de Informática" 总收入的至少 0.5%
CT-Infra	26/04/2001	每项产业基金资源的 20%
CT-Energ	16/07/2001	来自特许权总收入的 0.75%~1%
CT-Mineral	16/07/2001	公司进入矿业勘探所支付的费用组成的财政资助（Cfem）的 2%

基金	监管框架	来源
CT-Hidro	19/07/2001	用于资助电力发电机的财政资助的 4%
CT-Espacial	12/09/2001	用于轨道定位收入的 25%；来自巴西航天局许可证和授权的毛收入
CT-Saúde	25/02/2002	Cide[a] 的 17.5%
CT-Biotec	07/03/2002	7.5%来自 Cide
CT-Agro	12/03/2002	17.5%来自 Cide
CT-Aero	02/04/2002	7.5%来自 Cide
FundoVerde-Amarelo	11/04/2002	50%来自 Cide，43%来自国际专利协会的收入，这些收入来源受益于 "Lei de Informatica" 的产品
CT-Transp	06/08/2002	国家交通基础设施部门收入（使用陆地交通基础设施合约）的 10%
CT-AmazÔnia	01/10/2002	玛瑙斯自由贸易区计算机公司毛收入的最低 0.5%

注：[a] 表示对汽油、柴油、燃料油、液化石油气，包括衍生的天然气和石脑油的进口和营销等经济领域事件的干预所得到的收入。

资料来源：笔者在 Pereira（2005）基础上的整理。

目前，只有 4 家公司为 CT Petro 提供资金，但巴西石油公司提供了几乎大多数，巴西石油是最大的生产商，也承接了最多的研发项目。[18] 2005 年末，累计收益达到约 10 亿雷亚尔，但是 2006 年 CT Petro 研发预算达到 15 亿雷亚尔（8800 万美元），国家财政部掌管其大部分收益，以助其形成预算盈余。

CT Petro 由设置优先权的委员会管理，基于研究和内部评估[19]，分配资源和监督关注的公共诉求。其主要任务是评估创建的研究活动，并在各种提案中分配资源，而且它们也直接评估大型项目。FINEP 管理和运营此基金。

CT Petro 基金联合校企项目，项目中，公司出资 50%，剩余 50%由 CT Petro 提供。2006 年，CT Petro 宣布了四项号召。最近的资源被分配到一个中大型项目和一个中小企业项目，包括当地生产系统（APLs）。准公共小微企业支持机构（SEBRAE）选出的 300 家企业，只有 8 家 APLs 获得了资金。

在巴西石油公司请求一个有巴西石油公司评估的特殊项目的呼吁下，CT Petro 也资助巴西技术网（RBT）内的供应商开发项目。2006 年，这个项目在 16 项提案（8 项由巴西石油公司决定，8 项由 CT Petro 决定）上花费了 6600 万雷亚尔。

基金的重点战略目标是重油和管线研究。例如，它资助管线技术中心（CTDUT），这又是一个继巴西竞争网（RBCD in RJ）之后联系 ICTs 和基金机构以及管线运营公司（巴西石油公司、Transpetro，TBG，TSB 及其他）的机构。

2006 年超过 4000 万雷亚尔都投入到 Rio de Janeiro ICTs 及许多大学。最后，2006 年 CT Petro 的一些资源也开始投入到横向研发活动，例如测量和基础产业技术。

正如监管法律所规定的那样，CT Petro 支出的 40%投入到北方和东北地区的 ICTs，2006 年大约为 6000 万雷亚尔。剩下自由资源的大多数投入到在这个产业积累了经验的大型研究型高校，主要是 UFRJ 和 PUC，以及 Unicamp，USP，UFRN 和 UFBA。在里约热内卢，UFF 和 UERJ 等其他高校（国有高校）也得到了一定量的 CT Petro 基金。此外，所有大型项目都在里约热内卢的大学，例如海洋勘探（世界最大的）在 UFRJ 以及上面提及的 CTDUT 在 PUC Rio。总体上看，大约 25%的 CT Petro 的资源被投入到了里约热内卢的 ICTs。

（二）特别参与条款

该部门研发资源的另一个重要来源就是强制性的财政投入，即所谓的"特别参与"（PE）。这是参与勘探、开发和生产的油气公司与国家石油管理局签订的研发特许经营合同中所规定的。该合同的目标是促进发展巴西油气行业的技术解决方案。此种合同性义务规定了具有高盈利能力或者拥有高产量油气田的公司（因此有义务向当地和地方当局支付专利使用的 PE）必须将 1%的利润分配在研发项目中，在内部这一比例则要提高到一半，而在认可的研究机构的校外研究则至少是一半。资源由管理机构 ANP 管理。至少 50%用于资助 ANP 认证的科学和技术机构的研发项目。在 2005 年 11 月，ANP 才通过了使该条款可操作的规范。[20]

同样，巴西石油是该条款下的主要投资者，虽然壳牌也已开始在此条款下资助研发项目。通过 ANP 授权及 2005 年至 2006 年的特别参与条款计划，油气生产公司，主要是巴西石油，为 PE 项目提供了约 6.2 亿雷亚尔（1998~2004 年的累计资源）。在第一阶段，从 2005 年 12 月至 2006 年 3 月，巴西石油投资了 1.58 亿雷亚尔在专业能力建设计划上，该计划的目标是培训 6 万名专业人员，并在 2011 年实现人数翻番（见下文）。在第二阶段，从 2006 年 4 月到 2007 年 2 月，它资助了 208 个研发项目（共 265 个项目申请），总计 45780 万雷亚尔，其中大部分资源用于实验室基础设施（99.2%）。40 个项目仍处于评估阶段（1.11 亿雷亚尔），17 个项目被取消或不符合标准。

由于巴西石油研发管理架构在处理持续不断的校企合作研发合同（120 多个）时已经显得力不从心，因此决定采取不同的策略。它将投资方向在结构上调整为主要面向两个方面：①在油气勘探、生产、供应、天然气、能源和可持续发展以及管理和创新等领域开发 33 个专题网络（见图 10-4）；②在伙伴研究机构中建立七个区域竞争能力中心。

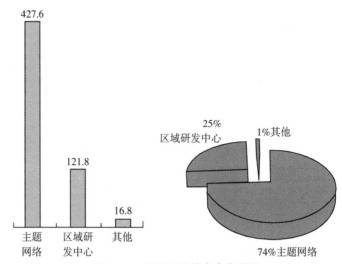

图 10-4　巴西石油技术合作项目

资料来源：笔者根据巴西石油（2007）整理。

例如，重油主题网络中就包括了五所大学和一个研究中心。区域竞争能力中心主要是基于网络实现作用，但也在领导机构建立了相关设施。

此外，ANP 的认证申请和对巴西石油的建议必须归入以下技术服务组：

（1）业务单位和商品投入的开发和工程；

（2）产品和工程过程的开发；

（3）开发控制或处理的信息系统和软件；

（4）开发监测，管理和保护环境的产品和过程；

（5）开发实验室试验方法；

（6）项目管理方案；

（7）人力资源开发。

到目前为止，有超过 50 所大学从这些发展基金中共获得了 4.88 亿雷亚尔的投资，其中 28 所位于东南地区。其中位于里约热内卢的两所主要研究大学，里约热内卢州州立大学（PUC Rio）和里约热内卢联邦大学（UFRJ）分别获得 5000 万雷亚尔和 1.05 亿雷亚尔（见图 10-5）。总体来说，里约热内卢信息通信技术已

经获得了大约 2/3 的资金。

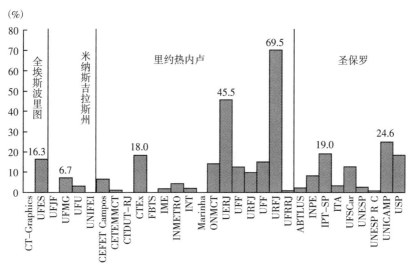

图 10−5　巴西合油合作的地区分布

资料来源：笔者基于 Oliveira（2007）对巴西石油的研究。

AN 将 PE 技术项目和技术计划授权为以下几类：基础类和应用类、实验开发（包括试点单位和原型）和供应商开发（包括试点制造和工业发展项目）、石油及其衍生物、天然气、能源、环境和人力资源培训。

（三）O&G 部门人力资源培训计划（PRH）

ANP 的人力资源培训计划在 16 个州的 31 所高等教育机构中一共聚集了 44 个以大学为基础的项目，在这 31 所机构中有 23 所是大学。这些机构由于和行业联系密切，能够有效地共同管理这些项目。它在与石油部门有关的所有知识领域培训的人力资源总开支为 1.03 亿雷亚尔，改善教学和研究基础设施，并向 44 个培训方案的 200 多个专业的 4000 多名技术和高等教育学生提供奖学金。该计划主要由 CT Petro 提供资金，并特许使用资源。

二、巴西石油

巴西石油在 1974 年第一次进行了近海油气勘探发现，然后从 1981 年开始在深海（300~2100 米）大型油田进行油气勘探和生产（Albacora，1984；Marlin，1985），这一行为蕴含着高技术复杂性和高风险性，同时也伴随着高附加值。在过去的二十年，巴西石油承担了高风险，并在通过从各类资源中开发整合必要技术，以应对日益增长的挑战。

巴西石油当时的战略是发起一个大规模的第二代能力建设计划，目标是培训1300名地质学家，以了解在大陆架的地质特征和构造结构下，油气形成的性质和过程（例如新型浊度地层模型）；并通过边做边学培养10000名工程师以获得国内技术能力。同时，其研究中心 CENPES 开始与主要的本地大学建立大型合作项目，发展长期技术能力和关键专业技术。这一技术发展战略分为两个主要阶段，并且相互交叠。第一阶段是渐进式的创新（大致持续到1994年），主要包括技术的获得和同化（1960~1980年）、设计的改编和吸收（1980~1990年）、联合研发和知识生产（1990~2000年）以及2000年的技术交流和专业知识生产（Oliveira，2007）。PRTROBRAS 技术能力不断提高的一个表现是1992年获得杰出成就奖（OTC）的事实。随着 E&P 需求的演变，巴西石油的技术战略如图10-6所示。

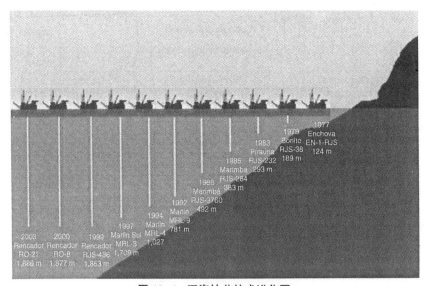

图 10-6 深海钻井技术进化图

资料来源：笔者基于 Oliveira（2007）对巴西石油的研究整理而成。

在20世纪80年代，由于需要投放生产首批浅海油田，该模式开始关注于获得国外技术。因此，浅海油田的首批七个固定钻井平台遵循了北海模式，基本项目来源于海外收购，并在具体工程设计上由巴西公司完成。

上一阶段的最后阶段为下一阶段的启动奠定了基础，意图通过能力建设计划实现彻底的创新（巴西石油）。相关计划如 Procap 1000（1984 年推出，针对 1000 米水深的 O&G 勘探）、Procap 2000 和 CENPES R&G，通过全新的平台设计实现了 30% 的成本降低。这些计划是由巴西石油的一项决定产生的，因为当时市场上没有可靠的深海生产技术以投入 Albacora 和 Marlin 的油田生产。

这些技术努力都有了丰硕的成果，如采油树技术（200 米）、柔性立管技术、深潜机器人（超过 300 米）、新型锚（塑料制）、液流新技术、水平井、钻井泥浆、钻井设备抗阻、船舶转换为勘探和生产双重平台、平台自动化等，所有这些发明为深层和超深油田的勘探提供了条件，并在过去十年中及时推行了他们的生产工作。因此，2001 年和 2007 年巴西石油再次被授予 OTC 奖。此外，巴西石油还是海上石油勘探的纪录保持者（1870 米），一项研究显示，巴西石油每在研发上投入 1 美元，就有 8 美元的利润回报。

在 1999~2001 年，巴西石油和 CT Petro 总共在深海勘探方面投资 1300 万雷亚尔（760 万美元），涵盖了 UFRJ-Coppe，PUC Rio，USP，Unicamp，Universidade Federal do Rio Grande do Sul 和国家技术学院（INT）在内的多所大学。

除了在本身的研发中心（Centopro de Pesquisas Leopoldo Miguez，CENPES，参见下文）和超过 80 个 ICT（主要是大学，包括在里约热内卢州的 11 个大学）的 38 个关于 O&G 的主题网络进行投资之外，在过去几年中巴西石油对外部研发领域的投资迅速增长，2006 年共计达到约 2 亿美元。这一结果可以扩散到巴西石油及其供应商。其中 UFRJ 和 PUC Rio 是里约州五大受资助机构之一，占 2 亿美元的约 65%。总的来说，巴西石油自身与大学相关的研发支出，包括 PE 和 CT Petro 资源在内，已经从 2001 年的 4 亿雷亚尔（2400 万美元）增加到 2006 年的 40 亿雷亚尔（2.53 亿美元），其技术系统如图 10-7 所示。

PETROBTAS 的战略核心是其研发中心 CENPES，成立于 1974 年。巴西石油的总体研发支出在过去几年也在快速增长，CENPES 的预算在 2006 年达到 9 亿美元（运营成本和投资），在过去五年中实现了 25% 的增长，或占收入的 0.9%。

CENPES 拥有 1600 名研发人员，其中包括 700 名全职研究员和 700 名技术员，其中全职研究员大多数为博士。CENPES 共占巴西石油总体研发预算的 79%，剩余部分进入总部项目。巴西石油是 2005 年和 2006 年本国拥有最多保存专利的组织，并拥有超过 1000 项专利的投资组合。

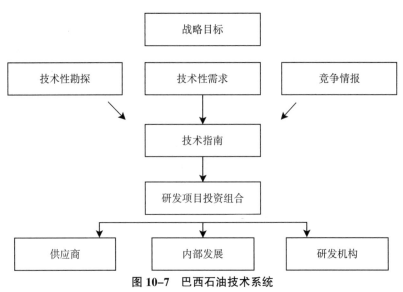

图 10-7　巴西石油技术系统

资料来源：笔者基于 UFU（2007）整理而得。

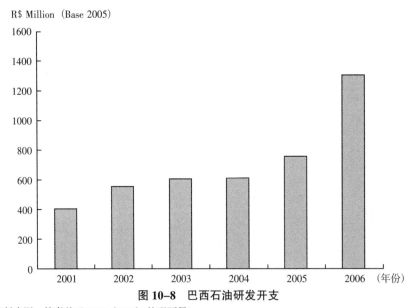

图 10-8　巴西石油研发开支

资料来源：笔者基于 UFU（2007）整理而得。

　　然而，为了实现其 2007~2011 年每年增长 7.8% 的生产目标（见图 10-9），巴西石油必须更快地增加研发支出，更重要的是通过创新和大规模的技术扩散战略来完善它的整体技术战略。

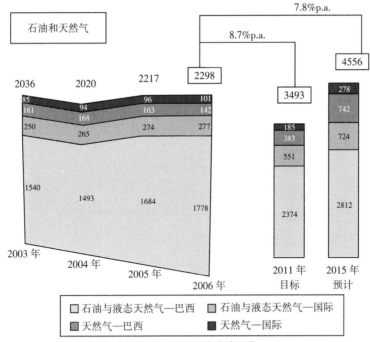

图 10-9　巴西石油生产目标

资料来源：笔者根据巴西石油（2007）整理而得。

三、趋势和观点

在 2007 年，根据 ANP 的说法，PE 特别参与条款下用于资助 ICT 研发项目提供的支出将超过 6.7 亿雷亚尔（3.94 亿美元）。

2007 年 8 月，PETROBTAS 的总裁 Jose Sergio Gabrielli 参加了 P-54 平台的洗礼仪式。FPSO-type21 [21] 是由巴西石油建成的第二个同类型单元组。第一个是 P-52，它于 2007 年 6 月受洗，目前正处于最后测试阶段，并正要分拆前往。P-52 和 P-54 是里约热内卢州坎普斯盆地 "Roncador Ffield" 开发计划的一部分，当生产能力达到顶峰时，它们将使巴西石油的日生产能力提高 36000 桶。

CENPES 目前拥有 1865 名员工，其中 1046 名拥有高等教育文凭（42%具有硕士学位，16%具有博士学位）。为了应对新兴的技术挑战，其发展目标是让80%的大学高级人员拥有硕士或博士学位。2006 年，巴西石油在研发上投资了14.2 亿雷亚尔，2007 年接近 18 亿雷亚尔（略高于 10 亿美元），并计划继续投资20 亿雷亚尔（12 亿美元）并在五年期间与 ICT 达成 1500 项研究合同。

四、O&G 能力建设国家政策

O&G 部门的主要能力建设计划是 PROMINP，[22] PROMINP 计划由矿业和能源部（MME）设计，目的是强化国家产品和服务行业，特别是石油和天然气领域。

计划的目标是希望在行业发展的同时，最大程度地提高国家产品和服务行业的产业程度，建立竞争和可持续的发展基础，并根据国内和国际需求在国内创造就业和收入，在当地供应链中增加价值。

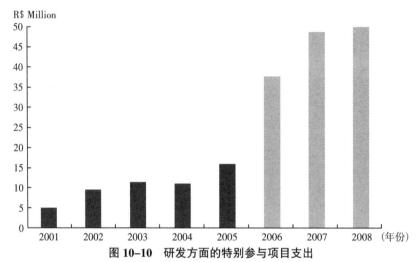

图 10-10　研发方面的特别参与项目支出

资料来源：笔者基于 UFU（2007）整理而得。

当前，PROMINP 已经开展了由项目组委员会批准的 47 个项目（见图 10-11），这些活动涉及政府、企业和服务这些项目的各类相关实体。当前的挑战是通过推动项目的发展，来提高国家或者当地在特定领域提高勘探和生产能力、海运能力、供应能力以及天然气和能源等。因此，行业将会在 2003~2007 年投资的帮助下，逐步改善自身在油气领域的能力，以满足 410 亿美元的需求目标。

五、坎普斯盆地集群的创新和能力建设

为了帮助小型供应商进入坎普斯盆地的石油和天然气生产供应链中，并且考虑到潜在能力和困难，PEROBRAS 和 SEBRAE [23] 于 2004 年 10 月签署了一项重要的国家协议，目标是为了获得：①项目中大型锚公司的承诺协定；②小型供应商参与机会的诊断与确定；③构建名为 "Rede Petro BC" 的公司及机构间合作

从集聚到创新

网络；④通过有效培训提高集群中小公司的创新潜力。

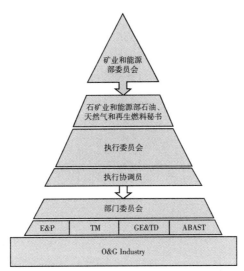

图 10-11　研发方面的特别参与项目支出

资料来源：笔者基于 ALMEIDAJ.R & LISBOA.V——总经理在论坛上的发言——沃尔运动人力资源和供应商现状的研究整理而得。沃尔运市：PROMINP（2007）.

Onoe 等 2007 年的研究显示，在这一全国范围的动员的同时，巴西石油、地方政府、SEBRAE、FIRJAN（里约热内卢州工业联合会）和 ONIP 已经成功在油气行业主要参与者和商品服务业供应商之间建立起了联系，其中包括各个运营商，特别是巴西石油。这么做旨在加深合作实践，同时建立有信心的竞争环境以支持参与者竞争。2003 年，出现了名为 REDE PETRO BC 的"网络"（见图 10-12）。

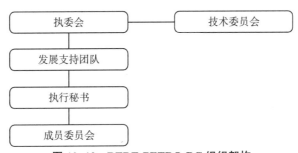

图 10-12　REDE PETRO BC 组织架构

资料来源：笔者基于 Nader G. 的所述（2007）.

根据 Nader G. 2007 年的研究，自从 2004 年以来，REDE PETRO BC 通过增加第三方的产品和服务外包不断在帮助巴西石油，这包括了改变其收购和控制的政策和增加项目的财务可能性。由于有结果明显显示 ONIP 和 SEBRAE 的网络效率和实体提高，可以归功于被称为 GEOR[24] 的"面向结果的战略管理"，它是根据 PETORBRAS 和 SEBRAE 之间的协议在 2003 年制定的，目标是在提供的培训、开发、商品和服务创新方面不断努力。

GEOR 将会指导所有可能在坎普斯盆地集群中发生的结构化项目，并遵循如下层次结构：①目标针对有受益人；②关注结果；③凝聚战略愿景；④确保对管理行动的承诺、及时性和接近性。REDE PETRO 公司自此以来取得的成果非常具体，例如：

• 签署 UENF/PETORBRAS/FUNDENOR 三方协议，用于开发巴西石油在网络中公开的要求之间确定的三种新技术；

• 由巴西石油研究中心（CENPES）对传感器永久基坑（PDG–压力井下测量仪）认证，由 Transcontrol 公司[25]（坎普斯盆地集群资助的一家里约热内卢公司）开发和国有化；

• 举办 2006 年第六届里约石油和天然气展会，共达成交易 5000 万美元，以及来自 200 家中小型巴西公司的商品和服务订单（其中大部分来自坎普斯盆地集群）。

自 REDE PETRO BC 成立以来，能够供应服务巴西石油的公司增长了近 11%，通过 PERONECT（巴西石油的电子商务门户）参与的公司达到近 7%。仔细观察 Silvestre 和 Dalcol（2006）和 Onoe 等（2007）的研究，基于迄今为止的参考文献，我们几乎可以提出一个基本标准，或基于区域经济增长的坎普斯盆地原型模式。

第六节　结　论

巴西石油在 2007 年 8 月提出的 2020 战略规划大体方向如下："可持续性地增加油气生产和储量，并努力提高公司在有关石油、天然气、石化产品和生物燃料方面的相关技术，使技术表现得到承认。"

而其 2008~2012 年业务计划中则规定了如下的 O&G 生产目标：天然气产量 2012 年达 30.58 万桶（总生产目标为 3494000 桶），2015 年达 3455000 桶（总计划目标为 4153000 桶）。到 2012 年计划总投资额 1114 亿美元，和上季度相比增长 30%，年均 225 亿美元，巴西占总投资额的 87%（974 亿美元）。增长第三多的是勘探与生产（32%），新项目总计 133 亿美元，这是由于加热服务和设备市场成本增加了 109 亿美元，且货币升值而增加 42 亿美元，其余因素是类似项目范围、商业模式等的变化。最大的增长（39%）是企业，其中包括增加研发。

目前，由于需要应对前盐层超深油田生产的挑战（如 Tupi 油田估计储量为 5 亿~8 亿桶），这些投资及各自的研发工作需要做出相应修订，目前 15 口钻井中 8 口显示有油气储备，构成了一个长 800 千米，宽 200 千米，深度在 4500~7000 米的石油区。迄今为止，PEROBRAS 生产的最大深度为 2700 米。目前，在较小深度开发一个产量为 15 万桶的油田的成本为 12 亿美元。但是随着深度加倍，成本增加了 3 倍。技术努力的目的就是降低这些超深水域的生产成本。

上述分析似乎印证了近期对于集群、网络和创新再回顾过程中所发现的一些观点（Breschi 和 Malerba，2007），即关键大型参与者的能力积累对于集群发展的形成和在形成的初期是十分重要的。这也印证了另一种观点，此观点认为劳动力市场特征和附带利益是集群发展的主要因素。此外，评论观点也指出了一种需求倾向，即"尽可能厘清类似溢出效应的观点，超越他们达到更深的概念层次，如面对面的联系、社会网络和劳动力流动性……应该将更多的数理分析和经验分析集中在主要的地方机构，特别是当地劳动市场的运作，以及与雇主雇员关系相关的规则"。

最近一项关于坎普斯盆地集群创新力的微观研究（Silverstre & Dalcol，2006）总结说，地理集聚对一些企业在工业集聚中的创新活动产生了积极的影响。它指出，根据现有的四类公司组，可以发现在创新的态度和行为方面存在重要差异：①O&G 具体经营公司（以商品和服务需求为导向）；②拥有高度技术复杂性的离岸商品和服务提供商（约 50 家公司）；③拥有适度技术复杂性的离岸货物和服务提供商；④低技术复杂性的离岸商品和服务提供商。研究表明，工业集聚企业与集团之外的组织的知识联系更为频繁（第 1 类和第 2 类在 10 个企业中映射的 25 个有效事件中占 92%，其中包括巴西石油）。更重要的是，它表明在第 1 类公司中，集聚的内部知识联系程度对于商品供应商来说比对服务供应商更为重要，这一现象可以通过需求的系统效应进行解释，因为它对于供应商的一体化程度要求高，因此也就要求更多的互动和创新途径。然而，集聚的外部知识联系程度则广泛存在于所有供应商中，主要涉及其他公司部门和外国研发中心。研究表明，特殊产油区域在地理条件上与技术生命周期相似。这表明，政策应鼓励技术复杂度较低的供应商。

除了上述政策建议外，我们还建议在与大学密切合作的基础上，扩大地方创新体系的发展范围并深化其结构，这已经产生了一些成功的衍生产品，例如，Pipeway、Gavea Sensors 和 PUC Rio 的 Activa。巴西石油应该将其内向型、集中式的技术研发战略和有限的创新导向系统不断扩展进化为外向型和开放式创新系统。新的系统要求更积极地支持国家二级货物和服务供应商的技术吸收和增长性创新能力，创新相关激励机制和奖励措施，更重要的是提高下一阶段 E&P 前沿所需的革命性创新需求，这些需求包括超深超大油田生产，以协调一致和信任为基础的创新技术生产合作安排，以及伙伴性地方大学产生的创业拨款。

巴西石油和集群合作伙伴机构在这个方向上已经走得太慢了。例如，巴西石油 2007 年初步建立的企业风险资本基金尚未建成，而且向企业授权更多目录 IP（shelf IP），帮助他们发展创新力。

合作机构的主要政策，O&G 生产链计划支持的四个区域集聚在创新能力和创新逻辑上有所不同，因此需要在政策设计上有区别和针对性。这四个区域集聚分别是 Niterói（离岸和海军工业），Macaée Campos（E&P），Duque de Caxias（石化杆和炼油厂）和里约热内卢。

本章规定了一套基于资源的产业升级的流程图方法的新条件和要素，扩展了模型在部门和开发阶段的适用性（见图 10-13）。不断升级的挑战在范围和规模上会随着变化而不同，特别是当 O&G 参与者开始或者增加了区域产量，并且开始和国内外供应商分享技术影响时，这将把工业集群构造为一个多层结构。

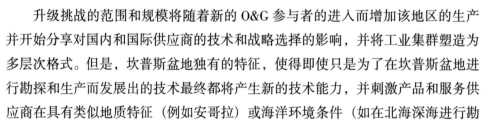

升级挑战的范围和规模将随着新的 O&G 参与者的进入而增加该地区的生产并开始分享对国内和国际供应商的技术和战略选择的影响，并将工业集群塑造为多层次格式。但是，坎普斯盆地独有的特征，使得即使只是为了在坎普斯盆地进行勘探和生产而发展出的技术最终都将产生新的技术能力，并刺激产品和服务供应商在具有类似地质特征（例如安哥拉）或海洋环境条件（如在北海深海进行勘

从集聚到创新

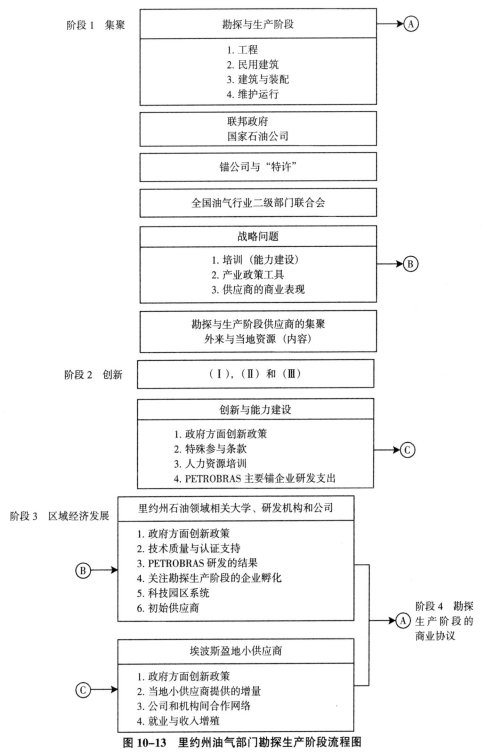

图 10–13　里约州油气部门勘探生产阶段流程图

资料来源：Botelho and Bastos（2008）卷。

探）的环境中的技术学习。在这些环境中，通过修改流程图模型就可以帮助公司和地方及国家当局建立新的创新导向集群。

随着这种扩张，巴西石油将难以维持其组织资产，主要是其在勘探与生产部门至关重要的人力资源。20 世纪 90 年代末的不同威胁，如由于缺乏高级职位而导致的专业人才外流，以及公司层级金字塔顶部的相应薪水，公司已经开始应对这一挑战。另一个迫在眉睫的问题就是倾斜的年龄分布，其中 40% 的劳动力平均年龄为 30 岁，另外 40% 的平均年龄为 50 岁，并且由于"良好"的公职退休规定而接近退休。该公司的回应是专业人士可以申请转到咨询方面的岗位，这使他们在传统职业生涯轨道之外可以获得更高的薪水和更大的功能流动性。

PETORBRAS 面临的另一个主要的人力资源问题，可能会对集群发展造成压力，这是因为 PETOBRAS 在未来几年内必须雇佣一定数量的专业人员，因此将提高人才质量和推高工资，使集群中小企业更难聘请高素质的专业人才。由于 PEROBRAS 聘用了精英，供应商将不得不雇佣不是特有才干的专业人士，这可能会伤害技术学习和创新的集群，最终影响巴西石油 E&P 活动的表现。

注释

［1］自 2003 年 10 月 REDE PETRO BC 成立以来，能够向巴西石油提供商品和服务的小型供应商的数量增长了近 11%，注册参与巴西石油的电子商务的 MSM 的份额达到近 7%。

［2］特别地，在计划 0419-微型、中小型企业的发展以及通过第二十号行政命令设立 Arranjos Productivos Locais 常设工作组（巴西原型集群政策概念）（GTP APL），并于 2005 年 10 月 24 日重新印发，由 33 个政府机构和国家范围的非政府机构组成。

［3］包括 Belford Roxo，Duque de Caxias，Niterói，Petrópolis，Nova Iguacu，里约热内卢，SãoGoncalo 和 Sajo Jooo de Meriti 的城市。

［4］包括 ArmacúodeBúzios，Campos dos Goytacazes，Cabo Frio，Macaé，Rio das Ostras 和 SãoPedro d'Aldeia 的城市。

［5］葡萄牙语 "APL" 通常用于指 "当地生产系统" 和 "地方生产聚集"。

［6］"BP 统计评论" 中公布的统计数据来自政府公布的数据。根据 BP plc，countey 分组仅用于统计目的，并不意味着暗示和判断政治或经济地位。

从集聚到创新

［7］已证实的石油储量一般被认为是地质和工程信息表明具有合理确定性的数量，可以在现有经济和操作条件下从已知的水库中回收。

［8］巴西石油 2006 年度报告。

［9］石油工程师协会（www.spe.org/）。

［10］该图包括在国外存储的储备金的信息，对应于巴西石油参与合作伙伴关系，储备金按照证券交易委员会（SEC）的标准衡量。

［11］www.piwpubs.com/。

［12］巴西石油杂志，第 52 版（2007）。

［13］巴西石油在图皮油田的合作伙伴包括英国的 BG 集团，葡萄牙的 Galp 和西班牙的 Repsol。

［14］本节基于 Redetec（2007）。

［15］国家石油工业组织（ONIP）是一个巴西的私营和非营利组织，旨在最大限度地利用巴西社会的石油和天然气部门的扩张周期带来的好处。更多详情请浏览 www.onip.org.br。

［16］在作为 ONIP 合作伙伴的船公司中，有德士古、德文、埃克森美孚、马士基、Repsol-YPE、壳牌和 Total Fina（Total S. A.）等公司。

［17］可以通过 http：//www.brasil-rounds.gov.br 访问本地内容认证规则。

［18］2006 年，只有一个项目来自另一家公司，O&G 行业勘探和开发服务提供商 Halliburton。

［19］例如，在 2001 年，在 ANP 的协调下，CT Petro 与国家技术研究所（INTUT）合作，对技术趋势进行研究，以补贴决策过程。

［20］ANP 决议批准完成对研究和开发投资的规定，并对持续支出的财务会计准则报告综合报表进行监管。

［21］浮式生产，储存和卸载船舶。

［22］http：//www.prominp.com.br。

［23］SEBRAE（巴西微型和小型企业支助服务）成立于 1972 年，从那时起，一直以来自私人倡议的资金运作，根据强制性缴款计算，按照工资总额的 0.3% 和 0.6% 计算巴西公司（第 8 章，第 8029 号法律第 2 段，其创立了 SEBRAE）。SEBRAE 在巴西是众所周知的，它坚定地致力于该国微型和小型企业的发展。

［24］http：//www.sigeor.sebrae.com.br/。

［25］ http：//www.transcontrol.com.br。

参考文献

Kuchiki，A. and M. Tsuji（Eds.）（2005）Industrial Clusters in Asia：Analyses of Their Competition and Cooperation. Basingstoke：Palgrave Macmillan.

Kuchiki，A. and M. Tsuji（Eds.）（2008）The Flowchart Approach to Industrial Cluster Policy. Basingstoke：Palgrave Macmillan.

Tsuji，M.，E. Giovannetti，and M. Kagami（Eds.）（2007）Industrial Agglomeration and New Technologies. Cheltenham：Edward Elgar.

从集聚到创新

结 论 第十一章

辻正次　朽木昭文

　　本书为解释集聚形成和内生性创新过程提供了一个有益的分析框架，并对如何将工业集群升级为知识型集群建立了相关模型。这些过程的基本理论基础是Kuchiki（2005）、Tsuji（2008）和Tsuji（2007）等提出的"流程图"法。本书的目的是通过扩展"流程图"法，来确定从集聚到内生性创新的转化过程。总的来说，根据"流程图"法，我们可以将这个转化过程分为两个部分，即集聚和创新，可以称为集聚步骤1和创新步骤2。虽然这种方式对于发达经济和发展中经济来说不是放之四海而皆准的，但是它们都可以找出各自的途径去实现相关目标。因此为了建立假设，本书对于不同经济发展阶段、不同集聚阶段和不同工业结构的案例都进行了讨论。本书讨论的例子包括中国的中小规模工业集群，印度的软件工业集群，日本的中小型企业集群，马来西亚汽车制造业集群，泰国曼谷的产业集群和企业培训，新加坡的生物技术集群以及巴西里约热内卢的软件开发和石油天然气集群。

　　通过分析上述案例，我们认为以下几点是将产业集群转化为创新产业集群的关键。第一，在我们以前的书中广泛分析和提出的产业集群政策仍然是这种转变的关键。在以创新为目标的流程图法的基础上，我们提出了一个产业集群政策。对于这一政策有这样几点至关重要：地方政府在产业集群政策中的重要作用；集聚和创新政策不同的根源在于"地方创新体系"的必要性程度不同；几乎所有与创新有关的经济体都已经建立了"国家创新体系"；对于建立创新集群来说，必须和所有与创新相关实体建立联系网络，如大学、商业组织、研发机构、地方政府或跨国公司。第二，目标行业所能采用的产业集群创新政策也存在不同，也就是说，即使都采用"流程图"法，针对制造业的模型也和针对生物技术的不同，例如，和制造业相比，生物技术创新所需的人力资源更加高级，技术要求也高得多。第三，大型企业和中小企业所需的创业也不相同。虽然在集聚和创新之间的理论及政策有根本上的区别，但是我们提出的"流程图"法不管是在理论上还是在实际实践中都有利于实现创新集群的转变。

由于缺乏全球和地方知识联系的研究信息，我们讨论的问题虽然是经济地理学的中心问题但相关调查较少。因此本书有助于我们理解工业集群向创新集群转化的过程。本书的每一章都结合了深入访谈、实地调查和微观计量经济学，以分析全球和地方性的知识联系。虽然使用的分析方法可能不同，但是都遵循了"集聚到创新"这一总体联系思路。在全球竞争的环境中，企业重视寻求更好的商业环境。私营部门，特别是跨国公司的选址将会在很大程度上影响发展中国家的工业发展水平。在这种情况下，地方政府必须考虑有利于实现特定地区企业集群的相关因素，并实施有利于技术创新的产业集群政策。

因此，本书基于实际用途，提出了一个从集群到创新的工业集群政策的独特框架。本文的案例主要集中分析了如何在新兴经济体中确定产业集聚和创新集群政策的优先等级。我们主要讨论的是国家覆盖面大小和发展主题的共性。尽管基于知识的集群问题对任何发展中经济体都很重要，但是我们还没有看到集聚与创新之间更深层次的政策框架，为了得出这样的框架，我们需要积累关于这种关系的经验证据。政策框架也随不同的发展阶段和每个类别的全球和地方联系程度而变化。想要通过实施集群政策促进创新也并不容易。我们尝试通过内生性创新的方式来克服这个问题，主要利用了如下方法：①对照比较与大学等存在产业联系的各个新兴集群；②对照比较各个集群面对创新时的组织变化。通过研究，我们得出了集聚与创新之间的联系的相似性和差异性，并且探讨了如何基于实证基础进行政策设计。未来的研究方向，将会基于案例研究和计量分析，侧重点将集中于确定大学与产业联系的优先等级，研究也不仅局限在国家创新系统的背景下，也会涉及地方创新系统如何使用工业集群创新流程图法的步骤2。

从集聚到创新